国家社会科学基金项目"社会主义核心价值体系引领下大学生思想政治教育的可视化机制研究"（项目批准号：12XKS044）重要成果

社会主义核心价值体系
育人功能的教学实现研究

李德全 著

中国社会科学出版社

图书在版编目 (CIP) 数据

社会主义核心价值体系育人功能的教学实现研究 / 李德全著 . —北京：中国
社会科学出版社，2016.12

ISBN 978 – 7 –5161 –9566 –6

Ⅰ.①社… Ⅱ.①李… Ⅲ.①社会主义建设 – 价值论 – 中国 – 教学研究 –
高等学校 Ⅳ.①D616

中国版本图书馆 CIP 数据核字 (2016) 第 325564 号

出 版 人	赵剑英
责任编辑	李庆红
责任校对	周晓东
责任印制	王 超

出 版	中国社会科学出版社
社 址	北京鼓楼西大街甲 158 号
邮 编	100720
网 址	http://www.csspw.cn
发 行 部	010 – 84083685
门 市 部	010 – 84029450
经 销	新华书店及其他书店

印刷装订	北京君升印刷有限公司
版 次	2016 年 12 月第 1 版
印 次	2016 年 12 月第 1 次印刷

开 本	710 × 1000 1/16
印 张	14.5
插 页	2
字 数	209 千字
定 价	59.00 元

凡购买中国社会科学出版社图书，如有质量问题请与本社营销中心联系调换
电话：010 – 84083683

目　录

导　　论

第一节　问题提出

社会主义核心价值体系是兴国之魂，是社会主义先进文化的精髓，它决定着中国特色社会主义发展方向。[1] 它凝结着党的基本理论和政治主张，反映着全体人民的价值共识和精神追求，是社会主义意识形态的本质体现。[2] 社会主义核心价值体系作为全党和全国各族人民团结奋斗的共同思想基础，从提出到人民自觉追求与践行绝非一日之功，它需要实践—认识—再实践—再认识不断内化与外化，特别是需要实现从理论走向实践这一关键环节的重要突破。否则，社会主义核心价值体系育人功能就难以实现。

对此，有效实现社会主义核心价值体系育人功能作为社会主义办学本质的应然体现，它是当前教育领域中一项十分重要并且紧迫的任务。那么，社会主义核心价值体系教育究竟如何有机统整于党的建设和社会主义精神文明建设？社会主义核心价值体系究竟如何有效融入国民教育？特别是作为学校人才培养主渠道的教学，社会主义核心价值体系究竟如何通过教学来有效实现育人功能？社会主义核心价值体系育人功能通过教学实现程度又该作何评价？等等。正是这一系列问

---

[1]　中央政府门户网站：《中共中央关于深化文化体制改革　推动社会主义文化大发展大繁荣若干重大问题的决定》，http://www.gov.cn/jrzg/2011-10/25/content_1978202.htm，2013 年 5 月 25 日。

[2]　马慧、王晨、王三运等：《党的十七届六中全会〈决定〉学习辅导百问》，党建读物出版社 2011 年版，第 56 页。

题的思索，笔者选择了"社会主义核心价值体系育人功能的教学实现研究"作为本书的选题。

一 研究的必要性

（一）理论层面

科学的理论既是从客观实际中抽象出来的，又在客观实际中得到证明的，正确地反映了客观事物本质及其规律的理论。任何理论的提出、发展与成熟到自觉运用，都需要一个长期而渐进的过程。为此，社会主义核心价值体系从最初提出到成为人民的自觉追求绝非一日之功，它需要经由一系列理论认识的内化、外化与践行，特别是从理论走向实践这一关键环节的重大突破。对作为社会意识形态领域的社会主义核心价值体系进行理论与应用的相关研究，自然体现了理论与时俱进的优秀品质。同时，任何理论均要与实践相结合，根植于人民大众方有其强大的生命力。也正因如此，社会主义核心价值体系的教与学，不是空洞的，不是玄奥的，其目的在于使之在学生中进而在广大社会成员中实现广泛认同并切实践行。对于理论化、系统化的观念体系，社会成员只有通过学习才能更好地实现其育人与教化功能。因此，争取有效实现社会主义核心价值体系的育人功能，其重点在教学，难点在教学，其生命活力也在于教学。本研究主题正是基于对高校教学体系的理性思索，期望在社会主义核心价值体系的理论与实践之间架起一座坚实桥梁，以提高社会主义核心价值体系建设的有效性。再者，从教育学角度来讲，"社会主义核心价值体系育人功能的教学实现研究"也是课程与教学理论成果的丰富与发展，因为它生动地体现了与时俱进的理论品质与属性。从科学的发展角度来看，学科之间的交叉与融合是未来的方向与走势，"社会主义核心价值体系育人功能的教学实现研究"正是体现着这一发展特征。

（二）实践层面

党的十七届六中全会上，《中共中央关于深化文化体制改革 推动社会主义文化大发展大繁荣若干重大问题的决定》再次强调，务必将社会主义核心价值体系融入国民教育的全过程。随后，袁贵仁同志指出，"要把社会主义核心价值体系融入课堂教学全过程"，即把社会主义核心价值体系融入学校教学体系的各个方面。教学作为学校教育的主渠道，可以将各门课程中蕴含着的社会主义核心价值体系教育内容与各门课程教学有机融合，使学生在教学的过程中受到社会主义核心价值体系的教育，这不仅是重大的理论问题，同时还是重大的现实问题。我们对旨在实现社会主义核心价值体系育人功能的，包括教学理念、教学目标、教学内容、教学形式、教学方法与教学评价在内的教学策略系统开展研究，让社会主义核心价值体系与教学实现有机而深度地融合，有利于改善教师对待教学、科学与事业的态度，有利于丰富和拓展教学资源，有利于引导学生正确处理人与人、人与社会、人与自然、人与自我的关系，从而培养全面发展的合格建设者和可靠接班人。与此同时，社会主义核心价值体系育人功能教学实现，必然整合国情教育、伦理道德、法律知识和心理健康的有关知识和技能，进而培养现代公民所应具有的社会责任感、人文与道德修养、法律责任、心理素质和实践能力。因而社会主义核心价值体系教学对于帮助青年大学生正视和解决内心存在的价值冲突和矛盾问题，对于帮助他们开展正确的价值选择，对于提高他们的思想政治素质和道德素质有着重要的现实意义和实践价值。

二　研究的可行性

首先，党的十七届六中全会《决定》指出，"社会主义核心价值体系是兴国之魂，……必须强化教育引导，增进社会共识，创新方式方法，健全制度保障，把社会主义核心价值体系融入国民教育、精神文明建设和党的建设全过程。"这实际上体现了党中央的现实号召，反映着国家和民族振兴的根本需要，同时它也是本研究可行的重要政策依据。

其次，从已有文献来看，将社会主义核心价值体系纳入学校教学体系开展相关研究的成果相对较少。然而，对于社会主义核心价值体系的功能探讨、将社会主义核心价值体系融入全民教育之中的研究成果较多，特别是关于社会主义核心价值体系的教育意义、教育内容与教育途径等方面已经取得一系列研究成果，关于社会主义核心价值体系融入课堂教学方面的研究，部分研究者从中小学层面开展情况、教学机制、教学设计、教学策略等方面也做了一些探讨，这为本书提供了重要的研究基础。

同时，本研究是在笔者主持的国家社会科学基金项目"社会主义核心价值体系引领下大学生思想政治教育的可视化机制研究"（项目批准号：12XKS044）支撑下开展的，加之笔者已先后参与过其他国家社会科学基金课题、教育部重大招标课题等 10 余项重要课题的研究工作，先后在《高等教育研究》《课程·教材·教法》《教育研究与实验》《中国高等教育》《思想理论教育导刊》《思想政治教育（人大复印资料）》《中国青年研究》等公开学术刊物上发表 60 多篇学术论文并出版多部著作，相关研究成果为本主题开展较为深入的研究奠定了前期基础。

第二节　文献综述

美国学者乔伊斯·P. 高尔等认为，"教育研究者要想获得有效的新的研究思路，就必须对过去的研究结果和研究方法进行反思"。①对此，为全面而深入地查询基于"社会主义核心价值体系育人功能的教学实现研究"这一主题的国内外相同或类似的文献报道，本研究委托了教育部科技查新工作站 No. 8（西南大学图书馆）进行了科技查新。通过中文科技期刊全文库（维普）、万方数据库、同方数据库、中国社会科学引文索引库、读秀百链知识库、Taylor & Francis 社会与人文期刊、博图外文电子图书、剑桥大学出版社期刊数据库、Social Science Citation Index Expanded、Science Direct Online、Arts & Humanities Citation Index（A&HCI）、ProQuest Digital Dissertations（PQDD）等30 余种中外文数据库，全面检索与本研究主题有关的关键词发现，

①　［美］乔伊斯·P. 高尔、M. D. 高尔、沃尔特·R. 博格：《教育研究方法实用指南》（第 5 版），屈书杰等译，北京大学出版社 2007 年版，第 395 页。

有关"社会主义核心价值体系"的文献非常多，单就中国学术文献网络出版总库就有相关文献 14732 篇。但关于社会主义核心价值体系教学的相关文献比较少，仅 67 篇，其中密切相关文献只有 10 篇左右。截至目前，还没有发现与"社会主义核心价值体系教育功能的教学实现"完全相同的文献报道，这为笔者提供了较大研究空间。

从与本书主题相关的已有研究文献来看，主要集中在以下方面：

一　关于社会主义核心价值体系的本体研究

（一）社会主义核心价值体系的理论来源

学者们通过研究认为，马克思主义和中国共产党在长期的革命及建设事业中形成的价值观念是社会主义核心价值体系的理论来源和直接来源。研究者还发现，中国共产党的历代领导人都十分重视意识形态的建设。[①] 无论是毛泽东、邓小平，还是江泽民、胡锦涛、习近平都论及或者提到社会主义核心价值体系建设的相关内容。在长期的探索实践中，社会主义核心价值体系理论逐步形成和完善，从而成为一种强大的精神力量。

（二）社会主义核心价值体系的内涵及特征

就社会主义核心价值体系的内涵而言，有研究者认为，社会主义核心价值体系是以中国特色社会主义核心价值观为内核、全面体现中国特色社会主义先进意识形态本质要求的、科学化及系统化的核心价值理论，是由指导思想——马克思主义、共同理想——中国特色社会主义、民族精神（以爱国为核心）和时代精神（以改革创新为核心）、社会主义荣辱观为基本内容所构成的科学价值体系。[②] 也有研究者认为，社会核心价值体系是指在社会生活中居于统治和引导地位

[①] 谢勇军：《历史唯物主义视域中的社会主义核心价值体系建设》，《鸡西大学学报》2010 年第 5 期。

[②] 韩振峰：《社会主义核心价值体系几个深层次问题探析》，《科学社会主义》2010 年第 5 期。

的社会价值体系，能保障社会经济、政治、文化制度的稳定及发展。①
还有研究者把社会主义核心价值体系内涵概括为灵魂、主题、精髓、
基础四个方面内容。② 关于社会主义核心价值体系的特征，研究者们
提出了如下观点：一是认为社会主义核心价值体系具有理想与现实主
义相结合的引导性、科学精神和价值导向相结合的全面性，同时也具
有先进性与广泛性要求相结合的融合性等特点。二是认为社会主义核
心价值体系体现出主导性、包容性、时代性以及民族性等特征。

（三）社会主义核心价值体系的自身功能

就社会主义核心价值体系本身功能而言，部分研究者认为它具有
引领社会思潮、坚定理想信念、激发社会活力、提供道德规范、促进
人的发展等基本功能。也有研究者认为社会主义核心价值体系一方面
具有意识形态整合，另一方面也具有抵御西方意识形态渗透等功能。
具有导向凝聚、主导控制、兼容整合、教育矫正、规范自律、支撑保
障等多方面的功能。还有学者认为，社会主义核心价值体系一般来说
具有政治稳定功能、道德提升功能、经济促动功能、文化优化功能和
社会整合功能，等等。从以上研究看出，尽管学者们从不同角度探讨
了社会主义核心价值体系的主要功能，但在教育功能方面探讨还比较
少，研究还不够深入。

（四）建设社会主义核心价值体系的重要性

无论从理论层面还是现实角度，研究者都进行了深入研究，认为
开展社会主义核心价值体系建设是十分必要的，具有非常重要的价
值。就理论意义而言，研究者指出，社会主义核心价值体系能丰富和
发展马克思主义的价值理论、价值哲学、伦理学、精神文明建设理论
等，还能促进有关学科对相关重大理论的深入探讨。同时也能"推动
社会主义政治文明、科学社会主义、唯物史观的深化研究"。③ 就实
践价值而言，研究者认为，社会主义核心价值体系对于现代化建设、

---

① 吴潜涛：《准确理解社会主义核心价值体系的科学内涵》，《人民日报》2007 年 2 月
12 日。

② 秋石：《论社会主义核心价值体系》，《求是》2006 年第 12 期。

③ 赵存生：《牢固树立社会主义核心价值体系》，《思想理论教育》2007 年第 1 期。

市场经济建设、构建和谐社会、解决理想信念丧失及精神危机都具有重要的意义和价值。

（五）建设社会主义核心价值体系的路径及机制

关于社会主义核心价值体系建设的路径研究，研究者作了较多探讨，如赵曜、敖带芽、梅荣政等探讨了思潮引导路径，张玉良、吕岚、陈新汉等提出了价值认同路径，罗一民等提出了实践转化路径，杨义芹等提出了共建共享路径，杨永庚等提出了心智发展路径，田海舰、邹卫、罗会德等提出了机制创新路径，等等。关于社会主义核心价值体系建设机制的研究，研究者深入研究了其主体定位、管理、实施、驱动和保障机制等方面，并认为每个机制各具功能和特色，并且几者相互联系、相互作用地连接在一个机制体系内，共同构成了良性循环的机制运行系统，从而促进社会主义核心价值体系建设有步骤、有计划地开展。

总体而言，以上关于社会主义核心价值体系本体方面的研究呈现出以下特点：第一，研究不限定在某一学科领域和视角。从研究文献来看，研究者从伦理学、教育学、社会学、人类学、政治学等多个学科视角对社会主义核心价值体系进行了研究。为充分挖掘社会主义核心价值体系的丰富内涵和结构，研究者还从静态的、横向的以及共时性的角度展开了研究；为考察社会主义核心价值体系的理论渊源，研究者从动态的、纵向的和历时性的角度进行了梳理和考察。[①] 第二，关于社会主义核心价值体系的理论框架的研究逐步成熟，诸如社会主义核心价值体系的理论渊源、基本内涵、基本特征、基本功能、建设路径和机制等这些重要的问题已经基本明朗。

二　关于社会主义核心价值体系教育的研究

（一）社会主义核心价值体系教育的意义

研究者普遍认为，大力开展社会主义核心价值体系教育，对于回

---

① 潘鸣：《社会主义核心价值体系建设机制论》，博士学位论文，苏州大学，2011年，第9页。

应社会价值冲突、引领社会价值认同乃至有力促进社会主义核心价值体系的实现，可以说都有着重要的助推作用。对在高等学校开展社会主义核心价值体系教育而言，其重要价值毋庸置疑，主要体现在：一是提高大学生思想政治教育实效的内在要求；二是促进大学生全面发展和成长成才的现实需要；三是深入引导大学生对于社会主义核心价值体系的认知、认同和践行，是赢得大学生，巩固党的执政基础，加强和改进执政能力的客观要求；四是应对意识形态领域的挑战并增强民族凝聚力的重大举措。冯刚等学者认为，在高等教育阶段，加强社会主义核心价值体系教育是解决好培养什么人、如何培养人这一根本问题的关键。[①]

（二）社会主义核心价值体系教育的内容

在教育内容方面，研究者普遍认为，社会主义核心价值体系所包含的主要内容即开展社会主义核心价值体系教育的主要内容。学者李斌雄在这方面的研究成果较好地诠释了社会主义核心价值体系教育内容的内在结构关系，他在论著中强调，马克思主义价值理论是社会主义核心价值体系基础理论，党的价值观是社会主义核心价值体系核心内容。同时，指出了中国特色社会主义共同理想教育属于实质性内容，以爱国主义为核心的民族价值观教育属于民族性内容，以改革创新为核心的时代价值观教育属于时代性内容，社会主义荣辱观教育属于行为规范性内容，同时也是操作性的切入点。[②]

（三）社会主义核心价值体系教育的主要途径

在这方面，研究者站在不同视角予以探讨。有学者从多学科视角研究了社会主义核心价值体系融入社会实际生活、走进人们心灵的问题。也有学者利用新教学理念和研究方法，站在微观的角度，对大学生关于社会主义核心价值体系的认识与认同、内化与外化等过程进行了全面审视。也有研究者认为，开展大学生社会主义核心价值体系教

① 冯刚：《用社会主义核心价值体系引领高校思想政治教育深入发展》，《高校理论战线》2008 年第 7 期。

② 李斌雄：《我国社会主义核心价值体系教育的内容结构》，《思想理论教育》（综合版）2007 年第 1 期。

育，是一项系统的宏大工程，其路径主要包括认知性的、活动性的、渗透式的以及管理式的路径等。① 总体而言，开展社会主义核心价值体系教育是一项系统工程，其教育途径是多样化的，这些多样化的途径紧密联系，相互促进。只有采取多种途径并注重各种途径的相互渗透，相互补充，才能真正引导学生自觉学习并践行社会主义核心价值体系。

（四）社会主义核心价值体系教育与思想政治教育关系

通过研究文献发现，研究者普遍认为社会主义核心价值体系不仅是思想政治教育的指导思想，同时它也是思想政治教育的重要组成部分。张再兴、杨增崟认为，社会主义核心价值体系建设是高校思想政治教育的本质所向，也是其内含之义，而高校思想政治教育则是建设社会主义核心价值体系的重要路径以及基本要求。二者在逻辑起点、内容、目标、方法以及任务等多个方面具有较高程度的统一性。② 教育部刘贵芹认为，加强和改进大学生思想政治教育，其根本目的是为中国特色社会主义事业培养和输送合格的建设者和可靠的接班人。而社会主义核心价值体系则提出了崭新的更高层面的要求，它为加强和改进大学生思想政治教育、为当代大学生的健康成长进一步指明了方向。③

（五）社会主义核心价值体系教育的实效性研究

聂月岩、张家智认为，在进行社会主义核心价值体系教育的过程中，要取得实效，西方品格教育法为我们提供了借鉴，即积极构建群体和个人共享的、客观上主要的核心的道德价值观，以帮助学生做出正确的道德选择和行动。④ 张远新认为，要有效推进社会主义核心价

---

① 陈华洲等：《大学生社会主义核心价值体系教育研究述评》，《学校党建与思想教育》2011 年第 7 期。

② 张再兴、杨增崟：《社会主义核心价值体系与高校思想政治教育发展》，《思想政治教育研究》2008 年第 2 期。

③ 刘贵芹：《用社会主义核心价值体系引导大学生健康成长》，《学校党建与思想教育》2007 年第 8 期。

④ 聂月岩、张家智：《借鉴"品格教育"的方法培育核心价值观体系》，《思想教育研究》2007 年第 8 期。

值观教育，要从教育者的视野及观念、人们的价值取向、社会实践、情感教育等方面着手。① 旷永青提出，要提高社会主义核心价值体系教育实效性，需做到"四个坚持"，即坚持主导性与多样性的结合、坚持理想性与现实性的统一、坚持借鉴与创新相结合、坚持内在平衡与外在协调相统一。② 刘贵芹认为，在大学生中有效实施社会主义核心价值体系教育，一是要切实做好用马克思主义理论特别是马克思主义中国化最新成果武装大学生头脑这个首要任务；二是要切实做好加强和改进日常思想政治教育这个基础；三是要切实做好队伍建设这个关键。③

不难看出，学者对社会主义核心价值体系教育的意义、教育的内容、路径、与思想教育的关系以及教育的实效性等问题进行了比较深入的探讨，而对于教育的内化机理等问题探讨甚少，对如何评价教育效果等方面的成果也比较少见。

三　关于社会主义核心价值体系教学的研究

从已有文献来看，关于社会主义核心价值体系教学的专门研究成果还比较少，通过科技查新发现，与本研究关联度比较大的文献仅10 余篇文章，这些文献主要研究了以下方面：

（一）中小学阶段社会主义核心价值体系的教学研究

从已有文献分析可以看出，研究者们比较认可的是，要把社会主义核心价值体系融入国民教育全过程，其主要的阵地在学校，主要的渠道是在课堂教学。认为课堂教学是社会主义核心价值体系"进头脑"的主要渠道和路径。因而，社会主义核心价值体系进课堂和进头脑的关键在于广大教师提高教学效率和质量。④ 学生作为未来的建设

---

①　张远新：《社会主义核心价值体系与当代大学生核心价值观教育》，《思想教育研究》2007 年第 10 期。

②　旷永青：《论提高大学生社会主义核心价值体系教育实效性的着力点》，《教育与职业》2007 年第 27 期。

③　刘贵芹：《用社会主义核心价值体系引导大学生健康成长》，《学校党建与思想教育》2007 年第 8 期。

④　张广斌：《进课程·进教材·进课堂·进头脑》，《中国德育》2011 年第 1 期。

者和接班人，必须树立社会主义核心价值观念，这就要求教师在教学中把握新课程理念和新课程标准，转换自身角色，找准目标；要求教师把握好教材、教学内容；理论联系实际，全面分析社会现象，多用正面的舆论引导学生；开展综合实践活动，增强学生的社会主义核心价值观。① 政治课教学在不同阶段有不同的任务，经济学、哲学、政治学的相关内容成为不同阶段教学的重点，这些内容均可融入和渗透社会主义核心价值体系相关内容。在政治教学中，关于开展社会主义核心价值体系教育问题，还应注意把握以下原则：一是思想性和艺术性相结合的原则；二是理论性和实践性相结合的原则；三是普遍性和特殊性相结合的原则；四是课堂内和课堂外相结合的原则。②

（二）社会主义核心价值体系的教学机制问题

学者们认为，建立有效的社会主义核心价值体系教学机制，具有基础性、根本性的作用。主要包括社会主义核心价值体系教学的目标、动力、保证几个方面。德和能，是社会主义核心价值体系教学的目标，它们规定着教学有效性机制的方向；人的"三观"，是社会主义核心价值体系教学的动力，它们启动着教学有效性机制的发生和发展；社会主义核心价值体系教学的有效性机制的保证在于管理和行为主体的意志，在很大程度上，它们会促进教学有效性机制的持续发展。③ 还有学者认为，关于社会主义核心价值体系的教学机制，主要体现在动力系统和运行举措等方面。④

（三）社会主义核心价值体系的教学设计研究

研究者认为，开展社会主义核心价值体系教学设计需要实现三个方面的结合：首先，在教学目标上，要把实现思想政治教育与职业素

① 李丹：《浅析社会主义核心价值体系融入初中思想品德课》，《教育教学论坛》2012年第9期。

② 程瑶：《在高中政治课中贯彻社会主义核心价值体系教育》，《四川教育学院学报》2009年第8期。

③ 郑珠仙等：《论社会主义核心价值体系教学的有效性机制》，《思想理论教育导刊》2010年第3期。

④ 孙剑坪：《建立高校社会主义核心价值体系教学机制的几个问题》，《国家教育行政学院学报》2010年第4期。

质教育和专业教育有机结合起来；其次，在教学方法上，要实现传统和现代方法的灵活结合，包括学情分析、教学方法选择等方面均要考虑传统与现代的有机结合，不得走极端，如南通职业大学在实践中选择了合作学习教学组织形式，在合作学习教学组织形式下除了延用一些传统教育方法外，还采用了基于项目驱动法、情境教学法、自主探究学习法等现代教学方法；最后，在考评方式上，需要实现终结性考评和过程性考评的有机相结合。在运作过程中十分注重学生知识运用能力的考核，注重行为实践的考核，注重学习过程的考核。[①]

（四）社会主义核心价值体系教学策略研究

研究者们从不同学科出发，纷纷提出了有关社会主义核心价值体系教育教学的诸多策略。如语文教学，可从师德建设、阅读及写作教学等方面，对社会主义核心价值体系教育融入教学作了初步探讨。艺术专业教师作为高校艺术教育工作的主要承担者，又是高校育人工作重要组成部分，教育实践中坚持社会主义核心价值观，对提高育人水平，促进大学生全面发展具有重要意义。在高校的基础课和概论课中都要讲授社会主义核心价值体系内容，从不同的视角出发进行教学，有效地对当代大学生进行社会主义核心价值体系教育。[②] 也有研究者从现实的角度，客观分析思想政治理论课（含社会主义核心价值体系内容）教学方法体系改革面临的机遇和挑战，探讨了高校思想政治理论课（含社会主义核心价值体系内容）教育教学方法体系改革与构建的基本规律。[③] 还有学者认为，社会主义核心价值体系教学是一个系统工程，关键是要抓好学科、教材、课程三个方面的建设，开展认知、认同和以学生为本的教育。[④] 增强社会主义核心价值体系教学效

---

① 吕荣娟：《对社会主义核心价值体系教学设计的思考》，《职教论坛》2011 年第 6 期。

② 邵南征：《高校社会主义核心价值体系教学中的两重视角》，《学校党建与思想教育》2009 年第 28 期。

③ 雷儒金：《高校思想政治理论课教学方法改革研究》，博士学位论文，武汉大学，2012 年。

④ 程太生：《社会主义核心价值体系教学实效性研究》，《山西高等学校社会科学学报》2010 年第 6 期。

果，需要教学目标明确、内容讲述准确、教法选用得当，这些教学要素的有机配合与相互作用是提高教学效果的有力保证。[①] 在《思想道德修养与法律基础》课程中开展社会主义核心价值体系教学，要准确地理解和处理好教材中各章节相关内容的关系；正确处理好教材体系与教学体系、理论教学与实践教学、理论讲授与案例教学的关系。[②]

综合上述可知，学术界对于社会主义核心价值体系的本体性研究以及社会主义核心价值体系一般性教育研究的成果较为丰硕、见解也较为深刻，特别是在社会主义核心价值体系的理论框架（涵盖理论渊源、内涵特征、结构功能、建设路径及机制等）以及社会主义核心价值体系教育意义、教育内容、教育路径、与思想政治教育的关系方面的探讨取得了诸多成果。关于社会主义核心价值体系融入课堂教学方面的研究，部分研究者从中小学层面开展情况、教学机制、教学设计、教学策略等方面也做了一些探讨。可以说，以上成果为本研究提供了重要基础。同时，现有研究成果也反映出一些不足，这为本研究留下了较大空间。它主要体现在：其一，关于社会主义核心价值体系本体方面的研究还有待于继续深化，比如社会主义核心价值体系的历史脉络还需要进一步系统梳理，关于社会主义核心价值体系的科学内涵还需要结合时代要求进行深入解读；其二，对于社会主义核心价值体系基本功能的探讨还不够全面深入，尤其是育人功能的深化研究还略显不够，目前关于社会主义核心价值体系育人功能的维度以及其实现机理方面的探讨还较为欠缺；其三，关于社会主义核心价值体系育人功能实现的重要路径——教学问题的研究，不少研究成果还停留在比较零散的状态，很少从教学论视角对其进行分层分类的系统探讨，也就是说事关社会主义核心价值体系教育教学的点位性研究较多，系统性研究较少，尤其是从教学论视角进行系统深入研究的可谓凤毛麟角；其四，从已有研究文献来看，理论性研究居多，实证性研究较

---

① 程增俊：《增强社会主义核心价值体系教学效果的几点思考》，《思想理论教育导刊》2012 年第 7 期。

② 莫坷：《〈思想道德修养与法律基础〉课中社会主义核心价值体系教学的若干思考》，《黑龙江科技信息》2008 年第 5 期。

少；其五，关于社会主义核心价值体系教学质量评价的研究几乎是一片空白。如社会主义核心价值体系教学效果究竟如何，是否能够适时予以评价，用什么标准采取何种方式去评价等，这些问题还没有得到根本性解决。正基于此，"社会主义核心价值体系育人功能的教学实现研究"应当是一个具有重要理论和实践价值的研究命题。

第三节　概念界说

康德曾说："一切知识都需要一个概念，哪怕这个概念是很不完备或者很不清楚的。"[①] 由此可见，通过概念界定来准确把握概念本质内涵是理论研究及其知识体系建构的重要前提。下面就与本研究相关的几组基本概念进行解读或界定。

一　价值、价值观与核心价值观

（一）价值

关于价值的内涵问题，古今中外早有论及。在中国古代《后汉书·班梁列传》中讲道："会间者羌乱，西域复绝，北虏遂遣责诸国，备其逋租，高其价直，严以期会。"[②] 这是中国古代最早出现的"价直（值）"一词。从词源学视角看，"价值"一词源于古代梵文wer、wal 和拉丁文 vallum 和 vallo，大体意思为"可宝贵、可珍惜、令人喜爱、值得重视"。[③] 这里的"价值"主要是指一事物对他事物的有用性。后来"价值"一词被引入英文，主要是从经济学视角加以使用。据美国《哲学百科全书》和英国《简明不列颠百科全书》相关记载，"许多作者都倾向于'价值'这个词原先是在经济意义上使用的"。[④] 最典型的就是西方经济学始祖亚当·斯密对"价值"一词

---

① 北京大学哲学系外国哲学史教研室：《西方哲学原著选读》（下卷），商务印书馆1982 年版，第 296 页。

② 《后汉书·班梁列传》。

③ 孙伟平：《价值哲学方法论》，中国社会科学出版社 2008 年版，第 52 页。

④ 赖金良：《关于价值哲学与价值科学的思考》，《学术月刊》2006 年第 9 期。

的解读。他认为，"'价值'一词有两个不同的意义。它有些时候表示特定物品的效用，有些时候又表示由于占有某物进而取得的对于他种货物的购买力。前者可叫作使用价值，后者可叫作交换价值"。①到了19世纪经济意义上的价值概念被新康德主义哲学家引入人文社会科学领域。在《哲学新概念词典》中指出："将价值概念由经济学引入广泛的人文科学理论，始自19世纪中叶的新康德主义者——赫尔巴特、文德尔班、李凯尔特等。"②

查阅《现代汉语词典》得知，"价值"是"体现在商品里的社会必要劳动"或"积极作用"。③李德顺先生认为，"价值的本质，是客体属性同人的主体尺度之间的一种统一，是'世界对人的意义'"。④他将价值的内涵进行了拓展和深化。袁贵仁同志在其著作《价值学引论》中，对价值的本质进行了深化和发展。他从价值的生成及功能两个维度，认为价值是人的本质力量或主体性的对象化（生成维度）；价值也是客体对满足人的本质力量以及人的体性和获得自由的意义（功能维度）。马克思从普遍意义上对价值进行了解析，他将价值作为一定的关系范畴，从意义与关系视角进行了界定。他认为"'价值'这个普遍的概念是从人们对待满足他们需要的外界物的关系中产生的。"⑤马克思揭示了价值的内涵是主客体之间的满足与被满足的一种关系范畴。

总之，价值是现实中的人都会面对的问题。不同的学者在不同的时期可能从不同维度对价值本质内涵予以界定。但是，他们在定义"价值"一词时都离不开价值本身所内蕴的最基本的含义即实践基础上的主客体之间的一种客观的、特殊的效用关系、满足与被满足的关系。

---

①　[英]亚当·斯密：《国民财富的性质和原因的研究》，郭大力等译，商务印书馆2009年版，第25页。

②　石磊、崔晓天、王忠：《哲学新概念词典》，黑龙江人民出版社1988年版，第114—115页。

③　《现代汉语词典》，商务印书馆1991年版，第545页。

④　李德顺：《价值论》，中国人民大学出版社2007年版，第39页。

⑤　《马克思恩格斯全集》第十九卷，人民出版社1963年版，第406页。

（二）价值观

价值观所反映的主要是主体对于价值的观点和态度。对于价值观的内涵，国内外学者都做了深刻的剖析。美国学者克拉克洪（Clyde H. Kluckhohn，1951）、罗克奇（Milton Rockeach，1951）等认为，价值观是一种普遍的一般的信念，是对"是否值得"的一种态度和看法。它既可以是外显性的，也可以是内隐性的；它既具有价值性的功能，也具有规范和禁止性的功能；它既可以反映个体的特性，也可以反映群体的特征，它能影响主体在生活实践中对行为方式的选择。①

国内学术界从广义和狭义维度对价值观进行了解析。中国红旗大参考编写组在其著作《建设社会主义核心价值体系大参考》中，从广义视角对价值观进行了解读。该编写组认为，价值观是"关于价值的性质、构成、标准和评价的哲学学说"。② 这种广义的价值观实际上与价值论的含义极为相似。狭义维度的价值观的内涵解读，主要见于刘建明所编撰的《宣传舆论学大辞典》著作之中，他认为价值观所表达的是"人们对周围事物的意义、是非、好坏、重要性的评价和看法"。③

综上可见，国内外学者对于价值观的最基本的内涵解读具有一致性，即主要指主体对价值关系的态度和看法。这也是本书对价值观解读的基本依据。同时，本书还认为，价值观同时也是一种价值意识，它渗透于一切社会意识的各种形式之中，并通过一定社会意识形式表现出来，体现为所处一定社会中的人们的思想、观念、态度、看法以及行为方式等。

（三）核心价值观

核心价值观是指在价值多元的社会中，不同价值观的相互接触、碰撞、融合、凝练而形成的较为稳定的居于主导、辐射全体又具相对

---

① 金盛华、辛志勇：《中国人价值观研究的现状及发展趋势》，《北京师范大学学报》（社会科学版）2003 年第 3 期。

② 红旗大参考编写组：《建设社会主义核心价值体系大参考》，红旗出版社 2007 年版，第 190 页。

③ 刘建明：《宣传舆论学大辞典》，经济日报出版社 1993 年版，第 528 页。

理想性的价值观。这种居于主导地位的价值观渗透于一定社会的政治、经济、文化、社会的各个层面。它在生产实践的运行中，具有强大的引领功能、凝聚功能、激励和规范功能等。一定社会中不同的价值观所处地位不同、所起作用不同、所发挥功能不同，只有居于主导地位、反映社会绝大多数人的利益和要求、服务于社会绝大多数人的价值观才是这一社会的核心价值观。其他价值观都必须服从和服务于所处的社会中的核心价值观。

二　社会主义核心价值观与社会主义核心价值体系

（一）社会主义核心价值观

社会主义核心价值观是社会主义本质属性的体现，是社会主义社会价值观念系统中居于核心地位的发挥引领和指导作用的价值观。

首先，社会主义的基本价值观为社会主义核心价值观所统揽。所谓社会主义的基本价值观，主要包括人们对社会主义的基本看法和观点。这种看法和观点既包括对社会主义的基本看法和观点，又包括对社会主义基本价值的看法和观点。而社会主义核心价值观则是在这一基础之上，经过总结和提炼进而形成的居于核心地位的、能对社会主义基本价值观起统领作用的价值观。

其次，社会主义核心价值观必然反映着科学社会主义的本质内涵。马克思主义认为，科学社会主义社会是以实现人的自由全面发展作为其终极价值目标的。他认为，"代替那存在着阶级和阶级对立的资产阶级旧社会的，将是这样一个联合体，在那里，每个人的自由发展是一切人的自由发展的条件"。[①] 因此，这种社会主义核心价值观不仅能将人类社会文明进步的、积极的共同价值揽括其中，而且还应同其他的非科学社会主义的价值观加以区分。

最后，社会主义核心价值观应当具有鲜明的实践性。形成社会主义核心价值观的实践基础包括社会主义革命、建设与改革等一系列的实践。可以说，社会主义核心价值观是实践的产物，但它又必然要回

① 《马克思恩格斯全集》第三十九卷，人民出版社1974年版，第189页。

归并且服务于社会主义的建设与发展实践。实践性理应成为社会主义核心价值观强大生命力的重要彰显。

社会主义核心价值观贯穿于社会主义社会的各领域、各层面，是居于主导地位和起引领作用的价值观。党的十八大报告首次用三个"倡导"概括了社会主义核心价值观的主要内容，即"倡导富强、民主、文明、和谐，倡导自由、平等、公正、法治，倡导爱国、敬业、诚信、友善，积极培育社会主义核心价值观"。此后，习近平同志在主持中央政治局第十三次集体学习中明确指出，要把"培育和弘扬社会主义核心价值观作为凝魂聚气、强基固本的基础工程"。强调要通过政策导向作用、法律推动作用、社会管理作用等推动社会主义核心价值观在社会主义建设、改革与发展的各个方面的培育和建设。

（二）社会主义核心价值体系

社会主义核心价值体系是党的十六届六中全会上首次提出的科学理论体系。它是在中国共产党深入思考社会主义意识形态的本质属性，深刻总结中国社会主义发展历程，深刻剖析中华民族奋斗历史和中国共产党的奋进历史，并结合中国特色社会主义的时代特征而提出来的，能反映社会主义本质属性的，体现社会主义中绝大多数人民利益和要求的价值知识所构成的知识体系。社会主义核心价值体系是"兴国之魂"，它对中国特色社会主义具有方向性指引作用，据此阐明了其重要价值和作用。就社会主义核心价值体系的内容组成而言，主要由指导思想（马克思主义）、共同理想（中国特色社会主义）、民族精神（以爱国主义为核心）和时代精神（以改革创新为核心）、荣辱观四个方面组成的有机整体，该四个方面分别对应的是社会主义核心价值体系的灵魂、主题、精髓和基础。社会主义核心价值体系的各个组成部分密切联系，各有侧重，不可分割，具有高度的科学性、严谨性、系统性和完整性。因后文会专章阐释社会主义核心价值体系的科学内涵，在此便不再赘述。

（三）社会主义核心价值观与社会主义核心价值体系

对于社会主义核心价值观与社会主义核心价值体系的联系而言，它们有着共同的理论基础、文化基础和社会基础，有着实现中华民族伟大复兴的"中国梦"这一相同主题，两者相互联系、相互依存，都是对社会主义的本质、特性及其核心价值追求的深刻反映。与此同时，我们还需要明白，社会主义核心价值观与社会主义核心价值体系并非同一概念，前者是后者的高度凝练和集中表达，两者之间存在内涵、外延、结构与内容上的差异。前者集中反映着后者的根本目标和要求，着重强调根本价值理念的建构，具有比较抽象的特点；后者更强调实践上的操作性，特别就内容和外延而言，后者相较于前者更为丰富而具体。因此，本研究主要针对社会主义核心价值体系理论框架，适当兼顾社会主义核心价值观的有关表述。

三　课堂教学与课外活动

（一）教学

教育教学理论界对于教学概念的理解尚未达成共识性的意见，不同教育教学论著中所使用概念的含义都不尽相同。中国的传统文化典籍从词源学和文化发展的历史角度对教学这个词给予考证，如《说文解字》、《书·商书·说命》、《学记》等，其中《说文解字》所言"教，上所施，下所效也。""学（斆）"也是"教"的意思。[1]《学记》则曰"教也者，长善而救其失者也"。在《国际教育百科全书》中对"教学"一词也作了英语词源学的分析，认为"教学，就是传授知识和技能。"不仅如此，他还强调"教学是相辅相成的活动"、"教学是有意识的活动"、"教学是规范行为"。[2] 在当代，国内外一些具有影响力的教育教学研究专家如王策三、李秉德、王道俊、布鲁纳（美国）、佐藤正夫（日本）等也对教学做了较为权威的界定，其中王策三先生认为，教学乃是教师教、学生学的统一活动，在这个活动中，学生掌握一定的知识和技能，同时，身心获得一定的发展，形成一定的思想品德。[3] 总体而言，不少学者认为教学有广义和狭义之分：从广义上讲，教学是指人类社会成员之间通过相互影响来授受生活和

---

[1]　（汉）许慎：《说文解字》（上），九州出版社 2001 年版，第 183 页。

[2]　胡森：《国际教育百科全书》第九卷，贵州教育出版社 1990 年版，第 121—123 页。

[3]　王策三：《教学论稿》，人民教育出版社 2005 年版，第 87 页。

生产经验的活动，这种教学没有时间和空间的限制，它的历史与人类的历史一样漫长；从狭义上讲，教学就是课堂教学，特指在教育目的和课程标准下，以课程内容为中介，在一定的时空内由教师的教和学生的学共同构成的教育活动，该活动具有明显的目的性、规范性、具体性和自觉性。本书中"教学实现"之"教学"，意为狭义上的课堂教学。

1995 年 9 月 1 日起施行的《中华人民共和国教育法》中第二章第十七条规定：国家实行学前教育、初等教育、中等教育、高等教育的学校教育制度。对此，"教学实现"理应包括通过学前教育阶段教学来实现、通过初等教育阶段教学来实现、通过中等教育阶段教学来实现和通过高等教育阶段教学来实现。但基于研究时限和力求研究深度，笔者运用解剖麻雀的思维方法，将本书的"教学实现"主要定位于通过高等教育阶段的教学来实现，在此特作说明。

（二）专门课程教学与其他学科课程教学

为实现社会主义核心价值体系教育的深刻化、行动化和自觉化，我们应当对社会主义核心价值体系在育人过程中所具有的渗透性给予充分重视，它要求社会主义核心价值体系教育不仅应当有课外教育，还应当有课堂教学；不仅应当有专门课程教学，同时还应当将其自然融入其他学科课程的教学中。就课程教学而言，高等教育阶段社会主义核心价值体系教育的专门课程包括思想政治理论课和形势与政策课，思想政治理论课又包括马克思主义基本原理概论、毛泽东思想和中国特色社会主义理论体系概论、中国近现代史纲要、思想品德修养与法律基础，该类课程承担着社会主义核心价值体系的主要教学任务；而诸如人文社会科学课程、理工类课程、艺术课程在内的其他学科课程教学，则担负着社会主义核心价值体系相应的教育责任，也就是所谓的既教书又育人。社会主义核心价值体系专门课程教学与其他学科课程教学两者之间相互联系，相互作用，不可分割。

（三）课堂教学与课外活动

课外活动是在时空上相对于课堂教学而言的，即在课堂特定的时间与空间以外开展的旨在育人的一切活动。就高等教育而言，课堂教学是中心，课外活动是课堂教学的延展。总体而言，课外活动呈现的形式多种多样，比如校园文化建设、校园文化活动、学生社会实践、学校管理与服务等。课外活动相较于课堂教学的主要特点包括：一是学生的自主性。课外活动需要考虑学生的自身兴趣与爱好，比较注重个性化，以充分激发学生的选择参与热情，这也是区别于课堂教学的标准化和同步化的重要表征。二是内容的灵活性。课外活动一般不会受到课堂教学统一要求的刚性制约，尽管它需要有明确的主题，但组织者往往可以根据不同的环境、不同的条件和学生的不同需要来调整并加以确定。三是形式的多样性。尽管课堂教学也应当尽可能地丰富教学形式和方法，但形式必须服从内容，它往往会受制于人才培养方案和教师教学计划的诸多规定。而课外活动则不然，它可以在活动内容的规定下，根据人数的多少、场地的大小和时间的长短灵活自如地加以选择。

第四节　研究目的及意义

一　研究目的

本研究在对社会主义核心价值体系科学内涵及其育人功能再认识、社会主义核心价值体系育人功能教学实现的理论考察、社会主义核心价值体系融入高等教育阶段教学的现实检视的基础上，系统探究高等教育阶段社会主义核心价值体系的教学实现路向并构建社会主义核心价值体系教学质量可视化评价体系，让社会主义核心价值体系通过教学这一坚实载体广泛而深入地教育引导青年大学生，切实提高社会主义核心价值体系育人的针对性和实效性。

二　研究意义

（一）理论意义

一方面，本研究对社会主义核心价值体系的科学内涵及社会主义核心价值体系育人功能进行了较为深入的全新探析；另一方面，对社会主义核心价值体系育人功能教学实现的理论依据从认识论和方法论两大方面予以考察，为进一步探寻社会主义核心价值体系育人功能教学实现路向并构建社会主义核心价值体系教学质量可视化评价体系奠定了相应的理论基础。通过上述理论研究与建构，一定程度上促进了社会主义核心价值体系教学理论的有益突破。

（二）实践意义

本研究在对相关理论问题予以厘清的基础上，以《国家中长期教育改革和发展规划纲要（2010—2020）》为依据，遵循包括教学理念、教学目标、教学内容、教师教法、学生学法、时间管理等在内的教学活动的一般逻辑，深入探究社会主义核心价值体系育人功能教学实现路向，让社会主义核心价值体系在教育学等相关科学理论的指导下，通过教学这一坚实载体走向深入实践，进而提高高等教育阶段社会主义核心价值体系教学质量，切实增强在大学生中开展社会主义核心价值体系教育的针对性和实效性。

第五节　研究思路与方法

一　研究思路

本研究紧紧围绕提高社会主义核心价值体系育人实效这一目标，站在教学论角度，从社会主义核心价值体系科学内涵及其育人功能的再认识入手，以高等教育为例，对社会主义核心价值体系育人功能教学实现的基本现状、理论基础、实现路向和质量评价等问题进行系统探讨，在此基础上展望其发展趋势，以期使社会主义核心价值体系育人功能在高等教育阶段教学中得以实现并力争取得新突破和新成效（如图1所示）。

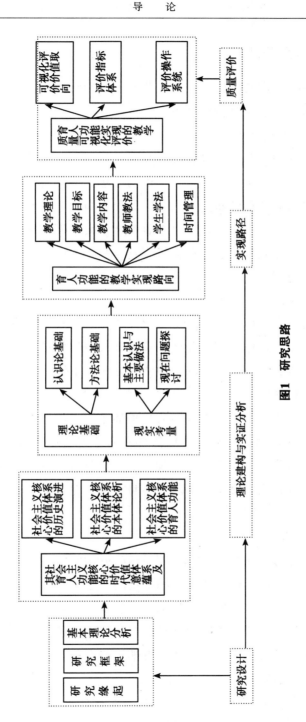

图1　研究思路

二　研究方法

本书综合运用文献研究、德尔斐技术、半结构化访谈、课堂观察和系统分析等方法进行分析和论述。

（一）文献研究法

该研究方法主要指通过收集、鉴别和整理文献，并在对文献的研究过程中形成对相关事实的科学认识的方法。文献研究法是一种富有生命力而又古老的科学研究方法。党的十六届六中全会提出社会主义核心价值体系这一概念以来，学术界产生了大量研究成果，本研究运用文献研究法多视角系统梳理分析研究这些相关成果，以丰富和夯实本研究的立论基础。

（二）德尔斐技术

德尔斐技术（Delphi Technique）是指研究者针对所研究的某一主题，请多位相关领域专家以匿名、书面方式表达意见，并通过多次意见交流而逐步获得最后结论的一种研究方法。本研究中"社会主义核心价值体系教学的现实考量"部分，除了开展问卷调查以外，同时拟定相应主题，比如"社会主义核心价值体系育人功能教学实现的基本路向"和"实现社会主义核心价值体系育人功能的教学质量评价策略"等，请教育学、伦理学、心理学、政治学等领域的多位专家进行匿名、书面方式表达意见，并综合不同学科、专业的专家学者们的观点、意见，形成最后结论。

（三）半结构化访谈法

半结构化访谈是指在厘清基本问题的基础上，根据访谈具体情况，并不控制访谈具体问题及问题呈现的顺序。半结构化访谈法主要用于对社会主义核心价值体系教学的现状及实施效果等情况进行初步了解，同时通过对相关课程教师和在校学生进行访谈，真实了解师生对社会主义核心价值体系施以课堂教学的态度和基本观点。

（四）课堂观察法

课堂观察法于 20 世纪五六十年代开始在教育研究领域广为运用，它主要通过研究人员带着明确的研究主题，凭借自身的感官和相关辅助工具，直接或间接（多为直接）从课堂教学中收集第一手资料，并依据已有资料开展有关研究的科学方法。本研究"社会主义核心价值体系育人功能教学实现的现实考量"部分，除了开展问卷调查、专家咨询、师生访谈以外，还深入高校课堂听课近三十节，以掌握并核实相关信息来开展进一步分析研究。

（五）系统分析法

系统分析法是运用系统理论来认识事物整体规律的一种方法。这种方法把研究对象作为一个整体，从多方面的动态联系中考察研究对象，以求达到最佳目标。本研究运用系统方法从教学理念、教学目标、教学内容、教师教法、学生学法、时间管理等教学系统要素出发，深入探究社会主义核心价值体系育人功能的教学实现路向。

第六节　研究重难点与创新

一　研究的重难点

（一）社会主义核心价值体系育人功能及其实现机理

该研究内容属于核心概念的再认识和实现机理的全新探析，这是本研究的第一个难点。

（二）社会主义核心价值体系育人功能的教学实现路向

通过理性分析可知，社会主义核心价值体系有别于一般意义上的学科知识，其教学与专业性学科知识的教学不同，它更强调解决观念问题和认识能力。此部分主要从教学理念、教学目标、教学内容、教师教法、学生学法、时间管理等方面展开，这既是本研究的一个重点，也是本研究的难点所在。

（三）社会主义核心价值体系教学质量可视化评价

本研究强调建立可视化评价指标体系，这既是本研究的一个重点，同时也是难点。

二 研究的创新点

(一) 研究视角有新意

从已有文献可知，关于对社会主义核心价值体系育人功能实现路径的研究，绝大多数成果主要集中在思想政治教育视角，很少涉及教学路径或教学手段的研究，特别是从教学论视角进行分层分类的系统探讨几乎少见。本研究从教学论视角来探讨社会主义核心价值体系育人功能的教学实现问题，建构包括教学理念、教学目标、教学内容、教师教法、学生学法、时间管理等在内的教学实现路向，应该是一个创新点。

(二) 研究内容有新意

从已有文献来看，在"把社会主义核心价值体系融入国民教育"这一主题下，诸多文献对融合的载体问题给予了研究，部分文献也对具体的教育形式予以了探讨，如把社会主义核心价值体系融入学校教育中的社会实践等。然而，绝大多数文献主要将其定位在广义的教育内容与方式上，在实践上缺乏具体的指导性与操作性。同时，对于教学如何与社会主义核心价值体系融合的问题探讨极少，缺乏应有的全面性与系统性。本研究中关于社会主义核心价值体系育人功能认识的三大维度（个体、群体、社会），并站在系统论视角，从育人的要素条件、要素优化、要素间的互动聚合等方面探讨其实现机理；关于构建精神相遇的教学理念、确立价值渗透的教学目标、组织紧贴生活的教学内容、选择尊重差异的教师教法、优化追求实效的学生学法、强化提高效能的时间管理所组成的社会主义核心价值体系育人功能教学实现路向；关于将可视化概念植入社会主义核心价值体系的教学质量评价系统，并构建具有一定操作性的社会主义核心价值体系教学质量可视化评价体系等内容，具有一定的原创性并富有新意。

第一章 社会主义核心价值体系及其育人功能的时代意蕴

党的十八大报告中指出:"社会主义核心价值体系是兴国之魂,决定着中国特色社会主义发展方向。"① 为此,我们只有完整而准确地把握社会主义核心价值体系的内在结构及其科学内涵,才能有效地设计和开展社会主义核心价值体系教育活动。本研究认为,社会主义核心价值体系蕴含政治稳定、经济助推、文化育人、社会和谐等基本功能,本章将重点讨论社会主义核心价值体系育人功能并分别从个体、群体和社会等维度予以展开。在此基础上,立足于系统理论,从育人的要素条件、要素优化、要素间的互动聚合等视角探究社会主义核心价值体系育人功能的实现机理,以为社会主义核心价值体系育人功能的教学实现提供基础性支撑。

第一节 社会主义核心价值体系的历史演进

据研究可知,社会主义核心价值体系不仅是中国特色社会主义制度的内在精神彰显,同时也是对传统与西方价值体系的一种超越。为准确把握社会主义核心价值体系的科学内涵与逻辑结构,首先得系统梳理社会主义核心价值体系这一命题的形成、完善与发展脉络。该体系的提出有其深刻的国际背景与国内根源,它既是有效应对经济全球化背景下文化多样与价值多元的有效回应,也是积极应对中国特色社

---

① 2012 年 11 月 8 日,时任中共中央总书记胡锦涛代表十七届中央委员会向中共第十八次代表大会作了题为《坚定不移沿着中国特色社会主义道路前进 为全面建成小康社会而奋斗》的报告。

会主义改革开放深入推进而出现的思想文化领域的碰撞与激荡的结果。

从国内局势来看，改革开放以来中国经济社会取得了前所未有的成就，人民生活水平显著提高。实践已证明，坚持改革开放是中国经济社会发展的必然选择，"坚持改革开放是决定中国命运的一招"①。改革开放给中国带来发展战略机遇的同时，也不可避免地出现了负面效应，主要体现在中国社会意识形态领域，出现了多种思想观念与社会思潮的碰撞与交锋，导致社会上出现了信仰危机、价值迷惘、理想变化、立场动摇等现象，"遇到许多复杂情况，国际国内的严峻形势和不同社会制度、不同思想体系的对立和斗争，考验着每个党员"②，部分中国人对中国特色社会主义事业的发展丧失了信心。究竟如何继续坚持马克思主义指导思想，如何坚持社会主义意识形态，如何用社会主义核心价值观凝聚社会共识，怎样增强中国特色社会主义认同感等一系列问题摆在人们面前，社会主义核心价值体系就是在这样的社会背景下提出的。

从国际背景来看，和平与发展仍是当今世界发展的潮流与趋势，它更加强调和平、合作与发展的主题。伴随着经济全球化、世界多极化的深入发展，意识形态领域的较量与斗争变得更为持久与复杂，作为社会主义中国在意识形态安全与文化安全方面受到西方文化霸权更为直接和更为严峻的威胁。因此，面对国内外局势的急剧变化，党中央提出了坚持社会主义核心价值体系这一思想文化的精神旗帜，它既蕴含了全人类价值文明积极成果，又体现了中国的民族特性，既符合人类文化发展的法则，同时也契合了中国社会主义发展的历史规律。

尽管社会主义核心价值体系的正式提出，始于党的十六届六中全会，但它的逐步形成过程历史久远并一直伴随着党的几代领导集体。以毛泽东同志为核心的第一代中央领导集体，及时确立了正确的指导思想（马克思列宁主义），倡导并力行了社会公德（爱祖国、爱人

---

① 《邓小平文选》第二卷，人民出版社1993年版，第368页。

② 《江泽民文选》第一卷，人民出版社2006年版，第94页。

民、爱劳动、爱科学、爱公共财物），从而为新生的社会主义制度奠定了强大的思想与道德基础。党的十一届三中全会以后，以邓小平同志为核心的第二代中央领导集体，坚持注重将马列主义、毛泽东思想与中国当时具体实际相结合，强调同时建设"两个文明"，着力培养社会主义"四有新人"，并由此创生了邓小平理论，确保了我国改革开放与社会主义现代化建设的顺利进行。党的十三届四中全会以后，以江泽民同志为核心的第三代中央领导集体，提出了"三个代表"重要思想，实现了马克思主义的与时俱进；1996 年，党的十四届六中全会通过有关社会主义精神文明建设的重要决议，第一次全面而系统地阐释了社会主义道德建设的核心（为人民服务）、原则（集体主义）、基本要求（爱祖国、爱人民、爱劳动、爱科学和爱社会主义）和着力点（社会公德、职业道德、家庭美德）；2001 年，中共中央《公民道德建设实施纲要》明确规定了公民道德建设的重要性、指导思想、方针原则和主要内容。党的十六大以来，以胡锦涛同志为总书记的党中央首次明确提出了社会主义核心价值体系的重大命题，并最终构建了社会主义核心价值体系建设理论。2007 年 10 月，党的十七大报告进一步强调了社会主义核心价值体系的本质、内涵、结构和作用。2011 年 10 月，中共中央颁布的有关社会主义文化大发展大繁荣的决定中，明确提出了社会主义核心价值体系建设的根本任务。2012年 11 月，党的十八大报告从国家、社会和公民层面提出了 24 字的社会主义核心价值观，进一步充实和完善了社会主义核心价值体系，使社会主义核心价值体系更贴近中国的实际，贴近中国人民的实际；使社会主义核心价值体系内容更完善，体系更科学，指导意义也更加凸显。2014 年 2 月，习近平同志在省部级主要领导干部专题研讨班的开班仪式上，在谈到"推进国家治理体系和治理能力现代化"时强调，必须大力培育和弘扬社会主义核心价值体系和社会主义核心价值观，加快构建充分反映中国特色、民族特性、时代特征的价值体系。[①]

----

① 习近平：《大力弘扬社会主义核心价值体系和核心价值观》，http://news.sctv.com/gnxw/szyw/201402/t20140218_ 1802602.shtml，2014 年 3 月 1 日。

第二节　社会主义核心价值体系的本体论析

社会主义核心价值体系深深植根于中华民族的精神血脉之中，植根于当代中国人民的伟大实践之中，植根于社会主义制度之中，具有激励中华儿女勇往直前的无穷力量。[①] 它是由指导思想、共同理想、民族精神、时代精神和荣辱观为基本内容的有机统一整体，其中的各个组成部分密切联系，各有侧重，不可分割，具有高度的系统性、完整性、科学性与严谨性。

一　社会主义核心价值体系的科学内涵

（一）价值认同维度：马克思主义指导思想是社会主义核心价值体系的灵魂

社会主义核心价值体系，特别是其所阐明的社会主义核心价值观，深刻影响着人们科学价值观的形成。加强对学生的社会主义核心价值体系教育，特别是价值观教育，能够增强学生对中国特色社会主义价值认同感。

马克思主义是被实践所证明了的科学理论体系，是被中国革命、建设与改革证明了的普遍真理，是中国特色社会主义建设发展的理论基础和行动指南。马克思主义不仅为建设社会主义核心价值体系提供了一种科学的世界观，同时也提供了一种科学的方法论，为社会主义核心价值体系建设过程中正确把握其形成的历史条件、内在要求及客观规律提供了思想基础。只有坚持马克思主义的指导地位不动摇，才可能有效抵制各类错误思潮侵蚀和破坏，在复杂的社会变化中不致迷失方向，以正确认识和解决中国特色社会主义建设中对当代中国价值观念传承与变革有影响的重大理论和现实问题。从而，在和谐社会与小康社会建设中，更加有效地推动社会主义核心价值体系的建设

---

① 中共中央宣传部：《社会主义核心价值体系学习读本》，学习出版社 2009 年版，第 17 页。

发展。

在社会主义核心价值体系建设中，坚持马克思主义的指导地位不动摇，就必须在社会实践中发挥马克思主义的理论导向功能，尤其要充分发挥它对学生从价值上理性认同中国特色社会主义的理论导向作用。国民教育的主要对象是学生，社会主义精神建设的重要主体也是学生。在学生思想道德教育工作中，应按照党的十七大的明确要求，将社会主义核心价值体系融入国民教育的全过程[①]，发挥它的教育功能和导向力量，影响、指导、引领学生科学价值观与理想信念的形成，促使其健康成长。其中，处于社会主义核心价值体系灵魂地位的马克思主义是科学的方法论，用马克思主义理论武装学生，就是要让学生学会运用马克思主义的方法论去正确分析和解决现实中的实际问题，同时使学生学会在运用马克思主义方法论去认识、分析、解决社会问题与矛盾的过程中，加深对马克思主义的理解和把握，从而坚定马克思主义的科学信仰，逐步实现对中国特色社会主义理性的价值认同。

（二）价值目标维度：中国特色社会主义共同理想是社会主义核心价值体系的主题

中国特色社会主义共同理想，是在全面建成小康社会、构建社会主义和谐社会的进程中逐步形成和确立的共同思想基础。它既是社会主义初级阶段的基本任务、价值目标的重要体现，同时也是重要的决定性因素。将它确立为社会主义核心价值体系的主题，对当前广大人民群众起到了凝心聚力的作用，尤其对引导学生在价值目标方面形成中国特色社会主义的共同理想，提供了强大的凝聚力和向心力。

中国特色社会主义共同理想，把"党在社会主义初级阶段的目标、国家的发展、民族的振兴与个人的幸福紧密联系在一起，反映了全体中国人民的根本利益和共同愿望"。[②] 理想信念具有推动社会历

---

① 2007 年 10 月 15 日胡锦涛同志在中国共产党第十七次全国代表大会上作的题为《高举中国特色社会主义伟大旗帜　为夺取全面建设小康社会新胜利而奋斗》的报告。

② 中共中央宣传部：《社会主义核心价值体系学习读本》，学习出版社 2009 年版，第 29 页。

史进程的能动作用，是人们的世界观、人生观和价值观在一定时期、一定阶段奋斗目标的集中体现，反映了人们对未来美好生活的向往和追求，是一个国家、一个民族奋勇前进的强大思想凝聚力量。邓小平同志曾经指出："为什么我们过去能在非常困难的情况下奋斗出来，战胜千难万险使革命胜利呢？就是因为我们有理想。"① 在中国特色社会主义建设及发展过程中，逐渐形成并确立中国特色社会主义共同理想，是广大人民群众意志的体现，是中国最广大人民群众根本利益的体现，代表了人民群众的利益诉求。实践已经证明它能够团结全国各族人民，凝聚全社会力量，具有强大的凝聚力和感召力。

　　学校是思想道德教育的重要阵地，学生不仅是社会主义核心价值体系教学的重要对象，也是培育中国特色社会主义共同理想的重要群体。因为，既然中国特色社会主义共同理想是全体中国人的共同价值追求，当然也是青年学生社会价值与个人价值实现的重要方式。对此，广大学生在中国特色社会主义共同理想的感召与凝聚之下，应当自觉投身于和谐社会与小康社会的全面建设之中，将自身的利益与国家、社会的利益有机结合起来，从而在实践中实现共同理想，体现人生价值。马克思主义认为："'价值'这个普遍的概念是从人们对待满足他们需要的外界物的关系中产生的。"② 学生价值观的形成和价值取向的确立在很大程度上受到外界环境及教育的影响，同时学生在接受某种价值观的时候会无意识地与自身利益追求结合起来。因此，学生价值目标的形成与确立，需要通过外围的科学世界观，在结合学生具体实际的基础上加以引领。由前面分析可知，中国特色社会主义共同理想是在中国特色社会主义建设发展过程中，结合中国的具体国情、党情和民情的基础上逐步形成的，它在最大程度上、最大范围内体现着人民群众的切身利益、迫切要求和理想愿景。因而，对于当代学生来说，加强社会主义核心价值体系教育并与学生实际相结合，将社会主义共同理想与学生个人理想相结合，通过正确引导和教育，才

① 《马克思恩格斯选集》第四卷，人民出版社 1972 年版，第 110 页。
② 《马克思恩格斯全集》第十九卷，人民出版社 1963 年版，第 406 页。

有可能使学生形成正确的价值追求。在以中国特色社会主义共同理想来引领当代学生正确价值目标形成的过程中，实现中国特色社会主义共同理想与学生价值追求的有机契合，是学生价值目标形成的指南。

（三）价值取向维度：民族精神和时代精神是社会主义核心价值体系的精髓

社会主义核心价值体系，具有强烈的民族特性。民族精神作为社会主义核心价值体系的精髓，深深地植根于中华民族优秀文化传统的土壤，是中华民族最深层次的精神追求和行为准则的千年积淀，它反映着中华民族的民族心理和民族特性。同时，社会主义核心价值体系，还具有鲜明的时代特性。作为社会主义核心价值体系精髓的时代精神，在当代中国特色社会主义建设伟大实践中得到升华，顺应时代发展的潮流，富有强烈的时代气息、反映着人类进步的内在要求。因此，民族精神和时代精神，是马克思主义与时俱进的思想源泉，是在中国特色社会主义建设、发展中开辟新征程和开创新未来的不竭精神动力，是中华民族自强不息和发展壮大的强大精神支撑。将民族精神和时代精神融入主流文化意识形态教育之中，可以发挥引领与认同功能，激发民族文化的活力，从而增强体现民族精神和反映时代精神的现代文明的精神支撑力。

在价值多元与文化多样的当今社会，从价值取向维度加强社会主义核心价值体系教育，特别是加强学生民族精神和时代精神教育，将有利于学生不断增强民族自豪感与奉献精神，始终保持昂扬向上、奋发有为的精神面貌，构筑实现中华民族伟大复兴的强大精神力量。首先，用民族精神激发学生的爱国主义情怀，引领学生正确价值取向的形成。中央16号文件强调，要"以爱国主义教育为重点，深入进行弘扬和培育民族精神教育"。党的十六大也强调，必须"把弘扬和培育民族精神纳入国民教育的全过程"，加强对当代学生正确价值取向的教育和引领，特别是中华民族优秀传统文化的教育，增强学生的民族自信心和自豪感。使学生自觉地将个人利益与民族利益有机统一起来，并在实践中自觉弘扬和传承中华优秀传统文化。其次，以时代精神激发当代学生改革创新热情，切实形成学生正确的时代价值取向。

以改革创新为核心的时代精神，是改革开放以来中国经济社会发展和进步的重要体现，也是在中国特色社会主义建设与发展过程中逐步形成的精神力量。改革创新是时代的标志，是时代精神的精华。在学生理想信念教育和科学信仰形成的引领中，用改革创新、与时俱进、奋发进取的时代精神鼓舞学生、激励学生，有利于在其理想信念形成过程中融入时代的创新元素。

（四）价值标准维度：社会主义荣辱观是社会主义核心价值体系的基础

荣辱观是构成人们的人生观、价值观、世界观的重要内容。社会主义荣辱观反映了中华民族的优秀传统美德与时代诉求的有机融合，是我国社会信仰重塑的道德基础，是形成良好社会风气的道德规范和行为准则，为规范学生行为提供了价值标准。

社会主义荣辱观的主要内容"八荣八耻"，概括精辟、内涵深邃、发人警醒，它贯穿于社会经济生活的各领域、各群体、各阶层，是中国特色社会主义建设实践的价值取向和行为规范，是新时期、新阶段加强社会主义思想道德建设、传统美德教育的重要指针和内在要求，是判断是非曲直、行为得失的最基本准则。

作为学校思想道德教育的重要内容，学生科学价值观的培育与形成，需要发挥社会主义荣辱观的行为规范功能。社会主义荣辱观不仅继承了中国共产党对社会主义道德规范的认识成果，而且用新思想、新认识丰富和发展了社会主义道德内容，它能够与时俱进，顺应时代发展变化、社会现实要求，使社会主义道德规范成为当代学生理想、信念、信仰培养、形成及其实践的道德准则。首先，"社会主义荣辱观"能够反映、规范和抵御市场经济的消极因素，引领当代学生价值观教育的正确开展。当前，学生价值观教育来自社会最直接的冲击就是市场经济的负面因素，因此，社会主义荣辱观教育教学必须正视和回答学生普遍关心的突出问题，明确他们最基本的价值取向和行为准则，为学生理想、信念的形成，提供规范与保障作用。其次，社会主义荣辱观为学生价值观教育中的行为判断提供了价值尺度。在学生价值观教育中，面对和处理个人、集体、国家关系时，处理人生态度、公共行为、社会风尚等问题时，使他们懂得以什么为耻，以什么为荣，为他们提供了最基本的价值取向和行为准则。最后，树立社会主义荣辱观，必须坚持知与行的统一。因此，在学生价值观教育过程中，使他们不仅准确把握社会主义荣辱观的道德本质要求，确立道德观念、增强道德判断能力，更重要的是，引领他们进行正确的道德判断与道德选择，即自觉运用"八荣八耻"的具体内容规范自己的行为，做到言行一致、表里如一，实现道德认知与道德行为的有机统一。

二　社会主义核心价值体系的理论创新

（一）社会主义核心价值体系实现了马克思主义中国化与大众化的有机统一

社会主义核心价值体系，是在马克思主义中国化与大众化的进程中，逐步形成与确立起来的，它的首要内容明确规定了马克思主义的指导地位及其灵魂作用，实现了马克思主义中国化与大众化在时间上的统一。一方面，不但是马克思主义基本理论，而且还包括马克思主义中国化和大众化的最新理论成果，都是马克思主义的组成部分。另一方面，社会主义核心价值体系的形成，根植于中国革命、建设与发展的具体实际，不仅是对中国社会主义建设发展实际的科学总结和概括，也是中国特色社会主义建设发展成就的理论提炼和升华。而中国特色社会主义建设发展阶段性成果的取得，不可能离开马克思主义的指导，不可能离开马克思主义中国化与大众化的过程，即马克思主义与中国具体实际，与中国最广大人民群众的生动实践有机结合。因此社会主义核心价值体系是马克思主义中国化与大众化实际成果的理论升华与概括总结。

在空间上，社会主义核心价值体系同样实现了马克思主义中国化与大众化的有机统一。从社会主义核心价值体系主要内容的基本功能来看，它能够整合与统领存在于中国政治、经济、文化、社会等各领域的思想观念与价值取向。它从政治上解决了中国特色社会主义举什么旗、走什么道路、实现什么样目标的问题；从文化心理上解决了我们应该具备什么样的精神状态和精神风貌的问题；在经济社会发展过程中解决了不同行业、不同领域人们的行为规范问题，同时能够调和社会不同群体的利益关系，实现社会各族人民的大团结，凝聚社会正能量，维护社会的和谐与稳定。而马克思主义中国化正是将马克思主义与中国政治、经济、文化、社会发展等具体实际有机结合，进而促进中国政治、经济、文化、社会的全面发展；马克思主义大众化则要求将马克思主义与中国最广大人民群众的生活实际、思想实际、价值观念状态、社会行为、政治经济活动等有机结合，增强广大人民群众对马克思主义的认同感。马克思主义中国化与大众化共同促进了中国在政治、经济、文化、社会、思想等各个方面的发展。社会主义核心价值体系恰是伴随中国社会各个方面的发展进步总结和提炼出来的，从空间上，体现着马克思主义中国化与大众化的有机统一。

（二）社会主义核心价值体系实现了多元价值的有机整合

随着经济全球化的持续发展，人们生活在一个日渐多元化的现代社会中，进而出现了价值多元化、价值分化、价值冲突等现象。同时，我国改革开放向纵深发展，社会主义市场深入人心，人们的价值观念呈现多样，思想意识极度活跃，在价值观领域出现了个体价值与群体价值的冲突，理想价值与现实价值的矛盾，价值多样与价值统一的不协调，功利价值与非功利价值背离等。社会主义核心价值体系的提出和确立，不仅有力回应了当前出现的不利于中国特色社会主义建设与发展的价值现象，更是一种价值统摄与整合、创新与超越的体现。

价值体系的形成与发展经历了不同的社会形态的变迁。原始社会由于生产力水平低下，生产资料公有、共同劳动、平均分配，没有产生真正意义上的价值体系，但当时的人们已经有了社会意识，产生了对生活的渴望，对未来的期盼，而他们的风俗信仰、道德艺术、图腾崇拜等已经体现出了早期的价值意识。中国史书记载传颂的夸父追日、神农尝百草的故事，以及"身自耕，妻亲织，以天下为先"，"其民朴重端悫，不忿争而财足，不劳形而功成，因天地之资而与之和同"① 的天下为公，人人平等的原始民主、友爱的道德规范，是其

———————

① 《淮南子·齐俗训》。

原始社会价值体系的突出体现。在奴隶社会中，奴隶主和奴隶是两大基本对立的阶级，奴隶主完全占有生产资料和奴隶，人与人之间是一种人身依附关系，劳动产品完全被奴隶主占有，奴隶完全丧失了生产资料和人身自由，决定了这一社会形态下的价值体系只能体现奴隶主阶级的意志和利益。进入封建社会由于生产力水平与奴隶社会相比有了相当的提高，此时期的价值体系的内容日渐复杂，包含了封建社会的道德体系、风尚习俗、法律制度、价值实践等。封建社会是地主阶级占统治地位的社会，它的主要职能是为地主阶级剥削和压迫农民阶级服务的，因此，封建社会的价值体系主要体现的是君权神授、封建等级制度以及维护封建地主阶级利益服务的工具。资本主义核心价值观是对封建社会价值观的超越。但它所推行的"普世价值"（自由、平等、博爱）实质上是建立在抽象的人性论基础之上，以普适性为幌子推进话语霸权。马克思也曾对资本主义核心价值观进行过严厉批判，认为它体现着资产阶级意识形态，它将现实的处于社会生活中的个体的利益与普遍利益相等同，从而体现出资本主义核心价值观的唯心性、欺骗性与虚伪性。社会主义核心价值体系正是在吸收以往社会核心价值体系合理成分的基础上，有效克服当代西方资本主义抽象的所谓"普世价值"弊端的过程中，有机结合我们党在领导中国特色社会主义伟大事业的实践中总结提炼而出的。社会主义核心价值体系确立了根本指导思想——马克思主义，确立了主题——中国特色社会主义共同理想，也确立了民族精神——以爱国主义为核心，还确立了时代精神——以改革创新为核心，这些都是中华民族文化及富于进取思想品格的本质体现，谱写着中国和谐文化建设的主旋律，以此，引领着社会价值观多样性，并能扩大认同，增进共识；社会主义荣辱观针对市场经济条件下出现的功利价值与非功利价值的背离，明确了社会成员的基本价值准则与行为规范。

（三）社会主义核心价值体系实现了对社会主义意识形态的高度概括与理论升华

首先，社会主义核心价值体系植根于中国社会主义建设发展的具体实践。马克思主义认为，"全部社会生活在本质上是实践的，凡是把理论引向神秘主义的神秘东西，都能在人的实践中以及对这个实践的理解中得到合理的解决。"① 这充分说明，社会意识从本质上讲，是对社会存在或实践的客观反映，任何的社会意识都来自社会实践而不是来自"神秘东西"，社会意识的存在又促成了社会价值的生成。因此，任何一种核心价值体系，都"不是一种抽象、普适的空洞概念和主观设置"②，而是基于特定的客观实践而形成，并有着具体的、现实的客观内容。

然而，"相对于世界的存在、现实、事物的既有状态而言，价值现象具有某种超越的性质，它是产生于现实和实践，又高于现实的现象。"③ 一方面，作为社会主义意识形态而存在的社会主义核心价值体系，有其产生和形成的土壤，即中国社会主义政治、经济、文化和社会建设发展实践。另一方面，中国社会主义建设与发展过程中又无不透视着社会主流的价值观。在社会主义经济建设中，由于效率与公平问题、收入差距拉大问题、城乡二元结构问题等，与广大人民群众的共同愿望、利益和要求不尽相同，而中国特色社会主义共同理想的提出，恰恰正确反映了广大人民的价值追求，给人以深切的价值关怀；尤其是在社会主义市场经济条件下，面对市场中的一些不公平和道德缺失等现象，必然要求形成一种在制度约束下的讲道德、讲人性、讲信用、积极向上、遵纪守法、爱岗敬业等社会主义经济价值观，而这正好体现了社会主义核心价值体系的具体内容。在社会主义政治建设中，多党合作的政党政治制度、爱国主义统一战线、一国两制等更加体现了社会主义核心价值体系团结和凝聚全国各族人民，共同致力于中国特色社会主义建设与发展的客观现实；在社会主义文化建设中，特别是在进行中华民族悠久历史和优秀传统文化宣传和教育过程中，涌现出了大量的新的时代精神，如抗洪抢险精神、抗震救灾精神、改革创新精神等，正反映了中华民族的民族情怀与时代精神。

其次，社会主义核心价值体系是社会主义意识形态的概括和总

---

① 《马克思恩格斯选集》第一卷，人民出版社 1995 年版，第 56 页。

② 教育部社会科学司：《理论之光》，高等教育出版社 2008 年版，第 440 页。

③ 李德顺：《价值论》，中国人民大学出版社 2007 年版，第 25 页。

结。它的形成充分反映了中国共产党人对"什么是马克思主义，怎样看待马克思主义"、"什么是社会主义，怎么建设社会主义"、"建设什么样的党，怎样建设党"、"实现什么样的发展，怎样发展"等重大理论和现实问题认识的进一步深化，是对社会主义发展规律认识更加成熟的体现。社会意识具有相对独立性的特征，在一定社会里，意识形态领域又是复杂多元的。不同的社会意识表现出不同的价值取向，而任何一个社会都存在多种多样的价值观，内容不同的价值观必然导致多元价值体系的并存。构建核心价值体系就是在"尊重差异性，包容多样性"的基础上，对多元化的价值观的概括、总结和升华。

从纵向上看，社会主义核心价值体系是对社会主义建设与发展不同历史阶段社会意识、价值观念和价值体系总结概括而成的。改革开放以来，党的十一届六中全会提出党在新时期奋斗目标即建设现代化的、高度民主、文明的社会主义强国。党的十二届六中全会又提出了培养"四有"公民。党的十四届六中全会明确提出了"社会主义精神文明建设必须以马克思主义、列宁主义、毛泽东思想及邓小平理论建设有中国特色社会主义理论为指导，坚持党的基本路线和基本方针，加强思想道德建设，……团结和动员各族人民把我国建设成为富强、民主、文明的社会主义现代化国家"。[①] 最终在党的十六届六中全会上，社会主义核心价值体系得以正式确立，并完整、准确概括和提炼了其四个方面的主要内容。

从横向上看，中国共产党是在以马克思主义为指导的基础上所诞生的。正是由于有马克思主义的正确指导，在中国共产党带领下取得了新民主主义革命、社会主义革命到社会主义建设的一次又一次的伟大胜利。在革命年代，以毛泽东为代表的中国共产党人把马克思主义与当时中国革命的现实情况相结合，便形成了毛泽东思想。在社会主义建设过程中，中国共产党人不断推进马克思主义与中国社会主义建设实际相结合，特别是改革开放以来，邓小平带领全党全国各族人民

---

① 参见《中共中央关于加强社会主义精神文明建设若干重要问题的决议》。

把共产主义的崇高理想与中国现阶段的实际国情有机结合起来，提出了中国特色社会主义建设理论。这样在社会主义建设与发展实践中，建设有中国特色的社会主义逐渐成为现阶段全国人民的共同理想。以此为基础，在党的十六届六中全会上，党中央正式提出了社会主义核心价值体系，同时确立了其主题是中国特色社会主义共同理想。作为马克思主义与中国优秀传统文化以及中国革命、建设与改革实际相结合的高度概括与总结，民族精神和时代精神是社会主义核心价值体系理论的精髓。而社会主义荣辱观则是中国共产党对我国社会主义道德建设规律认识不断深化的理论结晶，它集中体现于市场经济条件下对道德建设、价值取向、行为规范等问题重新确认而逐渐形成的价值观念之中。

第三节　社会主义核心价值体系的育人功能

一　社会主义核心价值体系蕴含的基本功能

正是社会主义核心价值体系包含着多个层面的内容，决定了它丰富的价值功能。本部分主要从政治稳定、经济助推、文化育人、社会和谐等视角阐述社会主义核心价值体系所蕴含的基本功能。

（一）政治稳定功能

"社会主义意识形态的主体部分是与现阶段的社会主义经济、政治制度相适应的社会主义政治思想、社会主义法律思想、社会主义道德观等"[①]，而作为社会主义意识形态本质的具体体现，社会主义核心价值体系彰显了中国特色社会主义的旗帜和道路，既能引领多样化的社会思潮，又能为社会秩序的稳定提供基本的行为规范，以及为培育人们健康、积极、团结、奋进的社会心理提供基本的社会价值准则。同时，这也是巩固中国共产党的执政党地位、坚持中国特色社会主义政治方向的基本前提和重要保证。

---

① 宋惠昌：《当代意识形态研究》，中共中央党校出版社 1999 年版，第 112 页。

第一，马克思主义作为社会主义核心价值体系的灵魂，有力保证了中国特色社会主义的政治方向。近代中国革命中，以毛泽东为代表的中国革命党人始终坚持马克思主义的指导地位，不断把马克思主义的基本原理与中国革命具体实际结合起来，推进了马克思主义中国化，推翻了三座大山，建立了社会主义新中国。革命的实践已经充分证明了这样一个道理：一定要坚持以马克思主义为指导，充分彰显马克思主义的理论魅力和价值。在建设与发展中国特色社会主义进程中，同样不能离开马克思主义的科学指导，特别是在中国共产党带领全中国人民在建设与发展中国特色社会主义进程中，要把握好三条：一是坚持马克思主义的指导地位；二是巩固中国共产党的执政党地位；三是始终把握好中国特色社会主义的政治方向。

第二，社会主义核心价值体系以民族精神和时代精神为精髓，以民族利益、国家利益、人民利益为根本出发点和归宿，巩固着中国共产党的执政地位。有效发展经济、治理社会与引领人民精神成长是一个执政党有效执政的重要体现。党的十八大报告明确提出了中国特色社会主义的"三个自信"：一是制度自信；二是道路自信；三是理论自信。社会主义核心价值体系根植于中国优秀传统思想的文化土壤，同时又密切结合了中国特色社会主义建设发展具体实际，既关照了中国最广大人民群众的切身利益，同时也加强了党对中国特色社会主义事业的领导地位。

第三，作为社会主义核心价值体系的主题，中国特色社会主义共同理想对维护民族大团结起着促进和巩固作用。之所以全国各族人民大团结，其根本原因不仅在于全国各族人民享有稳固的、共同的理想信念，还在于社会主义核心价值体系对中国特色社会主义共同思想基础的巩固，发挥着重要功能。党的十八大进一步强化了社会主义核心价值体系的政治功能。这一方面有利于推动全国各族人民自觉地维护中国特色社会主义共同的思想基础；另一方面还能巩固与发展民族的团结和国家的统一。

第四，社会主义荣辱观倡导的社会基本行为准则，提升了人们的遵纪守法意识，维护了社会安定，促进了国家政治稳定。"以遵纪守法为荣，以违法乱纪为耻"等规约着人们的基本行为与社会活动要与社会主义法律规范相一致。同时，社会主义荣辱观还提出了确立人们行为的价值尺度，要求"以热爱祖国为荣、以危害祖国为耻"，"时刻心系国家前途命运，倍加珍惜国家安定团结的良好局面，把爱国热情转化为报效祖国的实际行动"，"关键时刻敢于向危害祖国的行径作斗争，坚决维护国家利益"。① 因此，社会主义荣辱观以其对人们基本的行为尺度与规范体现出了政治稳定功能。

（二）经济助推功能

提出社会主义核心价值体系，既是引领社会主义经济发展的精神旗帜，也是中国特色社会主义经济持续健康稳定发展的内在要求。社会主义核心价值体系的经济功能主要表现为，它能够为中国特色社会主义经济建设和发展提供最基本的价值取向、精神动力和行为规范，以维护社会良好的经济秩序，实现推动中国特色社会主义经济又好又快发展。

第一，社会主义核心价值体系为经济发展提供正确价值取向。在中国社会主义市场经济深入发展的今天，不可避免的是一些负面因素的影响，严重制约着社会的全面进步和可持续发展。由此可见，这就需要一种主流意识，一种符合中国特色社会主义建设发展实际的价值取向来加以引导。社会主义核心价值体系所大力倡导的伦理准则与行为规范，在一定程度上能够使市场主体具有较强的规则意识、制度意识，进而自觉遵守市场法则，增强市场主体之间的信任感和社会责任感，使整个经济体系处于正常稳定的运行状态。社会主义经济发展中蕴含的自主、自由、平等、竞争、信用、法治等价值观念和价值导向，同时构成了社会主义核心价值体系的基本内核。这个基本内核所表达的价值导向，引领着社会主义经济发展的根本方向。

第二，社会主义核心价值体系为经济发展提供了精神动力。它倡导以诚实守信、团结互助、遵纪守法、艰苦奋斗、爱国奉献等为基本

① 中共中央宣传部：《社会主义核心价值体系学习读本》，学习出版社 2009 年版，第54 页。

的行为准则，是对中华民族优秀传统的传承与弘扬。在改革开放与经济全球化的今天，能够引起广大人民的认同与共鸣。社会主义核心价值体系的提出，进一步激发了人们在社会经济建设和发展中展示自身的才能，并实现自身价值的强烈欲望。与此同时，社会主义核心价值体系的基本要求又能科学地引导人们形成共同的价值追求，它所倡导的改革创新又为人们从事经济活动营造了一种鼓励创新、不断创新的良好氛围。

第三，社会主义核心价值体系为经济发展提供了基本规范。社会主义荣辱观作为社会主义核心价值体系的重要组成部分，为人们从事经济活动提供了基本的道德规范、价值尺度及行为准则。首先，社会主义核心价值体系是在社会主义市场经济持续推进中逐步形成和确立起来的。在市场经济活动中，"知荣知耻"的道德价值取向直接强化着市场主体的遵纪守法意识，使市场主体自觉融入社会主义市场经济法治体系，进而增强社会主义道德与法制的敬畏感。其次，社会主义荣辱观是以"八荣八耻"为主要内容，反映了当代中国社会经济生活的基本行为准则，违反者会在显性层面上受到周围人的排斥，自己也同时会产生自愧心理，这在一定程度上能迫使参与经济生活主体自觉遵守市场规则和社会准则从事经济活动。

（三）文化育人功能

党的十六届六中全会通过的有关社会主义和谐社会构建问题的决定中，把建设和谐文化作为社会主义和谐社会构建的重要任务；同时将社会主义核心价值体系建设确定为和谐文化建设之根本。① 因而，社会主义核心价值体系融入学校教育教学的过程，实质上就是要发挥社会主义核心价值体系文化育人的功能，实现对人的塑造，促进人能够形成一种积极向上的精神，从而形成科学的人生观、价值观和世界观。在当前中国特色社会主义事业建设中，尤其需要充分发挥社会主义核心价值体系的文化育人功能，摒弃不符合社会发展主流的价值观

---

① 《中国共产党第十六届中央委员会第六次全体会议文件汇编》，人民出版社2006年版，第21—22页。

念，让人们树立起科学的价值观，形成一种健全的人格。

马克思主义是中国特色社会主义建设发展的基本指导思想，决定了社会主义核心价值体系的育人方向。在文化育人过程中，加强社会主义核心价值体系建设，就是要在文化领域进一步坚持马克思主义的主导地位。作为育人成才的重要阵地，学校加强社会主义核心价值体系育人功能的发挥，就是要运用马克思主义普遍真理，通过加强党的理论、路线、方针、政策的教育，使学生形成统一的思想共识、敏锐的政治觉悟，确保学校教育坚持中国特色社会主义的正确政治方向。

中国特色社会主义的共同理想是育人的基本前提。毛泽东指出："没有进步的政治精神灌注于军民之中，就不能激发军民最大限度的抗战热忱，一切技术就不能得到最好的基础去发挥它们应有的效能。"[①] 这里所指的"进步的政治精神"，主要是指坚定的社会主义理想信念，在现阶段，又主要指作为社会主义核心价值体系重要构成内容的中国特色社会主义共同理想。为此，发挥社会主义核心价值体系的育人功能，就要求在教育教学过程中，努力激发学生对美好生活的向往与追求，产生顽强拼搏、立志成才、勇于前进的精神动力，进而树立坚定的中国特色社会主义共同理想。

以爱国主义为核心的民族精神和以改革创新为核心的时代精神，是育人的动力和源泉。爱国主义是中华民族的优良传统，改革创新是马克思主义与时俱进的理论品质，它们共同构成了社会主义核心价值体系的理论精髓。让社会主义核心价值体系发挥育人功能，就是让学生牢固树立爱国主义思想基础，为增强他们的责任感、使命感，抓住机遇、改革创新，以报效祖国、无私奉献、实现价值提供巨大的精神动力。

社会主义荣辱观为育人确立了基本要求。作为全体社会成员进行价值选择、道德判断、行为规约的基本准则，社会主义荣辱观是社会主义核心价值体系的理论基础。发挥其育人功能，能够培养学生基本社会活动的价值取向和行为标准，使他们形成积极、乐观、向上的精

---

① 《毛泽东选集》第三卷，人民出版社 1993 年版，第 286 页。

神品质，进而帮助他们树立起科学的世界观、人生观和价值观。

（四）社会和谐功能

社会主义核心价值体系在形成过程中就蕴含着社会和谐的特性。社会主义核心价值体系是在中国特色社会主义革命、建设与改革的过程中形成的，是全中国人民集体意志和利益的体现。社会主义核心价值体系不仅形成于中国的具体实际，而且关照了中国绝大多数的现实追求与价值理想，还深深根植于中国优秀传统思想文化的土壤。它在现实关照与历史关照、实践创新与理论创新、国家利益与人民利益三个方面实现了有机统一，因而是社会思想共识的形成基础，在统领社会思想共识方面发挥着重要的社会和谐功能。

社会主义核心价值体系的构成内容，体现了社会和谐的功能和特征。它始终坚持马克思主义的指导地位，把它作为立党立国的根本指导思想。中国社会主义革命、建设与改革实践已经充分证明，马克思主义是科学理论体系，是普遍真理，是中国特色社会主义建设发展的理论基础和行动指南。在全面建成小康社会和努力构建社会主义和谐社会中，中国特色社会主义共同理想被逐步形成和确立；与此同时，中国特色社会主义共同理想的形成和确立，又不断促进着社会的和谐与稳定。民族精神和时代精神既统合了中国优秀传统思想文化，又根植于中国特色社会主义建设与发展的实际，更结合了当前最广大人民群众的具体实际，为促进社会和谐、维护社会稳定提供了有力的精神支撑。所以，推进社会主义核心价值体系教育教学，坚持社会主义核心价值体系所倡导的文化包容、思想引领、价值导向、社会凝聚等特性和功能，以促进社会和谐与稳定。

与此同时，社会主义核心价值体系的引领作用有助于社会和谐。"坚持以社会主义核心价值体系引领社会思潮，尊重差异，包容多样，（可以）最大限度地形成社会共识。"① 因而，在社会主义文化建设之中，只有从根本上牢固把握社会主义核心价值体系，充分发挥其特有

---

① 《中共中央关于构建社会主义和谐社会若干重大问题的决定》，人民出版社 2006 年版，第 23 页。

的社会和谐功能，才能形成全社会的共同理想与目标追求，以增强全社会的向心力、凝聚力，进而形成整个中华民族奋发向上的精神力量。

二　社会主义核心价值体系育人功能的时代内涵

社会主义核心价值体系蕴含多种基本功能，本书将重点对育人功能及其教学实现策略进行深入探讨。

在西方，"教育"一词源于拉丁文 educate，它的本义为引出或导出，意指通过一定的手段将本来潜在于个体身体和心灵内部的东西引发出来。在我国，"教育"一词始见于《孟子·尽心上》："君子有三乐，而王天下不与存焉。……得天下英才而教育之，三乐也。"后来《说文解字》释义，"教，上所施，下所效也；育，养子使作善也"。我国著名教育家杨叔子在其《文明以止　化成天下》一文中将育人解析为"以人为本，以育为法"[①]。他认为，育人是一种化育行为，就是在尊重人、理解人的基础上，将复杂易变、感情丰富的人作为教育对象，通过一系列实践活动，激发人的主观能动性，以实现全面提升人的综合素质为终极目标。笔者比较认同杨叔子先生对"育人"一词的解读。对于"功能"一词，最早见于物理学，被定义为某一物体产生的"能量"，后来被引入人文社会科学领域。在《辞海》中，将功能解释为"事功和能力；功效、作用"。[②]《现代汉语词典》中则定义为"事物或方法所发挥的有利的作用；效能"。[③] 据此，本书认为，育人功能即某事物所本有的激发人的主观能动性并全面提升人的综合素质的有利作用；社会主义核心价值体系育人功能，主要指社会主义核心价值体系所本有的激发人的主观能动性并全面提升人的综合素质的有利作用。从教育社会学的视角，社会主义核心价值体系育人功能可以从个体、群体和社会等维度予以阐释。

---

① 杨叔子：《文明以止　化成天下——纪念我国高等学校文化素质教育开展十周年》，《高等教育研究》2005 年第 9 期。

② 《辞海》，上海辞书出版社 1980 年版，第 508 页。

③ 《现代汉语词典》，商务印书馆 2000 年版，第 438 页。

（一）个体维度的社会主义核心价值体系育人功能

一个团队、一个民族或者是一个国家，是由众多的个体所构成，个体是其中最基本的元素。要在全社会有效实现社会主义核心价值体系的育人功能，首先开始并作用于个体。

第一，社会主义核心价值体系育人功能体现于个体的成人过程中。从狭义角度上讲，社会个体只要年满 18 周岁就算成人，而且正常成人的首要标志是其生理心理健康及道德成熟。按此逻辑，在我国青少年 18 周岁以前的未成年阶段，则应当及时而准确地输入社会主义核心价值观，以帮助他们在心理和道德上的健康成长。因为，社会主义核心价值体系内蕴的精神旗帜、精神支撑及道德规导等在他们成长成人期间，能够提供明确的精神导向、道德尺度和道德标准，使其成为健康完整、积极向上的社会个体。

第二，社会主义核心价值体系育人功能体现于个体的成才过程中。通常意义上说，成才主要指在个人成人以后，掌握了一定的基础知识，具备了一定的技艺专长，能够为党、为人民、为国家、为社会创造有益财富。社会个体的成才过程，是一个需要历经风雨的洗礼过程，它特别需要有优良的品德、坚忍的意志和创造的精神。社会主义核心价值体系的深邃内涵和潜在功能告诉我们，它能够在个体成才过程中有效培育积极学习并掌握科学知识，以及乐于奉献的个性品质。特别是社会主义核心价值体系所倡导的具有改革创新特质的时代精神，要求社会个体在中国特色社会主义建设与发展实践中，需要自觉推动改革、勇于创新创造，进而自然地将所学知识和理论转化为服务国家政治、经济、文化、社会发展的生产力，并使自己成为中国特色社会主义的合格建设人才。

第三，社会主义核心价值体系育人功能体现于个体的"成器"过程中。无论是"成大器"还是"成小器"，成器是人生的基本准则，它要求个体具备健全的人格、最基本的价值观念，具备优秀的道德品质以及积极向上的进取精神和为人处世的基本底线。而社会主义核心价值体系蕴含的"社会主义荣辱观"等内容，为个体的成器提供了正确的方向和引导。以"爱国、敬业、诚信、友善"等为内容的核心价值观，能够帮助个体塑造健康向上的人格、爱国敬业的优秀品质。社会主义荣辱观所倡导的社会准则、道德规范、价值取向等有力地指引着个体的世界观、人生观和价值观的形成。而且，社会主义荣辱观贯穿整个社会生活的各个领域为个体的成器提供了基本的为人处世标准，以培育个体为人处世的基本能力。

（二）群体维度的社会主义核心价值体系育人功能

正是社会主义核心价值体系具有引领思潮和凝聚共识的强大作用，它能在中国特色社会主义伟大旗帜下，把广大人民群众团结起来，为中国特色社会主义事业共同奋斗，实现社会主义大发展大繁荣。从社会群体维度来研究社会主义核心价值体系的育人功能，提升不同社会群体综合素养，对于发挥社会群体的合力作用，投身于中国特色社会主义事业建设有着重要的现实意义。

各类群体力量的凝聚与发挥是建设中国特色社会主义的重要基础。在《辞海》中"群体"一词是指由许多同种生物的个体组成的整体，或者指同类人或事物组成的整体。本书所指的群体是指一定数量的个人通过一定的社会关系，结合起来的集合体，它根据不同的标准可以划分为不同的类型。本书根据社会人群所从事的职业认为，可以将人们划分为工、农、兵、学、商等社会群体予以探讨，因为他们也是社会主义建设的基本力量。

社会主义核心价值体系的育人功能潜在于其建设过程之中，并将作用于工、农、兵、学、商等各个社会群体，尽管可能作用程度与效果反应不尽相同，但共通性作用是不可忽视的，比如价值引领、目标导航、动力激发、群体融合等作用特别突出。正因为社会主义核心价值体系贯穿了社会生活的方方面面，影响社会各个群体的建设始终，它对引领群体目标、规范群体行为、维护群体利益、增进群体互动都有着十分重要的现实意义。就学生群体而言，他们正处在国家改革开放向纵深发展的重要时期，他们摄取信息的渠道越来越多，其思想也越来越活跃，这样在价值观念和价值追求方面便呈现出多元化、多样化的趋势，特别是部分学生出现了政治信仰迷茫、价值取向扭曲、合作观念淡薄等突出问题。对此，充分发挥社会主义核心价值体系的育人功能，不仅能使学生有效加深对社会主义核心价值体系本身的认识，同时也能加深对中国特色社会主义建设事业的认识，以实现中国特色社会主义的价值认同，进而促使其形成正确的政治信仰、共同的社会理想和科学的价值取向，最终成为有理想、有激情的求真务实的中国特色社会主义建设事业坚实的后备力量。

（三）社会维度的社会主义核心价值体系育人功能

社会是一个复杂综合体，特别是在经济全球化的今天，社会中文化多样与价值多元并存，它在一定程度上影响着主流社会理想的实现。对此，它就需要一种主流，一种核心价值观来加以统领与整合。社会主义核心价值观生成于全中国人民的生产与实践活动之中，体现着全中国人民的意志与愿望。发挥社会主义核心价值体系的育人功能，可以使社会成员形成共同的社会理想，并有效调和社会不同群体的利益关系，维护社会的和谐稳定。

德国哲学家弗·包尔生认为，"人的生活开始是一种纯冲动的生活，理性是以后慢慢发展起来的。在人生的较长的青年时期，由父母、教育者、老师讲述的民族的集体理性占据着个人理性的位置。固定化了的习惯就是这种教育的结果，在这里社会的习俗个人化了。"而"与此联系最密切的是羞耻，它是由教育灌输而建立起来的，它很快地获得本能那样的力量和确定性。"① 因此，一个社会的核心价值观从他律转化为自律，从文字转化为思想进而落实到行动的过程，与这种核心价值观的育人功能是分不开的。同时，社会主义核心价值观由他律向自律转化，它需要一个桥梁即通过道德教育特别是学校道德教育获得思想认知进而催生一种主流的价值倾向。在此基础上，社会思潮得以引领，社会理想得到认同，社会和谐将得到维护。

另外，发挥社会主义核心价值体系的育人功能，还能有效协调不同社会群体的利益关系。改革开放以来，中国社会取得巨大进步，中国人民也共享着发展成果。然而，受市场经济负面效应的影响，也出

---

① ［德］弗·包尔生：《伦理学体系》，何怀宏、廖申白译，中国社会科学出版社1988年版，第7页。

现了包括地区之间、行业之间、个体之间在内的不少利益矛盾与利益冲突。社会主义核心价值体系的提出正适应了这一现象，对不同社会群体的利益起到重要调和作用。因为社会主义核心价值体系本身具有广泛的适应性、包容性和导向性，同时它所倡导的"积极向上"与"文明进步"以及"先进"、"和谐"等价值导向，正是社会主义和谐社会中的基本价值取向。对此，也只有及时而深刻地调控不同社会群体的利益关系，中国特色社会主义建设发展才会有和谐稳定的社会环境。

三　社会主义核心价值体系育人功能的实现机理

准确把握社会主义核心价值体系育人功能的实现机理是有效实现其育人功能的前提和基础。所谓机理，在百度百科的词条中有两种理解：一是指为实现某一特定功能，一定的系统结构中各要素的内在工作方式以及诸要素在一定环境条件下相互联系、相互作用的运行规则和原理；二是指事物变化的理由和道理。在化学动力学中，所谓"机理"是指从原子的结合关系中来描绘化学过程。在化学气相沉积中，机理的含义更加广泛。如果其过程是动力学控制的，机理是指原子水平的表面过程。第一种理解侧重从系统理论视角予以阐释，系统理论认为世界万物都有自身存在、发展与变化的规律，强调其自身内部各要素之间，自身与外界各事物之间都存在有机联系，它处于一个统一体之中。因而，我们在探讨社会主义核心价值体系育人功能的实现机理时，主要借助于系统理论，从育人的要素条件、要素优化、要素间的互动聚合等视角加以研究。

（一）社会主义核心价值体系育人功能实现的要素条件及其优化

系统理论强调任何事物都是由一系列要素构成的有机整体，要认识事物的本质，把握事物的规律，首先必须把握构成事物系统的要素条件，并注重要素条件的合理优化。社会主义核心价值体系育人功能的实现是一项复杂的系统工程，其系统基本要件应当包括教育主体、教育对象、教育方式及外部环境等。而社会主义核心价值体系育人功能的实现成效如何，关键在于构成要件的优化程度，因为它是诸要素在一定环境条件下相互联系、有效聚合的前提和基础。

首先，从主体要素来看，作为社会主义核心价值体系育人的实施者，必须对社会主义核心价值体系基本内涵、时代价值、理论功能等真学、真懂、真用。充分掌握理论、灵活运用理论是育人主体开展社会主义核心价值体系育人行动的首要前提。因此，育人主体应当全方位、多视角去深入分析、研究社会主义核心价值体系，用科学理论武装头脑，不断提升自身的理论素养。同时，育人主体还应当发挥自身的主观能动性，主动深入教育对象，深入分析具体实际，由此提高社会主义核心价值体系教育的针对性。

其次，从对象要素来看，作为需要认识、认知、认同、践行社会主义核心价值体系的受教育者，应该积极主动地领会理论体系的深刻内涵，合理定位人生理想，以积极的心态和清晰的头脑结合实际加以学习，并在实际生活中积极践行社会主义核心价值体系的内在要求。与此同时，教育对象要主动配合教育主体的施教活动，努力培养主动学习、自主学习的习惯和能力，包括社会责任的意识、自我监督与控制的能力、自我协调与提升的能力、自我学习与自我教育能力等，以更好地发挥社会主义核心价值体系育人过程中的主客体双向互动作用。

再次，从教育方式来看，为有效发挥社会主义核心价值体系的育人功能，其实现方式与方法的优化显得尤其重要，因为它是有效沟通施教者与受教者的桥梁，是有效连接理论内容与现实社会的纽带。在优化实现方式方面，应当注意思考几个问题：一是实现方式的科学选择，本书认为在青少年教育中教学是社会主义核心价值体系育人功能得以实现的重要方式；二是社会主义核心价值体系教育始终要坚持好"三贴近"原则，即贴近生活、贴近实际、贴近学生；三是社会主义核心价值体系教育过程要注重"三个结合"，即主体性、可视性和分类性相结合，德育观、教学观和实践观结合，正式化、规范化和科学化结合；四是社会主义核心价值体系教育要把握好"一大衔接"，即课堂教学与课外教育的有效衔接。

最后，从育人环境来看，应当在社会主义核心价值体系育人过程中营造起内部与外部的良好氛围，使社会主义核心价值体系建设富有更大的吸引力和感染力。一是需要净化社区环境、优化社会环境，大力弘扬爱国主义精神，大力实施依法治国战略，充分发挥现代传播媒体和各类教育基地的教育影响作用，以促进社会环境的优化。二是加强学校环境的优化。学校在立足培养和塑造人的主阵地作用的基础上，"坚持育人为本、德育为先的教育方针，坚持德育的正确导向，就是要把社会主义核心价值体系融入国民教育全过程，引导青少年在立德树人过程中以社会主义核心价值体系为取向"进而引导"青少年掌握科学理论，树立远大理想，保持昂扬精神，遵循基本道德规范"①，因此，学校一方面需要美化校园环境，另一方面需要建设积极向上的校园文化，以促成优良的校风、教风和学风。三是加强家庭环境的优化。受教育者家庭成员应当树立德智并举的教育理念，坚持增进自身修养，坚持做到以身作则，坚持同子女保持沟通，在思想、观念、语言、行为等方面起到积极的示范作用。

（二）社会主义核心价值体系育人功能实现的要素互动聚合

系统理论认为，构成事物的系统要素具有复杂性、相对独立性，但要素之间又不是彼此孤立，而是有着千丝万缕的联系，事物的发展是由构成事物系统各要素聚合互动、综合作用的结果。对此，社会主义核心价值体系育人过程不应当是单向度的施教活动，而应当是教育者与受教育者之间的双向互动、主客体与环境要素的多向互动的活动过程。

首先，主体与客体的双向互动聚合。主体与客体在社会主义核心价值体系育人过程处于核心地位，其双向作用的发挥直接关系着社会主义核心价值体系育人功能的有效实现。长期以来的传统教育方式过分强调以单向的灌输为主，这种"以教代学"往往忽视受教育者的不同现存基础和真实的内心感受，其教育效果是可想而知的。在社会主义核心价值体系育人功能发挥过程中，需要强调从单向的灌输到主

---

① 秦田：《社会主义核心价值体系实施纲要》，东方出版社 2012 年版，第 142—143 页。

体与客体之间的双向互动，建立起主客体之间对话、交流与沟通的桥梁，这有利于受教育者坦诚地向教育者敞开心扉，将自己内心深处真实的想法和盘托出，进而使教育者准确把握受教育者的思想脉搏。针对不同客体，选择有针对性的工作方式开展社会主义核心价值体系的教育教学，从而提高社会主义核心价值体系育人的针对性和实效性。

其次，不同客体与不同方式之间的互动聚合。在社会主义核心价值体系育人功能实现过程中，针对不同的教育对象应当采取不同的教育方式。就学校而言，社会主义核心价值体系育人的客体主要是学生，而学生群体又是分层次、分阶段的，在高校还是分专业、分类型的，处于不同层次、不同阶段、不同专业、不同类型的学生，可能有着不同的心理和生理特点。因此，在社会主义核心价值体系教育过程中应当采用不同的方法。如针对学前教育阶段的学生，可以采用实践的方式、表演的方式，针对初等教育阶段的学生，可以采用明理法、陶冶法、感染法、示范法等，针对中等教育阶段的学生，可以采用安全分析法、探究式方法等，针对高等教育阶段的学生，可以采用范例法、实践法等。这样，针对不同的教育对象采用不同的教育方法，才可能使社会主义核心价值体系育人功能真正得以实现。

再次，主客体与内部环境的互动聚合。这里的内部环境主要包括学校的硬环境和软环境，它们在社会主义核心价值体系育人功能实现过程中深刻地影响着主客体的行为，进而影响着社会主义核心价值体系的育人效果。硬环境主要是社会主义核心价值体系育人功能得以实现的不可缺少的看得见摸得着的一类环境。如实施范例法时使用的多媒体设施设备，实施实践法的学校场馆，实施陶冶法的橱窗、广播、报刊等。它们在社会主义核心价值体系育人过程中起着重要的平台、工具和媒介的作用。软环境在社会主义核心价值体系育人过程中有着更为重要的潜移默化的感染作用。如学校的文化氛围、社团活动、学习风气等。无论是内部硬环境还是软环境，都需要教育主体方或教育对象方对其熟悉和适应。其中，教育主体应当耐心主导，教育对象应当静心投入，以积极发挥主客体与内部环境的聚合力量，促进社会主义核心价值体系育人功能的有效实现。

又次，主客体与外部环境的互动聚合。这里的外部环境主要指学校以外的环境，包括社区、社会与家庭，它们也在很大程度上影响着社会主义核心价值体系育人功能的实现。社会是个大舞台，社会亦是个大课堂，社会主义核心价值体系来源于社会，还同时回归于社会。在社会主义核心价值体系教育过程中，教育对象应当在教育主体的指导下，深入了解社会生活，充分参与社会实践，进而在社会生活中更加深刻地理解社会主义核心价值体系的内涵，并将社会主义核心价值体系所倡导的内容外化于行为。对此也充分说明，社会主义核心价值体系教育作为一项重大的系统工程，仅仅依靠学校的力量是远远不够的，还必须充分重视家庭、社区和社会的重要作用。

最后，内外部环境的互动聚合。学校是社会主义核心价值体系育人的主阵地。家庭是个体思想启蒙之地，而家庭教育又是学校教育和社会教育的前提和基础。社会是教育对象生活与实践的场所，对教育对象形成思想道德素质具有重要的影响。作为国家与社会管理者的政府及其行为，对其成员的核心价值观的形成起着精神导向与政策支撑的作用。因此，做好学校、家庭、政府、社会在社会主义核心价值体系育人过程中的协调统筹与有效衔接，发挥其在社会主义核心价值体系育人过程中的合力作用直接关系着育人成效。

总之，社会主义核心价值体系育人的实现是一个复杂的系统工程，构成社会主义核心价值体系育人系统的诸多要素并不是孤立存在、彼此分割的，而是相互联系、彼此影响、共同发生作用的。对此，辩证唯物主义认为，人类社会的发展是多要素合力作用的结果，作为构成社会的最小单位的个体的发展也是由多种要素合力作用的结果。所以，在社会主义核心价值体系教育过程中理应重视与之相关的各种要素，只有使这些要素处于良性互动的运行中才能有力推进社会主义核心价值体系育人的有效实现。

第二章　社会主义核心价值体系育人功能教学实现的理论基础

马克思主义基本原理认为，缺乏理论指导的实践是盲目的实践，盲目的实践不但贻误发展机遇，延缓历史进程，而且导致大量的资源损失。教育亦如此，教育实践应当自觉接受教育理论的指导，这样才不会带来巨大的浪费，更重要的是不至于影响人的一生发展。社会主义核心价值体系作为社会主义意识形态的本质体现，其育人功能不言而喻且实现路径多种多样。社会主义核心价值体系之所以通过教学途径能够有效实现育人功能：一方面，马克思主义关于人的全面发展学说中"未来社会的最高原则和理想目标就是实现人的全面发展"、"教育是造就全面发展的人的唯一方法"，以及建构主义学习理论关于"认知结构重建在于学习意义的主动建构"、"学习情境的创设有助于学生对所学内容的意义建构"等基本思想对其提供了认识论依据；另一方面，后现代教学理论关于"教学是师生平等对话的过程"以及多元智能教学理论关于"教学与学生现实以及未来生活真正相连"等基本主张为其提供了方法论依据。

第一节　社会主义核心价值体系教学认识的理论基础

一　马克思主义关于人的全面发展学说及其启示

（一）马克思主义关于人的全面发展学说的科学内涵

从已有研究文献来看，马克思主义关于人的全面发展学说并没有以专著的形式呈现，而是分别融入《1844 年经济学哲学手稿》《关于费尔巴哈的提纲》《资本论》《共产党宣言》，以及《英国工人阶级状况》《德意志意识形态》《政治经济学批判大纲》《反杜林论》等论著之中。马克思主义认为，未来社会的最高原则和理想目标就是实现人的全面发展，这既是一种理想境界，也是一种动态发展着的现实。为此，他认为实现人自由的全面的发展，是人类社会文明不断进步的重要标志。关于人的全面发展，马克思主义主张关注人的主体性、提高人的各方面技能、丰富人的社会关系和提升人的综合素质，从而最终促进人的全面发展及彻底的思想解放。具体来讲，马克思主义关于人的全面发展学说的科学内涵主要包括以下方面：

第一，就发展内容而言，人的全面发展主要是关于人的综合素质提升。根据马克思的有关著述，实现人的全面发展具体来说就是指在资本主义生产提供物质基础的基础上，人们有目的地联合起来共同控制，共同发展和壮大其物质基础，进而使人的天资、潜能、兴趣以及才能都得到应有体现，使人的身心状况、精神气质、才能及个性等方面得到全面而和谐的发展。在《反杜林论》中恩格斯谈到，如果相当部分实际劳动者花费诸多时间从事一些必要的体力劳动，那么就必然有一个特殊阶级来从事社会的公共事务，包括艺术、科学、劳动管理、法律事务、国家事务等。唯有大工业的生产力水平得到很大的提高，一切社会成员无一例外地参与劳动，才可能缩短每一个体的劳动时间，从而使每个人有充足自由的时间，参与社会公共事务的管理等工作。"因此，只是在现在，任何统治阶级和剥削阶级才成为多余的。"[①]对此，从形式上看，人的全面发展重在指向个体的脑体劳动、领导管理、科学探究、艺术创造以及社会交往能力等方面；而从内容方面来看，人的全面发展简单说来就是人的综合素质提升。

第二，就发展动力而言，人的全面发展是人的各种需要的发展。人的需要就其本质上讲，就是指人同外界环境产生关系并对某种对象的一种渴望欲求。也就是说，人具有多方面、多层次的需要，包括自

---

① 恩格斯：《反杜林论》，人民出版社 1970 年版，第 113 页。

然方面的，也包括社会方面的需要。在《1844 年经济学哲学手稿》中，马克思特别指出了人的需要是各种各样的，既有劳动方面的需要，也有在劳动之外的各种享受性的需要等。如果将人的需要与人的活动特点联系起来，则人的需要就包含了物质的需要、精神的需要以及社会的需要三个层次。[①] 据此，在某种意义上说，人的需要的全面发展实际上就是物质、精神和社会三大需要的协调发展，并在此过程中关于自身的政治和经济价值、自我本质、自身的道德和文化价值的认识得以提升。因此，在一定程度上，人的全面发展也是人的需要的全面发展，人能够享用全部的社会价值。

第三，就发展状态而言，人的全面发展也包含人的自由发展。从马克思主义的相关文献来看，人的全面发展学说及理论思想，与马克思主张的共产主义崇高理想是密切相连的。他提出，在共产主义社会里，人的独创、人的自由发展不会成为空话，是唯一的理想社会。"通过社会生产，不仅可能保证一切社会成员有富足的和一天比一天充裕的物质生活，而且还可能保证他们的体力和智力获得充分的自由的发展和运用"。[②] 这里提到的"自由发展"主要蕴含两个方面的意思：其一，人的个体发展不受到外界条件的强制干涉；其二，人能自己主宰自己的发展。唯有如此，"人才能脱离了动物界，从动物的生存条件进入真正人的生存条件"。[③] 1845 年 2 月 15 日，恩格斯在《在爱尔非特的演说》中再次指出，社会革命和共产主义的实现，是资本主义发展的必然结果。这一革命从一开始，就要公正地处理社会问题，尽最大努力让奴隶得到与人一样的地位。

我们还必须明白，马克思关于人的全面发展学说总是伴随时间的推移和实践的变化而不断发展和丰富的，也正因如此，人的全面发展理论才更加具有时代意蕴和新的价值定位。毛泽东从建设新世界伟大事业的需要出发，抓住"培养什么人"这个根本问题，早在青年时代就提出了"三育并重"（包括德育、智育和体育）的教育思想。特

[①]　马克思：《1844 年经济学哲学手稿》，人民出版社 1979 年版，第 85 页。

[②]　《马克思恩格斯选集》第三卷，人民出版社 1995 年版，第 633 页。

[③]　《马克思恩格斯选集》第二十卷，人民出版社 1995 年版，第 308 页。

别是他在新中国成立以后所做的《关于正确处理人民内部矛盾问题》一文中十分明确地指出："我们的教育方针应该使受教育者在德育、智育、体育几方面都得到发展，成为有社会主义觉悟的有文化的劳动者。"① 归结而言，毛泽东关于人的全面发展思想观点，主要就是道德方面、智力方面和体育方面的全面发展。新中国成立以后，特别是党的十一届三中全会以后，邓小平重申了塑造全面发展新人的根本途径。他非常明确地指出："我们必须认真研究在新的条件下，如何更好地贯彻教育与生产劳动相结合的方针，培养社会主义建设需要的合格人才"。② 为此，基于旧的教育理念创新改革，邓小平提出了"德、智、体等方面全面发展"的新的教育方针。江泽民在党的十四大报告中特别强调，科技、经济与社会的发展，根本上取决于劳动者素质，又关键在于是否有一大批高素质的人才。这其中，教育的作用至关重要，它是增强国民素质，"实现我国现代化的根本大计"。③ 江泽民同志在 2001 年"七一"讲话中进一步指出，人的全面发展的主体是人民，人的全面发展的内容是素质，人的全面发展的实质就是全面提高人民的素质。在我国的现代化进程中，工业在现代化，农业在现代化，国防在现代化，科技在现代化，教育也应当现代化并不断促使人的素质向现代化迈进。胡锦涛在党的十六届三中全会上明确指出，科学发展观从根本上主张科学发展的目标是人的全面发展，无论是发展经济的本质、发展经济的根本动力，还是发展经济的终极目的都是为了人，人的发展与经济发展不可割裂。习近平在新一届中共中央政治局的首次学习会上亦特别强调："促进人的全面发展、促进人民共同富裕，既要经济发展，又要人文关怀"。④ 以上重要论断或思想，同马克思主义中人的全面发展思想观点一脉相承，进而使人的全面发展

① 《毛泽东选集》第五卷，人民出版社 1977 年版，第 385 页。

② 《邓小平文选》第二卷，人民出版社 1994 年版，第 107 页。

③ 江泽民：《加快改革开放和现代化建设步伐，夺取有中国特色社会主义事业的更大胜利——在中国共产党第十四次全国代表大会上的报告》，http://cpc.people.com.cn/BIG5/64162/64168/64567/65446/4526308.html，2014 年 3 月 2 日。

④ 习近平：《发展成果惠及全民》，http://cpc.people.com.cn/pinglun/n/2012/1120/c241220-19636894.html，2014 年 3 月 5 日。

学说得到不断发展与丰富。

（二）马克思主义关于人的全面发展学说对社会主义核心价值体系教学的启示

启示一：社会需要的人的综合素质发展是人的全面发展的重要内容

马克思在《资本论》一书中特别谈到，我们未来的理想的社会将是"一个更高级的、以每个人的全面而自由的发展为基本原则的社会"①，其后，马克思在不同的场合以不同的方式还不断地强调着这一基本思想。这里需要说明的是，恩格斯认为，马克思所指的每一个人的自由发展包含着两层含义：一方面，每个社会成员需要自由地发展；另一方面，在充分发挥每个社会成员的全部潜能的同时，每个人需要把他人的发展视作自身发展的必要条件。对此，全社会成员的整体性生存和自由发展的必要条件需要纳入全社会的控制之中。综合上述观点我们可以看出，在人的全面发展的重要内容中，关于人的综合素质提升有着明确的前置条件，即"人的全面发展"高于"个人全面发展"。因为，人之所以区别于动物，是由于人既具有自然属性还具有社会属性，同时社会属性是人之所以叫人的前提和基础。换句话说，个人综合素质的发展应当建立在社会共性的人的全面发展的基础之上，亦即基于社会需要的社会主义核心价值体系所要求的人的综合素质发展才不至于失去根基，才不至于迷失发展方向。

启示二：人的综合素质的发展必然蕴含着对思想道德素质的根本要求

正如前文所述，人的全面发展主要是关于人的综合素质提升，这里涵盖了人的体质、智力、能力、志趣、审美情趣以及道德精神等多个方面的发展。在某种意义上，它就是智力与体力的全面发展、智商与情商协调发展、个体与全体发展的高度融合和统一。在中国，从毛泽东、邓小平、江泽民、胡锦涛到中央新一届领导集体，一直强调德、智、体等方面全面发展的教育思想，指出社会一切方面的发展都

---

① 《马克思恩格斯全集》第二十三卷，人民出版社 1972 年版，第 649 页。

是"为了人、关心人、爱护人、帮助人"，强调让大多数人逐步摆脱对人和对物的依赖关系，逐步实现人的自由发展。这其中一以贯之地揭示出，人的综合素质的发展必然蕴含着对思想道德素质的根本要求，社会主义核心价值体系教育的根本要求正与此一致相通。

亦如爱因斯坦所言："用专业知识教育人是不够的。通过专业教育，他可以成为一种有用的机器，但不能成为一个和谐发展的人。"①"学校的目标始终应当是，青年人在离开学校时，是作为一个和谐的人，而不是作为一个专家。"②爱因斯坦所说的"和谐发展"与"和谐的人"，就是要学生既具有专业方面的知识和能力，又具有对美和道德上的善的辨别力，防止只重视专业而忽视理想教育的倾向。这亦是现代教育所倡导的，学生应当努力学会学习、学会做事、学会共处和学会发展。

启示三：人的全面发展离不开学校教育教学活动

为让现实中的每个人都成为"德、智、体"等方面全面发展的人，可实现的路径多种多样，然而"教育"具有多种功能和作用，一方面它可以使年轻人能够很快地熟悉整个生产系统；另一方面它能够使他们根据自己的志趣或者不同的社会需要，能在不同生产部门中进行流动，这样一来，教育就会使他们摆脱现在这种分工为每个人造成的片面性。③ 同时，"教育不仅是提高社会生产活动的一种方法，而且是造就全面发展的人的唯一方法。"④ 尤其在当今时代，由于社会现代化进程的急剧推进，作为传统化教育的家庭的地位和作用已经削弱，"人类社会的延续和健康，要在更高程度上依靠学校"⑤。在《高等教育的基本功能：文化选择与创造》一文中，潘懋元和朱国仁先生指出，人才成长的实现，实际上体现在遗传素质、环境和教育等

---

① 许良英等编译：《爱因斯坦文集》第三卷，商务印书馆1979年版，第310页。

② 同上书，第146页。

③ 《马克思恩格斯选集》第一卷，人民出版社1972年版，第223页。

④ 同上书，第530页。

⑤ 许良英等编译：《爱因斯坦文集》第三卷，商务印书馆1979年版，第143页。

因素相互作用的过程之中。① 换句话说，教育是实现人才成长的不可忽视的主要因素之一。对此，教育作为造就全面发展的人的有效方法和关键路径，学校应当担负起为社会培养人才的历史使命，切实履行好包括社会主义核心价值体系在内的教育责任。

二　建构主义学习理论及其启示

（一）建构主义学习理论的基本思想

从 20 世纪 80 年代开始，认知学习理论逐步取代了行为主义的学习理论，到了 90 年代，认知学习理论的升华发展理论——建构主义学习理论迅速在西方流行，同时传入我国并受到教育领域的青睐。建构主义观点是由瑞士哲学家、心理学家皮亚杰（J. Piaget）于 1966 年提出的，他在 1970 年发表的《发生认识论原理》中，基于认识的发生发展这一视角，对儿童心理进行了系统和深入的探索，认为建构主义观点的核心就在于：认识是一种以主体已有的知识和经验为基础的主动建构。在这以后，维果茨基（Vygotsky）、奥苏贝尔（Ausubel）、布鲁纳（Bruner）等许多心理学家和教育学家经过艰辛努力，使建构主义思想得到丰富和发展并逐渐形成了较完整的理论体系。

"建构主义学习理论是内容十分庞杂的教育或学习哲学"②，它是认知学习理论的升华与发展。该学习理论认为，人的认知发展不应只是数量上简单累积的过程，而应该是认知结构不断重新建构的过程，个体的认知结构不断发展变化又主要是通过同化和顺化两种方式来实现的。具体而言，当人们面对新鲜事物，总会将新事物纳入自己已形成的认知结构之中使之进行同化，若得以理解并予以容纳，便实现暂时平衡。如果自己已形成的认知结构无法理解并容纳新事物，则会不断调整已有的认知结构而使之与新环境相适应，直到形成认识上新的平衡，即为顺化。同化与顺化的交互作用并由此产生的平衡过程中出

---

① 潘懋元、朱国仁：《高等教育的基本功能：文化选择与创造》，《高等教育研究》1995 年第 1 期。

② Jonassen, D., K. Peck, B. Wilson, Learning with Technology: A Constructivist Perspective. Prentice Hall, 1999, pp. 2 – 7.

现的认识上的"适应",属人类思维的本质所在。建构主义学习理论还强调,情境、协作、会话和意义建构是学习环境中的四大要素或四大属性。这里的情境是指学习与相关的社会文化背景紧密相连,学习情境的创设需要有助于学生对所学内容的意义建构。"知识生存于可感知的情境性的活动中,它们只有通过实际应用活动才能被理解。"①所谓协作主要强调,它作为学习的一种方式,贯穿于学习过程的始终,包括对学习资料的整理与分析、假设的提出与验证、学习效果的评价,以及学习意义的最终建构等,均有着重要作用。这里的对话主要指运用会话、讨论等方式来完成学习任务,它是协作过程中的必不可少的环节。它和协作一样,贯穿于学习的整个过程,主要体现为互动交流,其最终目的在于使每个学习者的思维成果为整个学习群体共享,从而促进对新知内容意义的全面建构;而意义建构着重强调在学习过程中需要帮助学习者对当前学习内容所反映的事物的性质、规律以及该事物与其他事物之间的内在联系的理解,亦即利用已有的认知图式赋予新知以意义。

研究文献表明,尽管目前建构主义流派纷呈,但大多数学者对学习过程的理解有以下明确共识:首先,学习过程是一种认知结构建构。学习者对新知识的学习,即通过学习者对新知识的经验解释并将其转变成自己的内部表达,知识的获取是学习者与外部环境交互作用的结果。其次,学习是一种协商活动而不是机械地接受。学习的发展总是基于人的原有认知结构而言的,但由于每个学习者在认知结构方面存在差异,这样对现实世界的经验解释必然是不同的,进而使学习者对知识的理解会不尽相同。对此,协商活动则成为可能达成共识的最佳选择,协商活动应贯穿于学习过程始终。再次,学习是一种真实环境的体验。换句话说,"情境则是建构主义学习理论的关键性要

---

① Brown, J. S., Collins, A. & Duguid, P. Situated Cognition and The Culture of Learning. Educationl Researcher, 1989, 18 (1): 32－48.

素"①，学习只有在真实的情境中发生，学习才会变得更为有效。最后，学习者在学习过程中是主动角色。波普（Pope）和吉尔伯特（Gilbert）认为以学生为基础的学习过程应具有如下特性：①自发的。②由学习者自行评价检讨的。③所得到的是私人知识，无法由教师直接传递给学生。④知识经建构反映为行为、态度后成为个人的知识。

（二）建构主义学习理论对社会主义核心价值体系教学的启示

启示一：学生对社会主义核心价值体系的意义建构需要教师的帮助和牵引

如前所述，建构主义学习理论较为深刻地归结了人们学习过程的认知规律，也就是说学习是怎样发生的，意义是怎样建构的，概念又是怎样形成的，乃至怎样的学习环境才是理想的等。建构主义学习理论还强调，学习者个体认知的不断发展是通过同化和顺应两个方面作用的结果，并阐明，个体的认知从一个平衡状态向另一个较高级的平衡状态发展，其关键是通过"不平衡"的重建来完成和实现的。社会主义核心价值体系学习是一个主动建构理论知识的过程，学习者要么是自己、要么是求助他人或其他信息源的帮助来达到建构社会主义核心价值体系理论知识的目的。在这一过程中，教师会起着决定性的帮助作用。一是教师系统的学科知识结构和良好的专业素养可以帮助学习者对社会主义核心价值体系理论知识积极的意义建构。通过课堂教学，教师在发挥教学组织和知识导向的基础上，可以揭示出隐藏在具体教学范式背后的思想方法，从而使社会主义核心价值体系变知识为具体的可知、可学和可用的东西，帮助学生对社会主义核心价值体系以深层理解为基础的建构性学习。二是教师可以营造社会主义核心价值体系学习发生的最佳情境并及时纠偏。因为学习者的认知结构差异带来的对现实世界不同的经验解释，可能使学习者对知识的理解会不尽相同。在课堂教学中，教师有能力应用一定的手段让每一种学习风格都有所体现。换句话说，教师应当让每位学习者都应接受不同学

---

① Trilling, B. & P. Hood. Learning, Technology, and Education Reform in the Knowledge Age or "We're Wired, Webbed, and Windowed, Now What?". Educational Technology, 1999, 39 (5–6): 5–18.

习风格的学习，只有这样，才能有助于拓展学习者的学习能力。同时，教师可以在社会主义核心价值体系教学过程中，及时对学习者的错误予以诊断与纠正，以使学习者再达到认识上的"新的平衡"，促进学习实效。

启示二：综合课程教学是社会主义核心价值体系学习的有效组织形式

根据建构主义学习理论的内在精神，学校教学需要充分重视以下要求：一是在教学观念上强调学生的主体性和教学的理解性；二是重视教学的情境建构；三是重视活动与主体的交往；四是学生要树立经验世界的丰富性和差异性，并充分认识到自身的潜能，从而有意识地培养自我管理、自我控制学习过程的能力和良好习惯。在整个教学活动中，教师的主要任务和扮演的角色如下：一是提供给学生现实世界真实的复杂的问题；二是为学生提供深度的学习辅导；三是为学生创设良好的学习环境；四是其角色要从权威角色转变为辅导者或高级合作者的角色。同时，社会主义核心价值体系的学习与专业性学科知识的学习不同，专业性学科知识的学习多发生在符号化知识的表层结构，它几乎很少对学生的思想价值产生作用，学生更多的是学会了知识体系中的相关概念以及命题之间的关系；然而针对社会主义核心价值体系的学习，则需要将社会主义核心价值体系的知识体系与学生所在的生活世界相连通，到达该知识体系的最深层的意义结构方可获取最深层的价值意义，这也正是遵循了德知、德行再到德性的思想道德生成规律。如果社会主义核心价值体系的学习仅仅发生在知识的表层结构（如符号层面），它基本不会对学生的德性养成产生多大影响。因此，社会主义核心价值体系学习更强调解决观念问题与认识问题，这就更需要知识与能力的俱合，需要教师深度的牵引和与学生高级的合作，这正与建构主义理论的要求不谋而合。基于此，为提高社会主义核心价值体系学习的系统性、针对性和实效性，综合课程教学应当是不可或缺的重要路径或组织形式。

第二节　社会主义核心价值体系教学
实践的理论基础

一　后现代教学理论及其启示

（一）后现代教学理论的基本思想

后现代教学理论认为，基本的教学范式包括解构与反思两大类。解构性教学范式要求对现代教学二元对立现象予以相应解构，它十分反对和抵制教学活动十分刻板的规则化的模式，因为它认为人们更需要的是结合实际多样灵活地教学。反思性教学范式则主张个体探索活动的逆向思维，并采取历程回顾、过去经验总结、不断质疑问难和反复推敲，以期实现对相关问题的醒悟、理解及深化。美国学者舍恩（D. Sthon）最早提出"反思性教学"这个概念，并指出它是一种师生一起实现反省性思维或者探究思维的活动。

后现代教学理论认为教学过程是一种学生主动学习和建构的活动过程，在该过程中，主要呈现两种互动建构的形式。第一种形式，学生个体与环境的互动建构。多尔曾经指出，在鲜活的教学过程中，知识应该是在外部环境客观刺激与个体认知结构之间相互影响和相互作用下所产生的不断建构的结果，而不应是人的大脑对客观事物或者外部环境的机械反应。所以，学习应该是学习者通过自主活动对知识意义的主动建构过程。第二种形式，学生个体与自身的互动建构。后现代教学理论还主张教学的主要任务在于其意义的创生，而不是相关知识与相关信息的传输。因而，在教学活动过程中，"阐释—理解—建构"模式应当取代"传授—接受"模式，从而使教师和学生在阐释和解读教学文本过程之中对知识的意义进行建构。但有一点不可置疑，那就是学生在阅读教学文本时，因为他们的生活背景、欲望需求、志趣爱好以及理解程度存在一定差异，可能会使不同的学生对相同文本产生或建构出不同的意义。

后现代教学理论还认为，教学是师生对话的过程，对话是教学过程基本的教学方法。其中，派纳（William F. Pinar）认为，课程与教学应当是一种复杂的对话。亨特和麦特卡夫也强调，激励反思的最有效方法是对话，因为对话可以有效激活人们的思维并不断地更新观念。对此，后现代教学理论对于教学对话提出了六点要求：一是对话是思想和语言的交流。多尔主张在对话中期望达到融合与转变，如果实现了转变，就意味着超越了个体本身并且接受了来自不同方面的不同的观点。同时多尔强调，真正的对话过程最关键的是要理解把自己转变成另一个自己。二是在对话教学活动中，一方面人们要学会表达，另一方面还要学会耐心地倾听。三是对话的根本目的在于教师和学生有效达成相互理解、相互尊重，尤其是教师要尊重学生的个体和个性差异。四是极力倡导学生要与语言文学、数学、艺术、社会学以及科学等方面的文本进行积极而有效的对话。在对话的活动过程中，教师需要对相关文本的文化背景等进行阐释。"就像一溪流水，既流过生活，但它又是生活的源泉"。① 五是强调游戏的价值，认为"后现代教学法公开地进入游戏世界，借此与青少年跳起对话式舞蹈"。② 六是在对话活动中，教师要充分利用信息技术这种现代工具并发挥其功效。归结而言，后现代教学理论的对话是一种多元价值取向的教学方法，它以沟通、理解、意义建构为目的，并在老师与学生的平等互动基础上予以展开。因为，在这种理论指导下，师生观有很大变化，"通过对话，教师和学生的身份持续发生变化，有时是教师，有时是学生，都对求知的过程担负责任"。③

后现代教学理论极力反对以教师、教材为中心，反对教师权威和教学控制。第一，教师与学生在人格上是平等的关系，应当去掉教师在教学中的权威。第二，计算机可以代替教师的部分教学劳动。其理由是知识这东西可以由符号来表现，并转化为计算机程序语言。换句话说，计算机应成为"教学对话—反思—研讨"的一种重要工具和手

---

① ［加拿大］大卫·杰弗里·史密斯：《全球化与后现代教育学》，郭洋生译，教育科学出版社 2001 年版，第 89 页。

② 同上书，第 150 页。

③ Freire. Pedagogy of the Oppressed. New York：Continuum, 1970, p. 67.

段。第三，教师在教学中主要任务是帮助学生转化智慧。后现代教学理论认为，教师一方面要关注学生个性的发展；另一方面应当帮助和指导学生较好地实现智慧的转化，特别是帮助学生厘清各种意识形态、各种基本权利与知识之间的内在联系，从而提高学生的鉴别能力以及批判能力，进而解放学生个体的精神世界。第四，教师在教学中的地位是"平等中的首席"。教师一方面是学生学习活动过程中的指导者、合作者、辅助者和服务者；另一方面扮演着相关课程的建构者以及教学的研究者角色。第五，教师还扮演着教学活动过程中的管理员角色。因为，从教育生态学视角来看，教室既是知识的生态圈，同时也是权利的生态圈，其中教师就是守护该生态圈的一个管理员。

（二）后现代教学理论对社会主义核心价值体系教学的启示

启示一：营造良好环境是增强社会主义核心价值体系教学实效的基础

后现代教学理论已经告诉我们，所谓教学就是学生主动学习与建构的活动过程。在学生个体与其外部环境的互动建构过程中，知识不应该是人的大脑对客观事物或者外部环境的机械反应，而应该是在外部环境客观刺激与个体认知结构之间相互影响和相互作用下所产生的不断建构的结果。这里的外部客观刺激，即为外部环境的直接或间接影响，它是学生有效学习的前提和基础。对于社会主义核心价值体系的教学同其他学科教学一样，需要营造积极的有利于与学生认知结构优化作用的外在环境：一是学校教师的所思、所言、所做应当与社会主义核心价值体系的要求高度契合，学高为师，身正为范，以良好的师风感染和带动优良的学风。二是校园文化建设应当与社会主义核心价值体系的要求高度契合。校园文化犹如"泡坛水"，它对学生起着十分重要的潜移默化的作用，其建设既包括主题鲜明的励志成才的"硬文化"建设，也包括校训、校标、校歌、制度建设与执行、师生精神风貌等在内的"软文化"建设。三是全社会成员需主动践行社会主义核心价值观，着力推进社会主义核心价值体系建设，从而努力营造一种风清气正的社会环境。正如平常所讲，一旦社会环境不良，包括社会主义核心价值体系在内的思想政治理论课教学就会出现"台上三年功，台下一分钟"的事实。良好社会环境的营造，党委政府需要承担主责，在抓好统一规划与管理的同时，做诚信政府、勤政政府、清廉政府和群众满意政府；同时，全体社会成员团结协作，做社会主义核心价值体系的自觉践行者。

启示二：反思性对话是社会主义核心价值体系教学的基本方法

反思性对话是后现代教学论的一种教学范式。后现代教学理论家史密斯（David G. Smith）设计了一种反思性对话教学范式，其主要思想观点和操作程序如下：一是让学生真真实实地描绘现实生活中的鲜活情形；二是针对画面中人、物、事等相关信息以及彼此之间的关系，让学生开展有关提问；三是要求学生根据自己与所描绘的东西进行必要的回顾与反思。后现代教学理论还主张，教师和学生属于对话的交互主体，需要建立起一种师生发展的平等对话关系。因此，在教学活动中，教师既是教育者，也是聆听教诲的与学生一样的求知者，师生都必须对求知的过程负责。基于上述观点，社会主义核心价值体系教学因为其现实性和思想性本身有别于其他知识性学科教学，就更加需要将四个层级的价值要求原原本本地还原于现实生活之中，让学生在真实的画面中反思发问。社会主义核心价值体系教学生活中的主体不应是单子式的，因为社会主义核心价值体系本身是一种关系性存在，它产生并发展于人与人的交往之中。因此，作为教师也需做好一名学生的聆听者，在学生不断的调研、探索、提问和反驳过程中有意识地培养学生的独立性和自主性。进一步而言，教师引导学生在抓住问题要害以及事出原因的同时，要积极地与学生开展平等对话，最终促进学生在平等的对话中达成对社会主义核心价值体系的共识。

启示三：教师应当将社会主义核心价值体系课堂教学与学生生活关怀有机结合

后现代教学理论指出，教师既是"平等中的首席"，又是教育生态圈中的"管理员"。这就意味着，教师一方面需要把班级真正交还给学生，时刻维持课堂的生机和活力；另一方面还需要营造一种信息化、生活化以及人文化的良好教学氛围，以充分发挥教学共同体的协同和陶冶作用。课堂教学作为特殊的实践过程，其根本使命在于提高学生生活质量与生命价值，其过程内核在于是否根植于学生生活现实。尽管对学生生活的关怀，表面上看来与课堂教学不大相干，其实透过后现代教学理论我们可以清楚地明白：对学生生活关怀和关注不但是有效课堂教学的根基，同时也是提升课堂教学质量和境界的法宝。学生生活关怀的内容十分丰富，包括思想的、心理的、学习的、经济的、物质的、行为习惯的关心与帮助，其实质也是社会主义核心价值体系教育的根本要求。对此，我国基础教育新课程主张超越书本世界，而将书本知识植入生活世界，充分尊重学生的人格，尽力关注学生的生命世界及其不同个体之间的差异。当前，尤其针对不同学段的包括学业、情感、经济等因素造成的特殊学生群体，教师应采取多种形式帮助他们解决具体困难，为大学生全面发展、健康成长创造良好的环境和条件。对此，美国教育家杜威指出，"把教育看作为将来做预备，错误不在强调为未来的需要做预备，而在把预备将来作为现在努力的主要动力"①。

二　多元智能教学理论及其启示

（一）多元智能教学理论的基本思想

20 世纪 80 年代，美国哈佛大学著名学者加德纳（Howard Gardner）针对传统智力一元化的观点，提出了关于智能结构的新理论——多元智力理论。多元智力理论在美国的教育教学改革中作用明显且影响广泛。同时，由于多元智能理论关于人的智力和人类学习的基本观点和我国推行的素质教育不谋而合，因而得到了众多的教育学和心理学专家的普遍认同，进而也得到了大量的一线教师支持。由此，多元智力理论迅速成为我国教育改革的基础理论之一。

就传统的智力理论而言，认为智力是属于独立的实体，一般具有一元性，其智力的高低几乎（虽然不是完全地）取决于遗传的因素。然而多元智力理论则不同，在总结生物学、人类学、遗传学、神经

---

① ［美］约翰·杜威：《民主主义与教育》，王承绪译，人民教育出版社 1990 年版，第 60 页。

学、心理学等多学科研究成果的基础上，美国学者加德纳明确指出了社会及文化在人的智能发展中的重要作用。他认为智能"是在特定的文化背景或社会中，解决问题或制造产品的能力"。① 与此同时，加德纳在解读这个概念时还强调，所有解决问题的技能都与生物的本能密切有关，但同时，"这种生物本能还必须与这一领域的文化教育相结合。"② 对此不难看出，关于智能的选择，我们既要充分考虑生物学方面的因素，还要结合不同的文化背景来予以思考。多元智能理论强调，人的智能是多元化的，最起码包括了语言智能、数学逻辑智能、空间智能、身体运动智能、音乐智能、人际关系智能、自我认识智能和自然观察智能八种智能。这些智能重要程度是一样的，虽然每种智能都是一个单独的功能系统且包含有次级智能，但它们是统一运作的。对此，每个学生都有自己的优势智能领域，都有自己的学习特点和方法，学校里不存在差生，都是可以造就的人才。基于此，多元智能教学理论的主要观点包括：

第一，教学过程具有生成性。与建构主义理论一样，多元智能理论把教学过程视为一种生成性的活动过程。一方面对行为主义所倡导的"知识绝对客观性"的思想观点予以否定，并认为知识不是来源于学习者之外，恰好是主体与环境之间相互影响、相互作用的结果。这正如皮亚杰所言，知识不是从所处环境中被动吸收的，当然也不是在学生头脑中预先形成并伴随个体的成熟而随时出现的，它是由学生通过他自身的心理结构与所处环境之间相互作用而构建的。也就是说，是把新的知识纳入已有的认知结构之中（"同化"过程），或是发展已有的认知结构以容纳新的知识（"顺应"过程）。③ 另一方面，都批评传统教学中"学习去情境化"观点，强调在学习者建构他自身对世界认识模式中，其已有的知识和经验具有非常重要的作用，主

---

① Howard Gardner（1993）. Multiple Intelligences：The Theory in Practice. New York，BosicBooks，A Division of Harper Collins Publishers. Inc. 70，xii. 7.

② Ibid. Inc. 70，xii. 15 – 16.

③ ［美］拉宾诺威克兹：《皮亚杰学说入门：思维、学习、教学》，杭生译，人民教育出版社 1985 年版，第 31 页。

张学习应具有主动性、社会性和情境性。对此，加德纳在他的著作中对情景化教学有着诸多阐述，强调理想中的学校应有"深入社区的学习"，学校教育应当注重吸收这样一些积极成分：包括师徒模式、博物馆模式的社会场景化学习过程和环境。另外，加德纳还极力批判标准化的考试评价，而十分鼓励与学习过程相符合的情景化动态评估的组织开展。

第二，教学目标具有全面性。加德纳研究指出，"按照我的观点，学校教育的宗旨应该是开发多种智能并帮助学生发现适合其智能特点的职业和业余爱好"。① 在《再建多元智慧》著作中他认为，学校教育的最终目标不仅仅是提高学生智力、学科知识和方法技巧。恰好，学生对于特定的学习主题必须有深入理解，进而提高他们独立思考和解决问题的能力。因为，学校教育的最终目的是让学生能够增进人类理解。② 加德纳还表示，学校教育只有以这样的目标为前提，才会真正明白自己应当做什么，因为基本事实的学习、阅读写作能力的获取和基本技能的培养都应该算是方法，我们应该把这些成就当作一种工具，也只有经由这些工具，我们才能对一些真正重要的问题、论点和议题达到进一步的了解。③ 总之，根据多元智能理论下的教学目标与教学精神可知，我们需要充分利用因为个别差异的心理表征而要求的不同方式，善于将多元智能作为教学活动的多元切入点，以尽力为学生提供可能发展的多元途径，真正使教学活动与学生实际乃至未来生活密切相关。

第三，学生个体具有主动性。加德纳在提出多元智能的学校以"个人为中心"的教学时强调，教学过程的师生关系是一种主体间的关系。因为多元智能教学理论强调，教学过程是建构性与情境性的有机过程，而不是来自教师的外部强制性的教育过程，学生在教学过程

---

① Howard Gardner（1993）. Multiple Intelligences：The theory in Practice. New York，BosicBooks，A Division of Harper Collins Publishers. Inc. 70，xii. 182.

② Howard Gardner：《再建多元智慧》，李心萤译，远流出版事业股份公司 2000 年版，第 207、216 页。

③ 同上。

中应当具有主动性。作为教师，切忌居高临下或高高在上，而应当视学生与自己拥有平等的地位，然后对学生予以观察和指导。同时，教学过程还是学生主动实践的活动过程。比如，加德纳在"多彩光谱"的实验中，将自力更生的环境作为入门环境，通过设立学习中心，鼓励儿童们亲自动手或者与小伙伴合作，从而理解和熟悉有关技能。这时的儿童可以凭着兴趣，选择性地参与恐龙游戏（数学方面）、音乐感觉活动（音乐方面）、装配活动（科学方面）或者故事板活动（语言方面）等。在教学效果的评价中，加德纳尤为强调儿童自我评估的重要性。他认为利用学习活动分析、作品分析、记录分析等来开展包含考试成绩、录音带、学习作品、学业作业等在内的历程档案评量，进而儿童在对自己的评量分析中会对自己学习加以反思，以对自己的学习和发展产生自觉而积极的责任。

（二）多元智能教学理论对社会主义核心价值体系教学的启示

启示一：社会主义核心价值体系教学应当突出实践性

从历史角度来看，正是因为有了社会主义革命、建设与发展的实践历程，社会主义核心价值体系才得以产生和发展。为此，科学的理论必须回到实践中理解才会更加生动、更加深刻，社会主义核心价值体系教学自然不能失去实践这一当然属性。正如加德纳所言，我们在对智能形式的研究完成以后，应当把这些智能重新放回它们所特有的文化价值的背景里边去。对此，社会主义核心价值体系教学应当自觉将其放置于社会主义文化背景中去深刻地分析与牵引。同时，加德纳还指出，智能不是上天赐予的特殊脑内物质，而是每一个体在不同方面和不同程度拥有的一系列在实践层面解决现实生活问题特别是难题的能力，是发现新知识或创造新产品的能力。这就要求社会主义核心价值体系教学不仅仅是向学生传递系统的知识体系的问题，更重要的是要让学生提高解决认识和实际问题的能力，特别是针对复杂现实困惑或难题的课堂解剖与分析，一定要与学生的日常生活和社会需求相联系，这样才能激发他们的内部学习动机。同时，社会主义核心价值体系教学并不是要涵盖所有的内容，而要让学生了解和掌握那些具有持久价值的、有吸引力的、需要学生去发现的且能够从不同的角度来帮助学生深入理解的重点内容和核心概念，进而让学生培养特定的思维方式并增强理解力。只有这样，才不至于让学生产生"关在教室明了，走出教室迷茫"的混沌反应。

启示二：社会主义核心价值体系教学过程设计应当多样化

传统教学教出来的学生，就如同一生产线生产出来的相同产品一样缺乏个性。加德纳认为，量的提升可以促使质的飞跃，他大力主张通过多元智能来增进对课堂的理解。他强调多元智能为课堂教学提供了多个起点，比如，叙述起点、数量起点、逻辑起点、存在起点、美学起点、实践起点以及人际起点等，教师完全可以选择有代表性的范例将以上多个起点融合起来，充分调动不同类型学生的兴趣，进而呈现教学内容，并通过适当的类比和隐喻，帮助学生由浅入深地理解学习内容。多元智能理论倡导的是因材施教的教学观，它要求教师应当注意发现和培养学生的兴趣和特长，因材施教，因地制宜，使学生的兴趣需求得以充分满足。这就从根本上对社会主义核心价值体系育人功能的教学实现过程提出了多元化、多样化的设计要求。一是教学组织形式的多样性，可以将理论教学与实践教学有机结合。二是教学切入的多样性，可以从现实问题、典型案例、核心概念等的分析与解剖入手展开教学。三是教学方法的多样性，我们在以反思性对话作为社会主义核心价值体系教学基本方法的同时，可以兼用报告、讲授、讨论、音像、参观、调研、实践、协作等多种教学方法与手段。就目前而言，需要对社会主义核心价值体系的专题教学法和案例教学法予以关注和重视。四是教学过程评价的多样性，鉴于社会主义核心价值体系具有认识性和实践性特征，其教学过程的评价应当将知识把握、学生参与与学生日常表现高度融合。正如陶行知先生所说，"你的教鞭下有瓦特，你的冷眼里有牛顿，你的讥笑中有爱迪生。"社会主义核心价值体系教学过程多样化设计中应当充满爱心与信任。

启示三：社会主义核心价值体系学习考核方式应当多元化

如前所述，在教学效果的评价中，加德纳特别注重学生的自我评估。他强调利用学习活动、作品和记录等分析来开展包含考试成绩在内的历程档案评量，进而学生在对自己的评量分析中会对自己学习予以反思，以对自己的学习和发展产生更加自觉而积极的责任。对于社会主义核心价值体系学习而言，因为它更强调解决观念与认识问题，其学习方法与学习效果评价应当有别于专业性学科知识的学习与考核，更需要将知识与能力的俱合体现在社会主义核心价值体系学习考核之中，更需要将学生的自我评价与过程的档案评量有机结合。因此，社会主义核心价值体系学习评价需要改变传统的智能评价下的单一标准，综合运用学习过程法、阶段考试法、日常表现法、特长评价法、自我评价法与教师同学评价法等多种评价方法，使社会主义核心价值体系学习置于多主体、多途径的立体交叉覆盖的评价体系之中，以真正提高学生认识能力和践行能力为评价基准，使学生在同化与顺应中提高理性认识、判断问题与解决现实问题的能力。

第三章　社会主义核心价值体系育人功能教学实现的现实考量

　　对现实的考量通常会发现实践运行中的主要矛盾和主要问题。为全面深入地了解社会主义核心价值体系融入高校课堂教学的基本状况（在导论部分的概念界说中已作交代，本研究的"教学实现"主要定位于高等教育阶段的教学实现①，包括社会主义核心价值体系育人功能教学实现的现实考量、基本路向和质量评价等，后文不再赘述），笔者在开展课堂观察、半结构化访谈和专家讨论的同时，采用自制的《社会主义核心价值体系教育教学现状调查问卷》（高校教师卷、高校学生卷），通过随机取样方法，于2013年上半年对重庆、四川、贵州、山东、山西、河北、江苏7个省（市）的部分高校教师和在校学生开展了问卷调查。本次调查共发放问卷850份，收回有效问卷804份，其中高校教师有效问卷304份，高校学生有效问卷500份，问卷有效率为94.6%。本调查采用SPSS 17.0统计软件包对数据结果开展统计分析。

---

　　① 在学前教育、初等教育和中等教育阶段开展社会主义核心价值体系教育，对于学生牢固树立正确的世界观、人生观和价值观十分重要，同时它也是在高等教育阶段有效开展社会主义核心价值体系教育的重要基础。在本次调查活动中，笔者也通过问卷和访谈等方式对其他学段的相关情况进行了初步了解。结果显示：不同学段之间对社会主义核心价值体系的认知与行动存在较为显著的差异，学段递增与社会主义核心价值体系教育教学成效呈正相关关系。特别值得注意的是，在初等和中等教育阶段应试教育的思想根深蒂固，它对有效开展社会主义核心价值体系教育教学产生着重大的现实冲击。对此，社会主义核心价值体系育人功能在高等教育阶段的教学实现显得尤为重要。

第一节　社会主义核心价值体系的教学认识

"从生动的直观到抽象的思维，并从抽象的思维到实践，这就是认识真理、认识客观实在的辩证的途径。"[①] 认识是对客观现实的一种主观反应，对实践又具有导向的功能。充分了解高校师生对社会主义核心价值体系融入课堂教学的必要性认识，是我们进一步开展社会主义核心价值体系教育教学的前提条件。本研究调查问卷设计了三个问题来了解高校师生对社会主义核心价值体系融入课堂教学必要性的认识，统计结果如下：

一　将社会主义核心价值体系纳入高校课堂教学的必要性

表 3 – 1　　　　高校师生对将社会主义核心价值体系纳入
高校课堂教学必要性的认识

对象	十分必要（％）	有一定必要（％）	没必要（％）	无所谓（％）	χ^2	P
学生	107（21.4）	304（60.8）	58（11.6）	31（6.2）	46.336	0.000
教师	133（43.8）	134（44.0）	28（9.2）	9（3.0）		
合　计	240（29.9）	438（54.4）	86（10.7）	40（5.0）		

注：括号内数字为构成比，以下同。

由表 3 – 1 可知，84.4％的师生认为有必要将社会主义核心价值体系纳入高校课堂教学，这表明大部分师生能意识到社会主义核心价值体系的重要性，并认为应当纳入课堂教学进行系统学习。笔者进一步对教师和学生的认识进行 χ^2 检验，结果发现差异均显著（$\chi^2 =$ 46.336，$P < 0.001$），这表明教师和学生对将社会主义核心价值体系纳入高校课堂教学必要性的认识差异显著，教师认为其必要性更高。

---

① 《列宁全集》第三十八卷，人民出版社 1963 年版，第 181 页。

表 3 - 2　　　　　**不同专业类别师生对将社会主义核心价值**

体系纳入高校课堂教学必要性的认识

对象	十分必要 （％）	有一定必要 （％）	没必要 （％）	无所谓 （％）	χ^2	P
人文社 科类	95（33.0）	178（61.8）	12（4.2）	3（1.0）		
理工 科类	82（30.4）	143（53.2）	29（10.8）	15（5.6）	49.137	0.000
艺体类	63（25.5）	117（47.4）	45（18.2）	22（8.9）		
合　计	240（29.8）	438（54.5）	86（10.7）	40（5.0）		

由表 3 - 2 可知，不同专业背景的高校师生认识也存在显著差异（$\chi^2 = 49.137$，$P < 0.001$），其中人文社科类更认为有必要将社会主义核心价值体系纳入高校课堂教学中，理工科类次之，艺体类认可度相对较低。

二　将"三个倡导"纳入社会主义核心价值体系教学的必要性

在党的十八大报告中，社会主义核心价值观集中概括为"三个倡导"，即包括三个层面，一是富强、民主、文明、和谐；二是自由、平等、公正、法治；三是爱国、敬业、诚信、友善①，它是社会主义核心价值体系的高度凝练和集中表达。了解师生对其纳入社会主义核心价值体系教学必要性的认识能了解师生对社会主义核心价值体系教学认识程度，也能了解师生对"三个倡导"重要程度的认识。

表 3 - 3　　　　　**师生对将"三个倡导"纳入社会主义**

核心价值体系教学必要性的认识

对象	十分必要 （％）	有一定必要 （％）	没必要 （％）	无所谓 （％）	χ^2	P
教师	93（30.6）	163（53.6）	22（7.2）	26（8.6）		
学生	95（19.0）	300（60.0）	39（7.8）	66（13.2）	15.849	0.001
合　计	188（23.4）	463（57.6）	61（7.6）	92（11.4）		

---

①　党的十八大报告文件起草组：《十八大报告辅导读本》，人民出版社 2012 年版，第 11 页。

由表 3 – 3 结果可知，81% 的师生认为有必要将党的十八大报告提出的 "三个倡导" 纳入社会主义核心价值体系教学，这表明大部分师生认为 "三个倡导" 十分重要且应当将其纳入课堂教学系统中学习。进一步对教师和学生的认识进行 χ^2 检验，结果发现差异均显著（$\chi^2 = 15.849$，$P < 0.01$），这表明教师和学生对此问题的认识存在显著差异，教师认为更有必要将党的十八大报告提出的 "三个倡导" 纳入社会主义核心价值体系教学，学生次之。

三　将 "中国梦" 纳入社会主义核心价值体系教学的必要性

在高校，思想政治理论课、形势与政策课是社会主义核心价值体系育人功能教学实现的重要课程和主要渠道。"中国梦" 是社会主义核心价值体系教学的新的重要内容和思想，其基本内涵是 "实现国家富强、民族振兴、人民幸福"。[①] 在思想政治理论课、形势与政策课中开展 "中国梦" 宣传教育是社会主义核心价值体系教学的必要举措。

表 3 – 4　　　　师生对将 "中国梦" 宣传教育融入思想政治理论课、形势与政策课等相关教学必要性的认识

对象	十分必要（%）	有一定必要（%）	没必要（%）	无所谓（%）	χ^2	P
教师	135（44.4）	135（44.4）	23（7.6）	11（3.6）	38.174	0.001
学生	120（24.0）	290（58.0）	51（10.2）	39（7.8）		
合　计	255（31.7）	425（52.9）	74（9.2）	50（6.2）		

由表 3 – 4 可知，84.6% 的师生认为有必要将 "中国梦" 宣传教育融入思想政治理论课、形势与政策课等相关教学中，这表明大部分师生认同 "中国梦" 且认为应当进行系统学习。进一步对教师和学生的认识进行 χ^2 检验，结果发现差异均显著（$\chi^2 = 38.174$，$P < 0.01$），这表明教师和学生对此问题的认识存在显著差异，教师认为更有必要将 "中国梦" 宣传教育融入思想政治理论课、形势与政策

---

① 习近平：《顺应时代前进潮流 促进世界和平发展》，《人民日报》2013 年 3 月 24 日。

课等相关教学中，更认同"中国梦"，学生次之。

与此同时，高校师生认为社会主义核心价值体系中四个方面的内容贯穿于高校教学，其重要性依次为以爱国主义为核心的民族精神教育（66.6%）、以改革创新为核心的时代精神教育（64.8%）、以"八荣八耻"为主要内容的社会主义荣辱观教育（64.6%）、中国特色社会主义共同理想信念教育（55.8%）、马克思主义指导思想教育（43.3%）。

以上分析结果表明，大部分高校师生认为有必要将社会主义核心价值体系纳入高校课堂教学，其中教师认为必要性程度更高，学生略低。同时，还有相当部分的高校师生对社会主义核心价值体系本身缺乏全面了解和深刻认识。

第二节　社会主义核心价值体系的教学实践

社会主义核心价值体系教学是高校社会主义核心价值体系教育的重要渠道，本调查问卷从社会主义核心价值体系教学的顶层设计、教材选用、组织形式与教学方法等多个方面，对高校社会主义核心价值体系教学的主要做法进行了全面了解。

一　社会主义核心价值体系教学的顶层设计

顶层设计本质上属于战略性思考，它通常具有长远性、整体性和全局性等特征。从整体上看，社会主义核心价值体系教学的顶层设计是能否顺利开展社会主义核心价值体系教学的重要前提，也同时体现着学校对社会主义核心价值体系教育教学的重视程度。调查问卷从社会主义核心价值体系教育教学列入学校事业发展规划情况、学校召开专题研究会议情况、学校落实相关课程及其学分学时情况、实践教学情况和专任教师配备情况等多方面调查了高校社会主义核心价值体系课堂教学的顶层设计情况，并对重点大学、本科院校和高职院校三类高校①进行了比较分析。

---

① 重点大学特指国家"985"和"211"高校；本科院校主要指除了重点大学以外的一般本科高校；高职院校主要指专科层次的职业院校。

一是关于社会主义核心价值体系教育教学列入学校事业发展规划
情况，结果见表 3 - 5。

表 3 - 5　　　　　社会主义核心价值体系教育教学工作
列入学校事业发展规划情况

高校类型	已列入（%）	未列入（%）	不清楚（%）	χ^2	P
重点大学	78（74.3）	17（16.2）	10（9.5）		
本科院校	65（65.0）	18（18.0）	17（17.0）	9.948	0.041
高职院校	54（54.5）	22（22.3）	23（23.2）		
合　计	197（64.8）	57（18.8）	50（16.4）		

由表 3 - 5 可知，过半的高校（64.8%）已将社会主义核心价值
体系教育教学列入学校事业发展规划，且重点大学、本科院校和高职
院校三类高校列入学校事业发展规划的情况差异显著（$\chi^2 = 9.948$，
$P < 0.05$）。这表明更多的高校认识到社会主义核心价值体系教育教
学的重要性，将其纳入学校事业发展规划，重点大学做得最好，本科
院校次之，高职院校较差。但从表 3 - 5 还可知，有 18.8% 的高校没
有将社会主义核心价值体系教育教学列入学校事业发展规划，还有
16.4% 的教师对此问题不清楚，这表明还有一部分学校和教师没有对
社会主义核心价值体系教育教学给予应有的重视。

二是关于学校召开会议专题研究社会主义核心价值体系教育教学
工作情况，结果见表 3 - 6。

表 3 - 6　　　　学校召开会议专题研究社会主义核心价值
体系教育教学工作情况

高校类型	经常召开（%）	偶尔召开（%）	从未召开（%）	χ^2	P
重点大学	43（41.0）	53（50.5）	9（8.5）		
本科院校	34（34.0）	47（47.0）	19（19.0）	14.254	0.007
高职院校	20（20.2）	58（58.6）	21（21.2）		
合　计	97（31.9）	158（60.0）	49（16.1）		

由表 3 - 6 可知，绝大部分高校（91.9%）召开过专题会议研究

社会主义核心价值体系教育教学工作，对重点大学、本科院校和高职院校三类高校召开专题会议的情况进行 χ^2 检验，发现重点大学召开会议的次数更多，本科院校次之，高职院校较少（ $\chi^2 = 14.254$ ， $P < 0.01$ ）。这表明大部分高校对此问题比较重视，重点大学重视程度更高，本科院校次之，高职院校的重视程度相对低。但从表中结果还可得知，只有31.9%的学校经常召开会议研究，16.1%的学校表示从未召开相关会议，这表明还有相当部分高校没有将社会主义核心价值体系教育教学工作纳入议事日程。

三是关于学校是否按照国家要求，根据学校培养人才层次，落实了社会主义核心价值体系教育教学的相关课程、学分及对应的课堂教学学时的情况，结果见表 3-7。

表 3-7　　　　　　学校落实社会主义核心价值体系教育
教学相关课程、学分和学时情况

高校类型	已落实（%）	未落实（%）	不清楚（%）	χ^2	P
重点大学	85（81.0）	10（9.5）	10（9.5）		
本科院校	75（75.0）	14（14.0）	11（11.0）	10.314	0.035
高职院校	62（62.6）	24（24.2）	13（13.2）		
合　计	222（73.0）	48（15.8）	34（11.2）		

从表 3-7 可知，73%的高校落实了社会主义核心价值体系教育教学相关课程、学分和学时，这表明大部分高校满足了社会主义核心价值体系教育教学相关课程运行所需要的基本条件。但不同类型高校落实的程度有差异，其中重点大学落实的情况最好，本科院校次之，高职院校较差（ $\chi^2 = 10.314$ ， $P < 0.05$ ）。

四是关于实践教学计划问题。实践教学是社会主义核心价值体系教育教学的必要环节，"是教学中与理论教学相对应的教学形式，它通常以问题探讨、深度体验和批判反思为基本特征"。[1] 在"学校是否将实践教学纳入社会主义核心价值体系教育教学计划"问题中，结

---

① 　时伟：《论大学实践教学体系》，《高等教育研究》2013 年第 7 期。

果反映仅有 54.9% 的高校将其纳入，有 22% 的学校未纳入，还有 23% 的教师不清楚此问题。同时对重点大学、本科院校和高职院校三类高校进行 χ^2 检验，差异不显著。这表明不少高校对实践教学的重视程度不够，重点大学、本科院校以及高职院校都存在此问题。

五是关于专任教师配备情况。专任教师是社会主义核心价值体系育人功能教学实现的主导者和主要承担者，一个学校是否配备了充足的专任教师关系着社会主义核心价值体系育人功能教学实现质量的好坏。问卷结果发现（见表 3 - 8），有 72.4% 的高校专任教师满足社会主义核心价值体系教育教学需要，有 9.5% 的高校专任教师不能满足需要，还有 18.1% 的教师对此问题不清楚。重点大学、本科院校和高职院校的专任教师配备存在显著差异（$\chi^2 = 18.304$，$P < 0.01$），重点大学配备情况较好，本科院校次之，高职院校较差，这表明还有部分高校社会主义核心价值体系教育教学的专任教师数量紧张，高职院校的专任教师短缺现象严重，几乎不能满足社会主义核心价值体系课堂教学的需要。

表 3 - 8　　　学校配备专任教师满足社会主义核心价值
体系教育教学需要的情况

高校类型	完全满足（%）	基本满足（%）	不能满足（%）	不清楚（%）	χ^2	P
重点大学	46（43.8）	39（37.2）	6（5.7）	14（13.3）		
本科院校	26（26.0）	44（44.0）	10（10.0）	20（20.0）	18.304	0.006
高职院校	18（18.2）	47（47.5）	13（13.1）	21（21.2）		
合　计	90（29.6）	130（42.8）	29（9.5）	55（18.1）		

由表 3 - 8 可知，在社会主义核心价值体系课堂教学的顶层设计方面，重点大学做得较好，本科院校次之，高职院校较差。

二　社会主义核心价值体系教学的教材选用

"教材质量的好坏也是高质量教学水平的一个重要因素"。[①] 本研

---

① 姚恩全、孟丽波：《关于高等学校教材选用建设的论析》，《教学研究》2007 年第 11 期。

究问卷设计了三个问题来了解各类高校社会主义核心价值体系课堂教学的教材选用情况。

一是在"马克思主义理论研究和建设工程重点教材"使用方面，68.2%的教师认为使用了该教材，0.9%的教师认为没有使用，还有30.9%的教师对此问题不清楚，对重点大学、本科院校和高职院校进行 χ^2 检验，结果发现差异不显著，这表明重点大学、本科院校和高职院校在马克思主义理论研究和建设工程重点教材使用情况方面差不多，这三类高校大部分均使用了该教材，只是还有相当一部分教师不了解或个别学校没有使用该教材。

二是在"学校开设的形势与政策课是否按教育部下发的教育教学要点来组织教学"方面，61.2%的高校按要求组织开展，但还有15.1%的高校没有按要求执行，23.7%的教师对此问题不清楚。对重点大学、本科院校和高职院校进行 χ^2 检验，结果发现差异不显著，这表明重点大学、本科院校和高职院校在按要求开展情况方面差不多，这三类学校都只有过半的学校按教育部下发的教育教学要点来组织教学，还有相当部分高校并未按相关要求去做。

三是在"学校开设的形势与政策课是否选用中宣部和教育部组织制作的《时事报告》（大学生版）及其 DVD 作为学生学习辅助材料"方面，有53.6的高校选用了该材料，有14.8%的高校没有选用，还有31.7%的教师对此问题不清楚。对重点大学、本科院校和高职院校进行 χ^2 检验，结果发现差异不显著，这表明重点大学、本科院校和高职院校在材料使用方面情况差不多，这三类高校只有过半的学校使用了指定材料，还有相当部分的学校并未按要求使用相关学习材料。

以上三个分析结果表明，在重点大学、本科院校和高职院校中，统一使用马克思主义理论研究和建设工程重点教材工作较好到位，但在使用指定的教学材料和学习辅助材料方面，还有待追踪验证并加以整改。

三　社会主义核心价值体系教学的组织形式与教学方法

不论在教学理论还是在教学实践中，教学组织形式和教学方法都处于落脚点的地位。① 课堂教学的组织形式与教学方法是影响课堂教学成效的重要因素之一，有效教学组织形式和适合教学对象的教学方法更有助于学生的学习。调查问卷通过学生规模、课程类别、实践教学覆盖面、教学方式以及教学成效原因分析五个方面，对高等学校关于社会主义核心价值体系课堂教学的组织形式和教学方法进行了解。

一是针对"所在学校开设的社会主义核心价值体系相关课程课堂学生规模"这一问题，结果见表3－9。

表3－9　　　　社会主义核心价值体系相关课程课堂学生规模

规　模	30 人以上（%）	30—59 人（%）	60—99 人（%）	100—200 人（%）	200 人以上（%）
合　计	43（14.1）	92（30.3）	68（22.4）	69（22.7）	32（10.5）

由表3－9可知，社会主义核心价值体系相关课程课堂学生规模较大，其中60人以上的规模占到了55.6%。课堂规模的大小对教学方式的选择影响较大，在规模较小的课堂中，更有利于教师灵活选用各种教学组织形式和教学方法。然而事实上，高校社会主义核心价值体系相关课程课堂学生规模普遍较大，这势必在一定程度上影响着教师教学组织形式和教学方法的选用。

二是关于学校哪些课程融入了社会主义核心价值体系教育教学的问题，结果见表3－10。

表3－10　　　　课程融入社会主义核心价值体系教育教学情况

课　程	百分比（%）	课　程	百分比（%）
政治学	58.2	汉语言文学	10.8
历史学	28.2	教育学	23.7
哲　学	35.1	艺术类	3.0
社会学	26	理工类课程	12.6
法　学	8.6	选修课程	20.7
管理学	23.7	其　他	12.9

① 蒋满秀、钟世安：《论大学教学组织形式的发展趋势》，《高等教育研究》2004年第12期。

由表 3 - 10 可知，大部分的课程都融入了社会主义核心价值体系教育教学，其中政治学、哲学和历史学融入程度最深，艺术类最少。

三是所在学校的社会主义核心价值体系实践教学对在校学生的覆盖面问题，结果见表 3 - 11。

表 3 - 11　　　　　社会主义核心价值体系实践
教学对学生的覆盖面情况

高校类型	全覆盖 (%)	覆盖大多数 (%)	覆盖一部分 (%)	未覆盖 (%)	不清楚 (%)	χ^2	P
重点大学	49 (46.7)	48 (45.6)	3 (2.9)	2 (1.9)	3 (2.9)		
本科院校	23 (23.0)	35 (35.0)	19 (19.0)	5 (5.0)	18 (18.0)	69.799	0.000
高职院校	11 (11.1)	29 (29.3)	22 (22.2)	7 (7.1)	30 (30.3)		
合　计	83 (27.3)	112 (36.8)	44 (14.5)	14 (4.6)	51 (16.8)		

"实践教学是培养学生创新精神和实践能力的重要手段，是提高学生综合素质的关键环节。"① 由表 3 - 11 可知，27.3% 的高校社会主义核心价值体系实践教学覆盖了全校学生，而 51.3% 的高校社会主义核心价值体系实践教学只覆盖部分学生，同时还有 4.6% 的高校缺乏社会主义核心价值体系实践教学环节，这表明当前高校在社会主义核心价值体系实践教学环节还有待加强。笔者进一步对重点大学、本科院校和高职院校进行 χ^2 检验，结果发现差异显著（$\chi^2 = 69.799$，$P < 0.001$），重点大学的覆盖面最广，本科院校次之，高职院校的覆盖面相对窄些。

四是在"你在开展社会主义核心价值体系教学中选择教学方式时主要考虑因素"问题中，更多的教师（34.5%）选择了教学内容，其次是自身喜好（29.3%），教学条件（25.3%），最后是教学对象（10.9%），这表明教师较少地针对教学对象的特点开展教学，更多的是考虑了教学内容和自身喜好。对重点大学、本科院校和高职院校进行 χ^2 检验，结果发现差异显著（$\chi^2 = 15.765$，$P < 0.05$），这表明三类大学的教师在选择教学方式时主要考虑的因素有显著差异，如重点大学的

———————

① 张英彦：《论高校实践教学目标》，《教育研究》2006 年第 5 期。

教师更倾向于考虑教学内容和自身喜好。具体结果见表 3 – 12。

表 3 – 12　　　　　　　教师选择教学方式主要考虑的因素

高校类型	教学内容（％）	教学条件（％）	教学对象（％）	自身喜好（％）	χ^2	P
重点大学	49（46.7）	24（22.9）	11（10.4）	21（20.0）		
本科院校	33（33.0）	23（23.0）	13（13.0）	31（31.0）	15.765	0.015
高职院校	23（23.2）	30（30.3）	9（9.1）	37（37.4）		
合　计	105（34.5）	77（25.3）	33（10.9）	89（29.3）		

　　五是关于对所在学校社会主义核心价值体系教育教学成效不满意的主要原因方面，大部分教师（66.4％）认为"教学内容空洞，脱离现实生活"是主要原因，其次是"教学形式单一，教学手段方法落后"。结果见表 3 – 13。

表 3 – 13　　　　社会主义核心价值体系教育教学成效不好的原因

原因	％
教学内容空洞，脱离现实生活	66.4
教学形式单一，教学手段方法落后	44.4
师资水平不高，对讲授内容把握欠佳	23
课堂管理松懈，教学秩序混乱	22
其他	14.8

第三节　社会主义核心价值体系的教学效果

　　对于社会主义核心价值体系的教学效果检视，既可以结果性考察社会主义核心价值体系教学的实际成效，又可以为社会主义核心价值体系课堂教学改革提供重要的参考依据。为此，调查问卷分别从领导、教师和学生三个对象给予考察，了解社会主义核心价值体系教学效果。

一　领导重视程度

　　一个组织质量目标的实现，关键在于领导，没有领导的支持和推动，质量体系就没有动力。① 本研究问卷设计了两道题来了解领导的重视程度，一是"学校是否成立了专门的工作机构，具体负责社会主义核心价值体系的教育教学"，结果如表3－14所示。

表3－14　　　　　是否成立工作机构负责社会主义核心

价值体系教育教学

高校类型	是（%）	不是（%）	不清楚（%）	χ^2	P
重点大学	56（53.3）	12（11.4）	37（35.3）		
本科院校	43（43.0）	21（21.0）	36（36.0）	12.251	0.016
高职院校	31（31.3）	25（25.3）	43（43.4）		
合　计	130（42.8）	58（19.1）	116（38.1）		

由表3－14可知，只有42.8%的高校成立了专门的工作机构，有19.1%的高校还未成立，还有高达38.1%的教师不清楚此问题，这表明相当一部分高校并未设立该工作机构，且该工作机构在校的影响力较弱。对重点大学、本科院校和高职院校进行χ^2检验，结果发现差异显著（$\chi^2 = 12.251$，$P < 0.05$），重点大学在成立工作机构方面更重视，本科院校次之，高职院校较不重视。

二是"学校主要领导或分管领导是否深入课堂听课，了解社会主义核心价值体系教育教学工作情况"，结果如表3－15所示。

表3－15　　　　　学校领导深入社会主义核心价值

体系相关课程教学课堂的情况

高校类型	经常（%）	偶尔（%）	从未（%）	不清楚（%）	χ^2	P
重点大学	33（31.4）	34（32.4）	10（9.5）	28（26.7）		
本科院校	44（44.0）	46（46.0）	2（9.0）	8（8.0）	25.711	0.000
高职院校	29（29.3）	32（32.3）	13（13.1）	25（25.3）		
合　计	106（34.9）	112（36.8）	25（8.2）	61（20.1）		

———————

① 刘仲全、杨正强：《质量管理体系：原理与方法》，西南交通大学出版社2013年版，第27页。

　　由表 3 - 15 可知，71.7% 的高校相关领导深入了课堂听课，了解社会主义核心价值体系教育教学工作情况，只有 8.2% 的高校相关领导并未开展此工作，也还有 20.1% 的教师对此问题不清楚。这表明大部分高校的领导比较重视社会主义核心价值体系教育教学工作，经常或偶尔深入课堂去了解教学情况。对重点大学、本科院校和高职院校进行 χ^2 检验，结果发现差异显著（$\chi^2 = 25.711$，P < 0.01），其中本科院校的相关校领导更经常深入课堂了解工作教学情况，重点大学次之，高职院校较差。

二　教师认可程度

　　调查问卷中关于"您所在学校在开展社会主义核心价值体系教育方面的成效如何"，结果见表 3 - 16。

表 3 - 16　　　　　　　社会主义核心价值体系教育成效

高校类型	很有成效（%）	有点成效（%）	没有成效（%）	不清楚（%）	χ^2	P
重点大学	52（49.5）	42（40.0）	6（5.7）	5（4.8）		
本科院校	34（34.0）	39（39.0）	9（9.0）	18（18.0）	25.563	0.000
高职院校	29（29.3）	33（33.3）	8（8.1）	29（29.3）		
合　计	115（37.8）	114（37.5）	23（7.6）	52（17.1）		

　　由表 3 - 16 可知，75.3% 的教师认为学校开展的社会主义核心价值体系教育是有成效的，只有 7.6% 的教师认为没有成效，这表明大部分教师肯定社会主义核心价值体系教育的效果。对重点大学、本科院校和高职院校进行 χ^2 检验，结果发现差异显著（$\chi^2 = 25.563$，$P < 0.001$），这表明不同类型高校教师的认可度存在显著差异，其中重点大学教师更认可教学效果，本科院校次之，高职院校教师的认可度最低。

三　学生满意程度

　　调查问卷通过"社会主义核心价值体系教育教学与实际的联系度"和"您认为社会主义核心价值体系教育教学对大学生成长的作

用"两题来了解学生对社会主义核心价值体系教育效果的满意度。结果分别见表3-17、表3-18、表3-19。

表3-17　　　　　　不同类型高校社会主义核心价值体系
教育教学与实际的联系度

类型	切合实际效果好（%）	不太切合实际效果一般（%）	脱离实际效果不好（%）	不清楚（%）	χ^2	P
重点大学	80（45.5）	72（40.8）	10（5.7）	14（8.0）		
本科院校	67（39.9）	60（35.7）	13（7.7）	28（16.7）	13.937	0.030
高职院校	63（40.4）	47（30.1）	15（9.6）	31（19.9）		
合　计	210（42.0）	179（35.8）	38（7.6）	73（14.6）		

由表3-17可知，只有42%的学生认为社会主义核心价值体系教育教学更切合实际，大部分学生觉得不太切合实际或脱离实际，这表明大部分学生认为社会主义核心价值体系教学与实际生活联系不大，这在一定程度上影响他们对社会主义核心价值体系学习的积极性和认可度。对重点大学、本科院校和高职院校进行χ^2检验，结果发现差异显著（$\chi^2=13.937$，$P<0.05$），这表明不同类型高校的学生对此问题的看法存在显著差异，其中重点大学学生认为社会主义核心价值体系教学与生活实际联系度稍高一些，而高职院校更大比例的学生认为教学脱离实际。

表3-18　　　　　不同专业类别高校学生认为社会主义核心
价值体系教育教学与实际的联系度

类型	切合实际效果好（%）	不太切合实际效果一般（%）	脱离实际效果不好（%）	不清楚（%）	χ^2	P
人文社科类	82（48.0）	74（43.3）	5（2.9）	10（5.8）		
理工科类	68（40.0）	60（35.3）	15（8.8）	27（15.9）	31.827	0.000
艺体类	60（37.7）	45（28.3）	18（11.3）	36（22.7）		
合　计	210（42.0）	179（35.8）	38（7.6）	73（14.6）		

同时，由表3-18可知不同专业类型学生对此问题的认识也存在

显著差异（$\chi^2 = 31.827$，$P < 0.001$），其中人文社科类学生认为社会主义核心价值体系教育教学与实际的联系度更高，理工科类学生次之，艺体类学生更认为两者之间的联系度低。

表 3 – 19　　　　　　　社会主义核心价值体系教育教学

对大学生成长的作用

高校类型	作用很大（%）	作用有限（%）	毫无实际作用（%）	不清楚（%）	χ^2	P
重点大学	86（48.9）	79（44.9）	3（1.7）	8（4.5）		
本科院校	73（43.5）	62（36.9）	13（7.7）	20（11.9）	29.895	0.000
高职院校	58（37.2）	53（34.0）	18（11.5）	27（17.3）		
合　计	217（43.4）	194（38.8）	34（6.8）	55（11.0）		

　　虽然大部分学生觉得社会主义核心价值体系教育教学与实际生活联系度不高，但由表 3 – 19 可知，82.2% 的学生认为社会主义核心价值体系教育教学对自己的成长有积极作用，只有 6.8% 的学生认为毫无实际作用。这表明，大部分学生认为社会主义核心价值体系教育教学对自己的学习是有影响的，且在一定程度上促进了自己的成长。对重点大学、本科院校和高职院校进行 χ^2 检验，结果发现差异显著（$\chi^2 = 29.895$，$P < 0.001$），这表明不同类型高校的学生对其评价存在显著差异，重点大学学生更认为社会主义核心价值体系教育教学对自己成长有用，高职院校学生认为社会主义核心价值体系教育教学对自己成长有用的比例最低。

　　综合领导重视程度、教师认可程度和学生满意程度三个方面的分析结果认为，在社会主义核心价值体系教育教学成效方面，大部分教师和学生是比较满意的。同时，教师认可程度和学生满意程度与领导重视程度直接正相关，重点大学的领导重视程度最高，教师和学生的满意度也最高；高职院校的领导重视程度相对较低，教师和学生的满意度也相对较低。

第四节　社会主义核心价值体系育人功能教学
实现尚待解决的问题

一　高校对社会主义核心价值体系教学有着积极认知与行动

（一）社会主义核心价值体系教育教学工作受到普遍重视

"任何社会意识的作用力取决于其掌握群众的数量和影响其思想的程度，意识形态工作一定意义上是争取人的工作，其着力点是赢得人心、争取人心。"[①] 党和国家已经深刻认识到这一点并先后做出一系列重要指示，比如"把社会主义核心价值体系融入国民教育和精神文明建设的全过程"。对此，高校将社会主义核心价值体系纳入课程教学计划，通过课堂教学用社会主义核心价值体系这一马克思主义中国化的最新理论成果来武装大学生头脑，不仅是培养社会主义事业合格建设者、可靠接班人的需要，还是引领大学生全面健康成长的需要，也是加强改进新时期高校思想政治教育工作的需要。调研表明，将社会主义核心价值体系作为课程或者课程重要内容教学，高校师生普遍有足够的认识，如87.9%的教师认为有必要将社会主义核心价值体系纳入课程教学体系，同时多数学生认为学习社会主义核心价值体系是有益处的：有利于大学生明辨是非（71.2%）、有利于促进全体大学生思想道德的共同进步（69.2%）、有利于吸取中华民族优秀传统文化和世界优秀文化成果（66.4%）。通过半结构访谈还了解到，多数高校正在大力推进社会主义核心价值体系进课程、进教材、进课堂、进头脑相关工作，且对其载体给予深度挖掘。这说明社会主义核心价值体系的教学育人功能已在高校受到了普遍重视。

（二）社会主义核心价值体系师资力量得到进一步充实

高校思想政治理论课教师是社会主义核心价值体系教学任务的主

---

① 杨晓慧：《社会主义核心价值体系融入大学生思想政治教育全过程论析》，《东北师范大学学报》（哲学社会科学版）2009年第5期。

要承担者，这支队伍的素质如何，直接关系到社会主义核心价值体系育人功能的实现，正因如此，党和国家高度重视思想政治理论课师资队伍建设。近年来，各级教育主管部门和国内高校认真贯彻中央精神，采取一系列措施加强思想政治理论课师资队伍建设，取得了一定成效，思想政治理论课教师的素质有了很大提高。调研表明，在教师数量上，72.4%的高校思想政治理论课专任教师可以满足社会主义核心价值体系的教学需要，仅有27.2%的高校未按教育部要求①配备思想政治理论课专任教师队伍。在队伍培训方面，有76.4%的高校组织开展了社会主义核心价值体系教育教学教师的岗前培训、社会实践、学习考察、脱产或半脱产进修等培训活动方面。由此表明，在高等教育大众化背景下，思想政治理论课专任教师队伍作为社会主义核心价值体系教学任务的主要承担者，基本保证了社会主义核心价值体系教学活动的需要，其建设力度应当值得肯定。

（三）社会主义核心价值体系教学改革得以持续推进

伴随新时期理论和实践的不断发展，社会主义核心价值体系课程与教学的持续改革为其生命力所在。也只有通过改革，才会不断充实内容和更新方法，才会使社会主义核心价值体系教学始终充满时代的鲜活感。调研表明，78.6%的高校教师认为，党的十八大报告提出的"三个倡导"明确了社会主义核心价值观培育和践行的基本要求和价值取向，88.8%的高校教师认为，有必要将"中国梦"宣传教育融入社会主义核心价值体系的教学中，84.2%的高校教师认为，党的十八大报告中提出的"三个倡导"有必要纳入社会主义核心价值体系课堂教学，这说明高校教师在社会主义核心价值体系教学内容的把握方面是与时俱进、持续革新的。通过半结构化访谈得知，一些高校还设立了专项的社会主义核心价值体系教学研究课题，这说明国内高校在社会主义核心价值体系教学中对于科研反哺教学方面已经得到了一定重视。同时，高校师生还认为多类课程可以融入社会主义核心价值

---

① 本科、专科思想政治理论课专任教师按不低于师生（全日制在校本、专科学生）1：350—1：400的比例。

体系教学，如政治学（58.2%）、哲学（35.1%）、历史学（28.2%）、社会学（26%）、管理学和教育学（23.7%）、汉语言文学（10.8%）、法学（8.6%）、艺术学（音乐、美术、戏剧等）（3.0%）等，其中政治学占比最高。以上事实说明，高校及高校教师正在主动思考社会主义核心价值体系教学改革与创新命题。

二　社会主义核心价值体系育人功能教学实现尚待解决的问题

（一）社会主义核心价值体系教学如何追求入脑入心

党的十七大强调"要切实把社会主义核心价值体系建设融入国民教育和精神文明建设过程中，转化为人们的自觉追求。"[①]这是党中央对全党和全社会发出的明确指示，高等教育阶段的各级各类学校理当明白自身肩负的历史性任务。对此，为进一步提高社会主义核心价值体系的教育实效，教育部明确提出了社会主义核心价值体系要"进教材、进课堂、进头脑"的工作要求。随之，国内高等院校相继开展相关探索，尤其是高校在社会主义核心价值体系进教材、进课堂方面获得了不少值得借鉴与推广的经验，如北京大学把社会主义核心价值体系建设融入教学之中，大力培育学生崇尚科学、追求真理的思想观念；中国人民大学坚持社会主义办学方向，将社会主义核心价值体系融入教学全过程，坚决批判抵制各类反马克思主义、伪马克思主义、非马克思主义思潮；……此等举措在一定程度上推进了社会主义核心价值体系进教材和进课堂工作，同时得到了广大教师的认同。社会主义核心价值体系要实现从理论向实践的飞跃，必须为行为主体所掌握，必须内化为整个社会全体成员的自觉行为。[②] 但从现实调查数据看，高校在推进社会主义核心价值体系入脑入心方面却不够乐观。比如，学生认为影响自己确立社会主义核心价值观的主要因素为教学的

---

① 中央政府网站：《把社会主义核心价值体系融入国民教育、精神文明建设和党的建设》，http://www.gov.cn。

② 曹健华、彭忠信：《论社会主义核心价值体系的内化条件》，《马克思主义研究》2012年第12期。

只占34.0％，而78.9％的学生认为对社会主义核心价值体系知识属于"考前死记硬背"、"没有深入理解"且"考完就忘"。这说明社会主义核心价值体系在进入学生头脑方面还存在较大的差距。在调研访谈中发现，相当部分大学生认为社会主义核心价值体系教学没有紧密联系青年学生的思想实际，课堂教学的吸引力以及感染力均不强，由此对社会主义核心价值体系教学提不起兴趣。这里值得一提的是，相当一部分教师对社会主义核心价值体系认识、理解和掌握不深，它已成为社会主义核心价值体系在大学生群体中入脑入心的重要桎梏。比如，部分教师对马克思主义真理信仰程度不高，更缺乏实践马克思主义的行动，他们无法通过教学真心真意地为学生服务；有部分教师政治立场不够坚定、思想认识模糊不清，甚至极个别在言行上违背了党的四项基本原则，为社会主义核心价值体系在学生中入脑入心树立着反面典型等。

（二）社会主义核心价值体系教学目标如何赋予价值特性

教学目标是教学活动实施的方向和预期达成的结果，是一切教学活动的出发点和最终归宿。任何知识教学目标的确立要以此类知识的特点为依据。从整体上来看，当前高校设置的学科课程就其目标而言，一方面在探究人的自身、自然、社会方面的本真的东西，并形成对人、对自然、对社会的客观性以及规律性的把握和认识，就此而言表明学科课程知识带有真理性的特质。另一方面，还应该看到，学科课程知识关于哲学社会学方面的知识又牵涉到价值与价值评判的东西，也就是说不但要揭示和衡量人与社会的价值，还要独立创造价值或者参与价值生成及实现，由此说明学科课程知识还具有价值性特征的一面。学科课程知识所具有的真理性和价值性是紧密相连、内在统一的。为此，学科课程知识教学目标的内在基本精神是坚持真理性与价值性的辩证统一，它要求任何课程的教学都应当围绕这一基本精神而具体展开。而社会主义核心价值体系教学的最终目标就在于形成统一的指导思想、共同的理想信念、强大的精神力量以及基本的道德规范。因此，价值性便构成了矛盾的主要方面，真理性则构成了实现价值性的手段。不难设想，如果通过社会主义核心价值体系的教学不能对学生的价值观形成产生深刻影响，当然就不可能帮助学生树立科学的"三观"，即世界观、人生观和价值观。当然也就更加谈不上要达到思想的统一、理想信念的树立、强大精神力量和基本道德规范的形成目标了。在这个层面上，无论学生掌握了多少与社会主义核心价值体系相关的真理性的知识，无论记住和把握了多少与社会主义核心价值体系相关的原理和规律，都是没有意义的。所以，价值性构成了社会主义核心价值体系学习目标的内在根本精神，真理性只是实现价值性的基本要求。但通过笔者调研发现，当前高校社会主义核心价值体系教学目标还主要锁定在真理性上，着重将社会主义核心价值体系作为一门知识来开展教学而没有将社会主义核心价值体系教学目标与一般学科课程教学目标甄别开来，因而难以达到和实现社会主义核心价值体系教学的应然性目标——价值性。

（三）社会主义核心价值体系教学如何关照学生生活

生活即以人为主体，以实践为中心的一种活动过程。社会主义核心价值体系的教学内容"虚化""泛化""不切实际"等现象，其实质是各级各类学校没有真正将教学内容渗透或融入社会生活，回归学生生活的本真来予以教化。正如马克思所说："价值这个普遍的概念是从人们对待满足他们需要的外界物的关系中产生的。"① 如果我们将社会主义核心价值体系的内容渗透或融入大学生的生活实践中去，用生活实践中生动活泼的典型案例去诠释和印证社会主义核心价值体系的知识内容，让理论化的社会主义核心价值体系走向学生的生活实践世界，在生活现实世界中形塑自己的人生观、世界观与价值观，这正是反映了社会主义核心价值体系教学生活实践取向的内在要求。因此，在高校社会主义核心价值体系的教学活动中，始终坚持其生活实践取向，是提高社会主义核心价值体系教学实效的基本策略。但是调研表明，在当前高校的社会主义核心价值体系教学中，把持生活实践取向的程度并不高，比如 10.4% 的大学生认为学习社会主义核心价值体系与其生活无关，仅有 34.6% 的学生认为社会主义核心价值体

---

① 《马克思恩格斯全集》第十九卷，人民出版社 1963 年版，第 506 页。

系教学与生活实际联系紧密，这充分说明高校没有真正将教学内容渗透或融入社会生活，回归学生生活的本真来予以教学，因而学生也难以对社会主义核心价值体系产生价值认同，因为"价值认同是以实践为基础的对一定伦理价值原则的认可和同意。"① 实际上，教学活动本身就是生活，只不过这种生活世界是一种理论的生活世界，但理论的生活世界如果不能与日常生活世界相融通，它就会成为一个"空中楼阁"，社会主义核心价值体系就成为呆板的教条。只有让理论的生活世界自然转换到日常的生活世界，才可能使社会主义核心价值体系的教学活动生动起来，并使其通过现实生活焕发出强大的感召力。因此，只有引导大学生在特定的道德角色和道德情境中亲身磨砺、亲身实践，才能促使学生具有现代社会所需要的道德状态和道德能力，从而真正树立社会主义荣辱观，自觉践行社会主义核心价值体系。② 否则，"离开了生活，离开了实践，再好的价值体系只能是空中楼阁"③。

（四）社会主义核心价值体系教学如何面对不同差异

大众化是当前高等教育发展呈现的一大趋势。高等教育大众化导致的直接后果主要有两个：一是高校类型繁杂，二是生源结构繁杂。就高校类型而言，可从两个视角来划分：第一，纵向视角。若依据隶属关系或者管理权限来划分，我国高校可以分为教育部所属、中央各部委所属以及地方政府所属三种类型；若依据省部级以上重点学科和博士硕士学位点情况来划分，我国高校可划分为全国重点大学（含"985"高校、"211"高校）、地方重点大学、地方一般高校三种类型。第二，横向视角。若依据学科设置数量来划分，高校可分为综合性、多科性、单科性类型的高校；若按学科设置类别来划分，可分为综合类、理工类、文科类、医药类、农林类、师范类高校；若按照建

---

① 谭培文：《从底线伦理到终极价值的转换和实现——兼以社会主义核心价值认同为视角》，《道德与文明》2010 年第 4 期。

② 王洪龙：《在大学生中加强社会主义核心价值体系教育》，《高教论坛》2012 年第 1 期。

③ 徐华礼：《社会主义核心价值体系大众化路径探析》，《南方论刊》2012 年第 7 期。

校时间来划分，可分为老校、新建院校类型；若依据主要投资渠道来划分，可分为公立、私立、民办等高校类型。① 对于生源的繁杂而言，虽然至今政府或学者均未对这一问题做过分类、分层或分级方面的研究，但是在高等教育大众化背景下的高校生源发生的一些显著变化曾引起过各方关注，如入学人数急剧增加、大龄学生逐步增多、学生维权意识增强、学生发展诉求增多、学生各方压力增大、教育环境更加复杂等。通过高校类型与生源结构可以看出，高校教学对象是极为繁杂的，这就需要在开展社会主义核心价值体系教学时，对教学对象的繁杂予以考虑，如根据教学对象的繁杂性，恰当选择教学形式、教学方式和教学内容等。然而调研表明，教师在选择教学方式上还主要是考虑自身喜好、教学条件等因素，很少考虑教学对象的繁杂性和差异性。

（五）社会主义核心价值体系教学如何凸显学生主体意识

学生是社会主义核心价值体系的教学主体，学生的认知、情感、意志以及行动是决定社会主义核心价值体系教学目标达成的关键。由于传统教学以教师为中心、以课堂为中心、以教材为中心等观念的影响，致使在当前高校社会主义核心价值体系的课堂教学时间管理方面存在着以下值得关注的问题：一是独占课堂现象还在一定程度上存在。这样的课堂教学变成了教师的独角戏，而学生成了呆滞的附庸，完全被僵化的教学模式所控制。该倾向必然导致师生思维碰撞与自省的机会少，造成学生思维模式的固定，或者偏离正确的方向。同时，由于学生的个人经历不同，在某些事上的看法也就会产生不同的结果，造成学习者的迷惑，挫伤学习者的热情，降低教学效率。"这种教学时间分配不合理的现象背离了教学的本质，只会造成教学时间的大量投入而教学产出质量的低下"。② 二是教师讲的时间过少，该讲的东西没有讲到、没有讲透。特别是理论性、抽象性比较强的章节或知识点，学生自主学习比较困难，此时教师的讲解引导是非常必要

① 康宏：《我国高等教育分类的系统思考》，《大学研究与评价》2007年第4期。
② 张敏：《对课堂教学时间效益最大化的探析》，《现代中小学教育》2008年第10期。

的，但从现实来看，有的教师忽略或者不了解学生的实际认知水平，以为把时间留给了学生就实施了素质教育，就倡导了新课程的理念。从实际效果来看，学生搞得似懂非懂，云里雾里。三是为知识而讲解知识花去几乎所有的时间，但深入地引导学生思考并提高学生解决问题的能力在时间上毫无体现。从现实情况来看，哪怕在社会主义核心价值体系教学的相关课堂，一些教师缺乏对学生进行教育引导的意识，以为这是班主任的事情，以为只需要完成课程教学的知识与技能、过程方法目标就足矣，至于情感态度价值观等目标是一种奢谈。以上三种情况造成的最大后果即是学生在课堂教学中的主体意识难以激发出来，从而导致课堂教学效能低下。

（六）社会主义核心价值体系教学如何面对新兴媒介

随着网络信息、泛在学习、新兴媒体的发展，以其为载体的教学不仅在学习理念、学习方式、学习内容上具有崭新的特征，在发展规模、育人功能等方面也后来居上，呈现出融合和超越传统教学之势对人类社会产生了广泛而深刻的颠覆性影响。有调查数据显示，新兴学习载体给当今大学生的学习带来了诸多影响，如利用新兴媒体查找资料完成课后作业（68%）、利用新兴媒体开阔学习视野学习更多知识（61%）、利用新兴媒体开展学习交流活动（52%）、利用新兴媒体与教师开展交流（22%）等。然而本调查研究表明，在当前高校社会主义核心价值体系的教学中，新兴学习载体还没有得以有机运用，与传统教学方式相比，新兴学习载体视域下的教学变革还没有达到理想效果，这主要表现在两个方面：一是新兴学习载体的不用或少用。一些新兴学习载体视域下的社会主义核心价值体系教学课堂与传统课堂几乎没有差异，社会主义核心价值体系的教学内容、教学方法、教学形式、教学手段等没有或很少融入如新兴学习载体的积极元素，让学生难以形成媒体素养和难以掌握媒体技能，让社会主义核心价值体系的学习缺乏时代感与鲜活性，因此难以迎合学生学习的新兴特征。二是新兴学习载体的滥用或乱用。新兴学习载体内容丰富多彩同时又鱼龙混杂，知识的学习突破了时空的限制，特别是自由交流的功能，使大学生更容易接受新兴学习载体带来的教育和影响，进而排斥教师的灌输，这样势必会削弱社会主义核心价值体系教学的效能。因为，对于过去的传统学习载体，教师通常很容易发现它的负面影响，可以最大限度地消除不健康信息。但就新兴学习载体而言，面临泛化的信息，大学生难免在纷繁芜杂的信息面前迷失方向。"新媒体环境下的人缺少'他人在场'的压力，'快乐原则'支配着个人欲望，人的行为限制变小，道德判断力削弱，大学生的价值观念在新媒体的冲击下出现模糊，最终导致大学生道德选择迷惘和价值取向紊乱"[1]，使社会主义核心价值体系教学的育人功能遭遇消解。

---

① 共青团郧阳师专委员会：《关于网络和新媒体等新兴社会教育载体的功能发挥情况的调查报告》，http://www.yytc.net.cn/youth/qnzzxx/lilunxuexi/20121115/9740.html，2014年3月10日。

第四章　社会主义核心价值体系育人功能教学实现的基本路向

社会主义核心价值体系育人功能的教学实现路向，是基于现状把握的回应，其核心在于社会主义核心价值体系"教"与"学"两大系统实现策略的科学构建。本研究按照教学活动的基本逻辑，从精神相遇的教学理念、价值渗透的教学目标、紧贴生活的教学内容、尊重差异的教师教法、追求实效的学生学法与提高效能的时间管理等方面，对社会主义核心价值体系育人功能教学实现的普适性路向予以探究。

第一节　建构精神相遇的教学理念

一　观念、信念与理念

自 20 世纪 90 年代中期以来，随着国内外教学改革与发展的不断深入，教学理念已经成为当下课程与教学论场域的高频词汇。但何谓教学理念，是一直困扰学术界的难题。"一切知识都需要一个概念，哪怕这个概念是很不完备或者很不清楚的。"① 因此，为确立研究的起点，有必要对教学理念作一基本界定。其实，由于"教学"与"理念"的概念从现有文献来看都是纷繁复杂的，这给教学理念的界定造成了一定的视角与倾向困惑。在鉴别和比较的基础上，我们坚持

---

① 北京大学哲学系外国哲学史教研室：《西方哲学原著选读》（上卷），商务印书馆1982 年版，第 72 页。

"教学是师生之间以对话、交流、合作为基础进行文化知识传承和创新的特殊交往活动"①。在生活的场域，"观念"、"信念"、"理念"是三个极易混淆的概念；在学术场域，三者却有着显著的区别，观念即人们通常说的看法或主张，一般通过"我（个人）认为……"等形式表达出来，如果个人（或群体）对某一观念坚信不疑，则称其为信念，好的信念一旦上升到理性的高度，则可称为理念。在把握"教学"与"理念"二者概念的基础上，在此可试探性地将教学理念定义为师生在以对话、交流、合作为基础开展文化知识传承和创新的特殊交往活动中所持的反映教育发展规律的具有高度理性的观念。教学理念是教学本质的直接体现，从根本上反映教育者与教育对象在教学活动过程中的理想追求，它是指导教育者组织和实施教学活动的思想基础。② 从马克思主义认识论可知，教学理念对教学实践具有能动作用，这成为教学理念受到普遍关注的原因之一。另一重要原因则是其自身属性——相对独立性决定的，即教学理念同教学实践的发展不一定完全同步，时常表现为超前或滞后，致使教学理念的能动作用丧失，这恰恰说明了教学理念与教学行为达成一致或相互融合是需要一个过程的，③ 这一现实要求要对传统教学理念予以突破与超越，以推动教学理论研究与实践活动的发展。

二　传统教学理念的分类与检视

任何教学理念的构建既是对现实的审视与未来的展望，更是对传统的批判与继承。因此，科学的教学理念的构建总是在协调处理传统进步性与变革创新性之间关系的前提下逐步实现的，总是站在未来前瞻性的视域充分肯定传统教学理念积极性的基础上去解决现存的问题，大量实例证明任何割裂历史与未来的改革都以失败而告终。因此，探讨教学理念的变革，尤其是新的教学理念的构建，必须对变革

---

① 李森：《现代教学论纲要》，人民教育出版社 2005 年版，第 5 页。
② 罗三桂：《现代教学理念下的教学方法改革》，《中国高等教育》2009 年第 6 期。
③ 吕宪军等：《试析教学理念与教学行为的割裂与融合》，《教育科学》2012 年第 2 期。

的对象——传统的教学理念进行分类和检视。传统的教学理念门类、派别众多，难以一一列举，在此仅以教学理念对学生发展领域的影响，将纷繁复杂的教学理念划分为以下三大类别，即知识与技能取向的教学理念、过程与方法取向的教学理念、情感与价值取向的教学理念。

（一）类析传统教学理念

一是知识与技能取向的教学理念。知识与技能取向的教学理念将教学理解为教师拥有、传递知识与技能和学生需要知识、接受知识与技能的活动。从教学论史的发展可知，教学这一育人活动一经产生便有了这一理念，从古代唯物主义思想家荀子的"外铄论"，到在中国封建社会产生重大历史影响的科举制，再到当前的基础教育课程改革，均贯穿了知识与技能取向的教学理念。在现有社会发展水平背景下，教育还没有成为人的基本生活方式，教学还主要是培养有"用"人才的主要载体，对人精神生活的满足还没有真正成为教学的重要使命，教学场域之外的人还很少站在教学主体的立场反思人的内心精神世界。因此，知识与技能仍是教学的核心，虽然随着世界范围内的课程与教学改革活动的深入，不少学者对教学过度重视知识与技能传授的倾向提出了一定程度的质问，但同时又无任何人可以否定教学中知识与技能的价值。在教学实践的发展历程中，过于重视形式训练，忽视具体知识与技能的教学造成的教学质量下滑的例证在国内外均不少见。在当前我国升学与就业压力巨大的环境下，知识与技能的教学仍然是教学的主流，由此，知识与技能取向的教学理念在未来很长一段时间必然还将占据教学理念的重要地位，只是在知识与技能的培养过程中，不能忽视主体精神的渗透与交融。

二是过程与方法取向的教学理念。过程与方法取向的教学理念强调学习的过程与方法，追求教学过程中的主体内心体验和科学方法的内化。这一理念认为离开了主体内心体验和科学方法的内化，知识与技能就没有任何意义，即使学生掌握了知识与技能也难以终身获益，甚至导致人的畸形发展，比如抹杀学生的创造性，泯灭学生的人本性，导致学生的功利性和工具性等，学生只有掌握了创生知识与技能的方法，最终才能驾驭知识与技能。学生如何掌握过程与方法是此类教学理念追求的使命。当前，课程与教学改革中推崇的活动教学、探究教学、发现教学等便是过程与方法取向的教学理念的典型表现，这些教学形式均注重教学中主体意识的培育，与一味强调知识与技能的教学理念相比较，它无疑具有历史的进步性，如学生对方法的掌握，即拥有了可以迁移的能力，必然对学生的毕生发展奠定坚实的基础，为学生克服成长发展过程中的诸多问题提供有效参照，① 过程与方法中主体意识的培育在某种意义上来看已经涉及了人的精神层面，因为在教学中有可能让学生产生"享受过程"、"注重过程"的快感，因此，过程与方法的掌握更是学生精神世界的成长与发展。

三是情感与价值取向的教学理念。情感与价值取向的教学理念认为教学最为主要的是塑造人，即把"自然人"培养成"社会人"，人的情感与价值是社会人的核心要素或人社会性的重要体现。情感是主体对客体特殊的反映形式，在教学中，主体对客观事物如知识、技能等时常会持有不同的情感，如喜、怒、哀、乐等，都是人的情感体验的不同形态；价值则涉及人生的目的和意义等。情感与价值取向的教学理念认为知识、技能、过程、方法等任何植入主体意识的东西最终都要转化为人的情感与价值才具有发展的意义，因此，教学如果能影响到人的情感与价值领域才是教学的最高使命。情感与价值取向的教学理念超越知识与技能、过程与方法等具体形态直达人的主观世界——情感与价值问题，可以解决个体与自然、个体与社会、个体与他人的和谐相处等系列精神哲学层面的问题，为教学理念向精神相遇方面发展提供了理论基础和条件准备，因为情感与价值均属于人的精神世界，对教学培养适应一定社会形态的个体找到了突破口。

（二）检视传统教学理念

任何教学理念均有其历史的进步性，它们分别在不同历史阶段的教学实践中发挥着不可磨灭的引领作用。然而，其历史的局限性也总

---

① ［德］希尔伯特·迈尔：《怎样上课才最棒》，黄雪媛等译，华东师范大学出版社2011年版，第6页。

是客观存在的。正因如此，教学理念本身进步性与局限性对立统一的矛盾构成了发展与变革的内在动力。对于传统教学理念历史局限性的深究，其中不乏流露出顺从观念、垄断内容、师道情怀等困惑，这些困惑有时交织在一起难分彼此，共同构成对传统教学给予变革的保护膜，对新的教学理念的构建视域产生遮蔽。因此，对于这些困惑的质疑，其目的在于构建新的与时俱进的教学理念。

其一，传统教学理念下的顺服观念。中国是一个疆域辽阔的多民族的统一国家，历史发展的进程表明，中国疆域统一的物质形态逐步滋生并发展着顺服的思想观念。在我国近现代相当长的时期内，此观念尽管有利于形成和维护等级有序的社会局面，然而对个体的发展却付出了沉重的代价。就一味顺服的思想观念对教育的影响而言，往往会造成教学目的、教学内容、教学方法等系列教学要素的单一。无论是知识与技能取向、过程与方法取向的教学理念，还是情感与价值取向的教学理念，均不同程度地体现着顺服思想对教学主体精神的束缚，进而使教学变得狭隘化、枯燥化和程式化，让教学理念的传承与创生难以取得实质性的进展，新的教学理念尤其是关怀个体精神层面取向的教学理念的构建需要对其给予突破。

其二，传统教学理念下的垄断内容。教学内容的选择与传承，属于同一个问题中不可分割的两个方面。基于课程与教学论视角，这两个方面相互联系且不可分割。但是从学术研究视角审视，它们又被划入不同的研究领域：课程论领域——内容的选择；教学论领域——知识的传承。这就导致了一个结果：知识的传递不是由知识选择的人来实施，同时知识传递的人不再考虑知识的选择问题。因此，知识的选择只是在课程领域即可完成，而课程论的专家仅是站在自己的立场对教学内容给予解读，从而造成教学内容的垄断，进而对教学理念的影响深刻而广泛，最为显著的影响就是在教学环节缺乏对知识的生成，让学生的创新思维难以得到明显的发展，如知识与技能取向的教学理念倡导下的教学知识与技能的选择基本与教学主体没有多大关系，从知识与技能的层面看，由于内容垄断的深刻影响，本应成为知识创新场域的教学演化成了教师照本宣科的教与学生生搬硬套的学的机械活动，其影响力难以渗透到学生的精神世界。

其三，传统教学理念下的师道情怀。在我国历史长河中，师道尊严不少时候被认为是教师在教学活动中始终处于绝对权威的地位，它一般不会让学生对老师或者课本有丝毫质疑。师道尊严带来的结果，就是要求学生绝对服从教师不容置疑的填鸭式教学，极大地阻隔着老师与学生之间的教学相长。尽管表面上教师获得了尊严、知识获得了尊重，但无形中违背着教学活动的自身规律，这对学生的全面发展是极为不利的。2012 年清华大学教育研究院发布的一份"以学习者为中心"的研究报告称，生师互动是中国教育的一块短板，传统的师道尊严观念使教师成为高高在上的权威者，显然，师道尊严不利于"以学生为中心"的教学理念的形成。传统的知识与技能取向的教学理念和过程与方法取向的教学理念均强调教师的主导作用，这本毋庸置疑，然而由于教师主导作用的过分强调导致其走向反面，与传统的师道情怀殊途同归。情感与价值取向的教学理念虽然没有明显的师道印迹，然而它所倡导的国家、民族或社会的普世情感与价值却与师道情怀不谋而合。

三　教学理念变革的动因分析

在一定时期、一定地域或一定情境中，教学理念作为意识形态的产物，会表现出相对的、暂时的、一定范围内的稳定性。然而这一稳定性从未否认教学理念的动态发展性，这一动态发展性主要表现在由于客观与主观方面的多元因素的叠加式推动，教学领域会主动或被动构建现代教学理念，对传统教学理念给予充实、组合、更替或否定，从而更好地实现教学理论研究与实践活动的目标。

（一）社会发展：教学理念变革的根本动力

社会生产力的发展是社会发展的最终决定力量，社会发展的阶段和水平决定着教学目的的确定，制约着课程设置和教学内容以及教学发展的规模、速度与结构，同时还制约着教学方法、教学手段和教学组织形式，因此社会的发展便成为教学理念构建的根本动力。如在原始社会，教学只是个体之间的口口相传，教学内容仅是一些生活知识与技能，极为低下的社会发展水平决定了当时的教学理念只能是知识与技能取向，这是社会发展水平不可超越的。在资本主义社会，由于生产力的提高，出现了机械化大生产，生产对劳动技能的要求越来越高，这些生产技能需要通过教学形式予以培养，于是知识与技能取向的教学理念发挥到了极致。由于当今社会科学技术的发展，使科学技术成为第一生产力，过程与方法取向的教学理念又占据了主导。随着社会的发展，社会物质生活得到了极大满足，人的精神追求显得迫切而重要，情感与价值取向的教学理念应运而生，同时为精神相遇的教学理念的构建提供了根本动力。

（二）制度匹配：教学理念变革的属性选择

今天，为什么不同国家可能有着完全不同的教学理念呢？尽管原因千差万别，但其中极为重要的一个原因是社会制度不同，因为社会制度是社会意识形态的反映，不同的社会意识形态会选择符合自己的教学理念。教学理念可以看作社会制度的衍生物，与社会制度相背离的教学理念构建必然遭到社会制度及其代言者的反对，因此，社会制度的匹配是教学理念构建的属性选择。如新中国成立初期，我国在教育上全面借鉴具有相同社会制度的苏联模式，苏联教育家马卡连柯创立的集体教育模式、教学论专家斯卡特金创立的合作学习模式对我国教学理念的发展影响深远，而且当时苏联派专家在我国指导教学改革长达 10 余年之久，传统的知识与技能取向的教学理念、过程与方法取向的教学理念和情感与价值取向的教学理念均打上了深刻的苏联印记。后来，虽然学习借鉴了欧美发达国家的教学理念，但是均通过本土化的构建使之与我国的社会制度相匹配，因为社会制度决定了教学理念构建的属性选择。随着中国特色社会主义制度的发展，必然要求有全新的教学理念与之相匹配，而精神相遇的教学理念试图在这一命题上予以突破。

（三）主体追求：教学理念变革的文化自觉

教学文化是师生在教学中形成的师生共享的价值体系和行为方式，以及与之相互影响的环境氛围。① 由此可见，教学文化当属教学

_____

① 晋银峰：《教学文化自觉：内涵阐释、意义探寻及实践路向》，《课程·教材·教法》2010 年第 11 期。

理念中十分重要的内容。所谓文化自觉，主要指生活在一定文化中的人对其文化有"自知之明"，明白其来历与形成过程、意义和所受其他文化的影响及其发展的方向。① 因此，教学理念的文化自觉就是教学理念的构建自觉，它是指教学主体"自知之明"自己的教学理念，将教学理念的构建作为自己的自觉使命。如在同一教学场域，不同的师生会有不同的教学理念，这与教学主体的家庭背景、文化内涵、角色意识、教学态度等有着密不可分的关系，但无论如何不同，教学理念的构建总是主体的需求，如把教学工作看作职业的人一般仅有知识与技能取向的教学理念，或最多树立过程与方法取向的教学理念，把教学工作看作事业的人则有可能树立情感与态度取向的教学理念。随着社会的发展，当前不少人把教书、读书和学习活动看作精神的追求或享受，这必然带来教学理念的深层次变革与重构，那么，把教学看作精神追求与享受过程的教学主体，会构建何种取向的教学理念呢？精神相遇的教学理念试图对这一问题给予回答。

（四）实践呼吁：教学理念变革的信号警示

教学实践的根本任务在于实现对学生知识和文化的传承、技能的掌握、思维的培养及其人格的完善等。教学理念与教学实践之间是一种内在性的、反思性的、批判性的关系，也就是说，教学理念离不开教学实践，教学实践也离不开教学理念。源于教学实践的教学理念，不仅是对教学实践经验的概括和总结，更是对教学实践的批判性反思与理想性引导，这就是理论对实践的超越。教学理念对教学实践具有反作用，符合当下教育发展规律的教学理念对教学实践具有指导作用，不符合当下教育发展规律的教学理念对教学实践则产生消极作用。由此可知，教学实践如果出现"红灯"，要么是没有得到教学理念的指导，要么指导教学实践的教学理念出现了问题。前一种情况的纠正相对容易，而后一种情况的纠正则需要重新构建教学理念。如在知识与技能取向教学理念指导下开展的教学实践活动出现庸俗化与粗造化，不能解决现实教学中的诸多问题时，就说明需要对原有教学理

---

① 靳玉乐等：《课程理论的文化自觉》，《教育研究》2008 年第 6 期。

念给予补充、批判或否定。在当下现有教学实践出现困境而现有教学理念又难以给予回应时，就应重新构建教学理念给予突破，精神相遇的教学理念的构建目的就在于此。

（五）科学进步：教学理念变革的理论基础

科学的本质在于人类主体用理性思维对客体予以系统性探索，深刻把握其中的普遍性规律，以达到有效控制和改造客体的目的。科学是人类理性认识活动，有着区别于其他活动的思维方式和认识方法，这些思维方式与认识方法对教学理念的构建起着基础性作用。20 世纪中叶以来，科学技术发展速度之快，发展规模之大，作用范围之广，产生影响之深远，是历史上前所未有的，新原理、新技术、新方法不断快速涌现。因此，在世界范围内，不少国家提出了诸多与科学发展密切相关的教学理念，过程与方法取向的教学理念就是其中一大类别。同时，科学的发展为教学理念提出了新的要求，要求对现有的教学理念给予重建，从而促进科学发展，实现教学对科学的"反哺"。因此，科学不仅是促进教育发展的关键因素，而且还是推动社会进步的根本动力。现有教学理念及其重构，无一不是科学发展为其奠定了坚实的理论基础，如推论统计和多元数据分析的发展与应用把科学取向的教学理念推向高峰，系统科学的发展与成熟催生了系统取向的教学理念的形成。随着大脑神经科学的发展，对人精神世界的关注已经成为一个热门话题，使精神相遇的教学理念的构建成为可能。

四　精神相遇教学理念的构建

通过对知识与技能、过程与方法、情感与价值等传统教学理念的形成与发展脉络的考察可知，对教学本质的认识不同，可能会导致秉持的教学理念不同。我们之所以坚持教学属于师生之间的特殊交往活动，其目的在于通过构建精神相遇的教学理念，促使人们对教学理解的深入与进步，使教学不至于沦为人类驾驭自然的工具，而是让其关注人的内在精神世界。笔者将"教学"理解为"特殊交往"更倾向于精神交往，有交往则必有相遇，因此，精神相遇的教学理念便油然而生。精神相遇的教学理念是指以教学主体的精神世界为核心开展教学活动的理念，如规定精神相遇的教学本质、树立精神解放的教学追求、提倡精神实体的教学主体和运用精神商谈的教学方法等。

（一）教学本质属性：精神的相遇

提升到主体精神层面的教学属性应当是教学主体精神的相遇，这一精神相遇可能会是教师—学生、教师—教师、学生—学生的情形及交汇，也就是说可能会出现几种情形的共生，但是最为主要的情形还是教师—学生情形的精神相遇，即教师的主体精神与学生的主体精神在教学情境中相遇，教师的主体精神对学生的主体精神产生解放性影响。同时，师生双方通过精神相遇，师生各自的主体精神均得到一定程度的解放。与其他取向的教学理念主导下的教学属性比较，精神相遇的教学属性在表象上可能无法轻易判别出来，甚至在某些方面几乎没有明显的区别，师生精神相遇仍然通过现有典型教学理念提倡的对话、反思、批判、吸收等形式表现出来，如不同观点的持有者把自己的思想、观点和看法清楚地告诉对方，就是对话；以鉴赏的眼光看待他人，把他人的观点与自己的观点进行比较，从中发现他人的可取之处，再一次地理性审视自己原来的观点，就是反思和吸收；不同观点之间的论辩与交锋，就是批判。① 但是，构建精神相遇的教学属性的核心是师生的教学活动是否触及了各自的精神空间而使其和谐交融。

（二）教学应然追求：精神的解放

考察我国教学发展的流变历程，可以发现由于片面追求学生对科学知识的掌握，使教学出现了世俗化、客观化、技术化和功利化的倾向，这从现有典型走向的教学理念也可见一斑。这一倾向的重要后果就是对教学主体精神的禁锢，从而忽视人的精神关怀和价值追求，导致了人才的畸形、变质，背离了教学的目的与本质。从 20 世纪 90 年代开始，教学理论界对主体精神世界的关注正是对这一现实的批判与超越。其实，在教学领域中谈及精神的解放问题不是新的命题，从近十年来看，课程的改革、教育的规划等热点问题均从各个层面反映出

---

① 潘光文：《课堂文化的批判与建设》，博士学位论文，西南大学，2009 年，第54 页。

主体对精神解放的呼吁，诸多的文本均蕴含着丰富的精神解放信号，同时深刻揭示了主体对本身精神世界的巨大关注与变化。因此，构建精神相遇的教学理念及其主导下的教学目标就是将教学主体精神得到解放，使师生形成独立操控自己精神世界的能力，其表现可以是自由或公开地运用理性的习惯和能力、对外界影响做出独立判断的能力以及对来自自身和外界精神影响的感知与审视能力等。

（三）教学主体状态：精神的实体

人既可以作为生物的实体而存在，也可以作为精神的实体而存在，在教学场域，作为真正的教学主体——教师或学生，应该作为真正的精神实体而存在。一个人是否成为精神实体，只能靠自己在面对内在精神世界或外在精神影响时是否做出了相匹配的反应来表现。在教学中，如果教师或学生没有操控自己精神世界的能力（如上课心猿意马或答非所问），对外在精神影响难以做出反应或只能作出机械的适应性反应（如照本宣科或死记硬背），都说明这样的教师或学生只是生物的实体。教师和学生其实均是潜在的精神实体，而潜在的精神实体要通过自身的努力才能成为现实的精神实体，如在教学活动过程中，师生自由地运用自己的理性对外在精神影响作出个性化的批判性思考、对外界进入教学内容领域的精神产物通过自己的精神活动给予加工从而成为自己的精神物产。值得注意的是，现实的精神实体与潜在的精神实体时常处于动态的转换之中，如何维持师生在教学中的恒长现实精神实体状态，更是教学理论与实践研究的重大课题。

（四）教学过程方法：精神的商谈

在教学实践中，不少教师为给学生灌输某一价值做出诸多努力，但这一价值对学生的影响却停留在表面，难以对学生的精神世界产生应然的影响，其根本原因在于教学的方法问题。"教学过程的本质，是精神上处于自由状态的师生通过精神相遇生成属于自己的认识和思想的商谈性活动"，① 对此，在精神相遇的教学理念作用

---

① 潘光文：《课堂文化的批判与建设》，博士学位论文，西南大学，2009 年，第 54 页。

下，精神的商谈是极其重要的教学方法。作为教学方法的商谈，可以表现为诸多形式，如交流对话、节目表演、实践活动等都可以成为精神商谈的方式与载体，精神商谈最大的优势在于活动性、参与性、体验性，比起其他方式更显生动活泼，更易于为学生接纳和感悟，因而对精神冲突具有更好的调节作用，从而让师生产生愉悦的精神体验。例如，师生一旦发生精神的冲突，在不同的精神引领下，必然会产生不同的行为，如果能将不同的行为通过精神商谈的方法予以表达，让师生浸透其中，亲身体验不同的精神认同带来的不同的精神体验，然后进行判断、鉴别和评价，则会更加激发师生对不同精神形态的理解与认同，从而进行自身精神世界的重构，进而达到教学使命的最高境界。

（五）教学评价维度：精神的认同

从精神相遇的教学理念出发，审视当前教学评价，其最大局限就在于教学评价的完全外在化。这是教学对人的精神影响力丧失的表现，是对教学评价的粗浅简化，让教学评价失去了与人精神世界的联系。从精神相遇的视角看，教学评价的标准应该是教学主体是否达到精神认同的境界，这与当前教学改革中提倡的发展性教学评价具有一致性，因为"没有认同，就没有发展"①，将教学评价定位于精神认同的维度，认同的基本含义可以选择为"有亲近感或可归属的愿望"，其基本过程应是先"认"后"同"。在教学活动中，"认"即教学认知过程，"同"即教学目标的实现，可以用认知共振、思想共识、情感共鸣对教学评价的认同维度做出由低到高、逐级递进的表征。其中，认知共振是思想共识、情感共鸣的基础与教学活动的低级目标；思想共识是认知共振、情感共鸣的衔接与教学活动的中级目标；情感共鸣是认知共振、思想共识的结果与教学活动的高级目标，情感共鸣是精神相遇教学理念追求的终极境界。

综上所述，三种传统教学理念的局限与教学现实的困惑迫使人们思考教学理念的重构问题。构建精神相遇的教学理念并不意味着传统

---

① 邢群麟：《认同的力量》，新世界出版社 2011 年版，第 28 页。

教学理念过时、错误或终结，恰好相反，正是传统教学理念的一定局限，才促使人们去思考精神相遇教学理念的构建问题，而精神相遇教学理念的构建则可在一定程度上弥补传统教学理念的局限，让教学理念在交互中爆发其张力。对客观事物和社会现象的认识总是经由波浪式的前进和螺旋式的上升过程，况且教学本身也是在不断发展与变化着的，需要不断地对其给予新的探索。所以，对于作为一种复杂社会现象和实践活动的教学而言，任何单一的教学理念都难以解决理论和实践的问题。研究表明，在西方当代社会科学研究领域，一种范式企图完全地替代另一种范式的情况并不占主导地位，也很难成为其理论发展的主流，反而常常表现为多种范式相互争论与共存。① 作为一种现象的教学实践活动，其理念的构建也体现着这一特征。随着对教学研究对象认识的深入，学界越来越意识到教学是人类社会最为复杂的社会现象之一，那么对其全方位的理解和把握也就不是单一取向的教学理念可以实现的，必须倡导多元的教学理念互相融合思维，过度、过多、过于强调单一走向的教学理念，则会适得其反，因为真理向前迈出半步就会变成谬误。

将重新构建的教学理念定位在精神相遇上，其目的在于引起大家对教学精神世界的关注，引领一个教学理念研究的新取向，促使人们反思社会主义核心价值体系教学存在的问题，以促使教育者提出解决问题的对策。社会主义核心价值体系体现了社会主义意识形态的本质，只有提倡精神相遇的教学理念，促进教学主体精神的交锋、交融、交流，才能在价值多元中寻求核心价值的主导、在价值多样中寻求核心价值的共识、在价值多变中寻求核心价值的定向，以促使当代大学生强化对社会主义核心价值体系的精神认同，实现教学主体的精神解放，即人的自由全面发展。正是在这个意义上，基于精神相遇的教学理念，扬弃了知识与技能、过程与方法、情感与价值三种传统教学理念，实现了三者的有机统一。

---

① 陈晓端：《当代教学范式研究》，《陕西师范大学学报》2004 年第 9 期。

第二节　确立价值渗透的教学目标

要实现社会主义核心价值体系教育深刻化、行动化和自觉化，就应当充分注重社会主义核心价值体系育人的渗透性。同时，基于精神相遇教学理念的构建，也决定了围绕价值渗透特性来设计教学目标。对此，可从宏观、中观和微观三个维度来展开社会主义核心价值体系的教学目标设计。

一　宏观设计：社会主义核心价值体系的总体渗透

社会主义核心价值体系的现实目标，就是"团结动员全党全国各族人民为建设富强、民主、文明、和谐的社会主义现代化国家而奋斗"①，这是总领性的目标要求。然而"社会主义核心价值体系的价值实现，是一个层次化推进的过程"。② 因此，社会主义核心价值体系育人功能的教学实现目标理应根据教学对象的不同而呈现其层次性与差异性。

教育部《关于整体规划大中小学德育体系的意见》（教社政〔2005〕11 号）对高等教育阶段德育目标的界定，相较于国家教委1995 年颁布的《中国普通高等学校德育大纲》，我国高等教育阶段德育目标已经出现了重大转换，从过去的"高、大、空"逐渐转向从我国社会主义初级阶段的实际出发，从青年学生的身心发展和成长规律出发，关注德育目标的实践性、层次性与步骤性。同时我们也应看到，高等教育阶段德育目标当前也有不尽完善的一面。具体而言，随着改革开放的深入、经济体制改革的推进、全球化进程的日益深入、网络信息传播力的不断加大，伴随着丰富多彩的社会生活出现了许多前所未遇的新情况与新问题，特别是由于高校德育和社会生活缺乏广

---

① 刘云山：《深入推进社会主义核心价值体系建设　巩固全党全国人民团结奋斗的共同思想基础》，《党建》2008 年第 5 期。

② 徐梅：《有层次地推进社会主义核心价值体系的价值实现》，《当代贵州》2010 年第 8 期。

泛的联系，德育目标内容显得相对单薄且相对滞后、不足以及时解释当前复杂的社会现象，也不能有效解决学生的思想实际。正因为如此，高等教育阶段德育目标的现状恰好为社会主义核心价值体系教学目标的确立找到了空间。经过认真的分析与归纳，笔者认为，高等教育阶段社会主义核心价值体系教学实现的总体目标可以做如下归纳：①能深刻把握社会主义核心价值体系的科学内涵；②使社会主义核心价值体系内化为自身的价值取向，外化为自身的行为准则；③努力使自己成为一名马克思主义理论和中国特色社会主义共同理想的坚定信仰者；④努力使自己成为科学发展观的忠实执行者；⑤努力使自己成为社会主义荣辱观的自觉实践者；⑥努力使自己成为社会和谐的积极促进者。

二　中观设计：社会主义核心价值体系的课程渗透

社会主义核心价值体系教育不仅应当有课外教育，还应当有课堂教学；不仅应当有专门课程教学、通识选修课程教学，同时还应当将其自然融入学科课程的教学中。就课程教学而言，高等教育阶段社会主义核心价值体系教学的专门课程直接担负着社会主义核心价值体系的主要教育教学责任；通识选修课程，担负着社会主义核心价值体系某个方面的教育教学责任；而包括人文社会科学课程、理工类课程、艺术课程在内的学科课程教学，则担负着社会主义核心价值体系相应的教育责任，亦即所谓的既教书又育人。社会主义核心价值体系专门课程教学、通识课程教学与学科课程教学三者之间相互联系，相互作用，不可分割。

（一）专门课程

社会主义核心价值体系教学的专门课程主要有思想政治理论课和形势与政策课，其中思想政治理论课包括马克思主义基本原理概论①、毛泽东思想和中国特色社会主义理论体系概论②、中国近现代史纲要

---

① 　当时名为"马克思主义基本原理"。
② 　当时名为"毛泽东思想、邓小平理论和'三个代表'重要思想概论"。

以及思想品德修养与法律基础四门课程。按照教社政〔2005〕5 号文件，马克思主义基本原理概论重点讲授马克思主义的世界观和方法论，以帮助学生正确认识人类社会发展的基本规律；毛泽东思想和中国特色社会主义理论体系概论，重点讲授中国共产党把马克思主义基本原理与中国实际相结合的历史进程，全面反映马克思主义中国化的两大理论成果，以帮助学生系统掌握毛泽东思想和中国特色社会主义理论体系①，树立在中国共产党领导下坚定地走中国特色社会主义道路的理想和信念；中国近现代史纲要重点讲授中国近代以来抵御外来侵略、争取民族独立、推翻反动统治和实现人民解放的历史，以帮助学生了解国史和国情，同时深刻领会历史和人民是如何选择了马克思主义，选择了中国共产党，选择了社会主义道路，选择了改革开放②；思想道德修养与法律基础重点开展社会主义道德教育和法制教育，以帮助学生努力增强社会主义法制观念，不断提高思想道德素质，切实解决学生在成长成才的过程中遇到的各种实际问题。按照中宣部和教育部《关于进一步加强高校学生形势与政策教育的通知》精神（教社政〔2004〕13 号），形势与政策课重点针对学生的思想特点以及他们所关注的热点和难点问题开展教育引导，以帮助学生认清国际国内形势，全面准确地了解和理解党的路线、方针和政策，进一步坚定走中国特色社会主义道路的信心和决心，立志投身社会主义现代化建设伟大事业。由此可见，这些专门课程的教学目标是依托基本知识，努力培养大学生的马克思主义世界观和方法论，重在解决学生们的思想认识问题，不断增强思想认识能力。

关于社会主义核心价值体系在四门思想政治理论课、形势与政策课的渗透，有学者认为，马克思主义基本原理概论课程重在帮助和指导学生树立马克思主义信仰，中国近现代史纲要课程重在帮助学生弘扬以爱国主义为核心的民族精神和以改革创新为核心的时代精神，毛泽东思想和中国特色社会主义理论体系概论课程重在帮助和指导学生

---

　　①　当时表述为"充分反映马克思主义中国化的三大理论成果，帮助学生系统掌握毛泽东思想、邓小平理论和'三个代表'重要思想基本原理"。

　　②　第四个选择为胡锦涛在建党 90 周年纪念大会上所加。

坚定中国特色社会主义道路的共同理想，思想品德修养与法律基础课程重在帮助和指导大学生树立社会主义荣辱观。① 对此，笔者总体上赞成该学者的观点。但具体到每门课程的章节，则不可一概而论，要具体问题具体分析。比如，毛泽东思想与中国特色社会主义理论体系概论课程，对于开展马克思主义中国化理论成果的一系列教学，必然渗透马克思主义信仰的核心价值；中国近现代史纲要课程通过"为什么选择马克思主义"的教学，促使学生坚定马克思主义的信仰，通过"为什么选择社会主义制度"，促使学生坚定社会主义道路的共同理想；思想道德修养与法律基础课程通过"追求远大理想，坚定崇高信念"的教学，使学生一进校就对马克思主义科学信仰、中国特色社会主义共同理想，有初步的价值体验和认知，通过"继承爱国传统，弘扬中国精神"的教学，强化大学生的爱国主义价值观念。因此，社会主义核心价值体系在四门思想政治理论课中的价值渗透，要进行总体设计，统一规划，既全面展开，又重点突破。对形势与政策课，教育部社科司每学期下发了教学要点，明确了主讲的专题，比如，2013年秋季学期的形势政策课的系列专题：《中国梦，我的梦》、《对大学生就业问题的分析与思考》、《以改革红利释放发展潜力》、《房地产调控难的原因与对策》、《世界经济形势及对我国影响》、《走中国特色新型城镇化道路》、《我国金融形势四问》、《中国外交站在新的时代潮头》，就旗帜鲜明地体现了该课程的共同理想价值渗透目标。

（二）通识课程

为了实施素质教育，大多数本科院校的教学计划中，都开设了全校公选的通识课程。此类课程重在帮助大学生拓展知识面，改善知识结构，提升素质修养，培养复合型人才。② 可见，知识与技能是其主要教学目标，当然培养健全的人格、形成正确的价值观，是通识课程素质教育目标的题中应有之义。在此，以笔者所在高校通识课程开设计划为例，来管窥社会主义核心价值体系在通识课程教学中的价值渗

---

① 杨晓慧：《社会主义核心价值体系融入大学生思想政治教育全过程的基本问题研究》，人民出版社 2011 年版，第 198 页。

② 张志伟：《西方哲学十五讲》，北京大学出版社 2004 年版，第 1 页。

透。2013—2014 学年第二学期本校共开设了 111 门全校通识选修课程，其中侧重渗透以爱国主义为核心的民族精神的课程就有 13 门，包括《中外文明简史》《中国哲学智慧》《国史十六讲》《非物质文化遗产概论》《唐宋词鉴赏》《红楼梦赏析》《重庆方言与巴蜀文化》《渝西民间传说赏析》《渝西民间故事赏析》《中国古代小说鉴赏》《中国传统文化经典导读》《中国现代文学名著赏析》《中华民俗概览》；侧重渗透以改革创新为核心的时代精神的课程就有 21 门，包括创新总论类 3 门：《创造发明学导论》《创造心理学》《成功心理学》，思维创新类 3 门：《逻辑与智慧》《数学思想与方法》《数学模型与数学实验》，实践创新类 4 门：《网页设计与制作》《多媒体课件制作》《计算机组装与维护》《影像与制图》，创新创业类 3 门：《职业生涯发展与规划》《大学生学业与职业发展指导》《大学生创业理论与实践》，创新研究类 2 门：《信息检索与利用》《中小学教育科研方法》，教育创新类：《家庭教育艺术》《班主任工作技能与训练》，艺术创新类 4 门：《简笔画》《摄影艺术与技法》《剪纸技艺》《非电视节目主持艺术》；侧重渗透社会主义荣辱观的课程有 6 门（《大学生法制讲堂》《大学生犯罪预防》《法律实务案例解析》《影像中的法律知识》《公务员法律知识专题》《劳动合同法》）；侧重渗透中国特色社会主义共同理想的有 3 门（《当代世界经济与政治》《环境与可持续发展》《环境与社会——人文视野中的环境问题》）。

（三）学科专业课程

学科专业课程侧重培养学生的专业知识与能力，往往将之直接等同于课程教学目标，进而忽略了情感与价值观的渗透，这亦是社会主义核心价值体系渗透在学科专业课程教学中面临的最大困境，即只教书不育人。实际上，人文社会类学科专业课程具有较强的社会主义意识形态属性，能够较为明显和直接地渗透社会主义核心价值体系的内容，而理工类与艺术类学科专业课程的社会主义核心价值体系渗透则较为隐蔽。因此，必须在突破认识误区的前提下，科学设计不同学科专业具体课程的价值渗透范式，针对理工类学科学生严谨细腻、动手能力强的特点，可确立"创新精神与人文精神结合"的价值渗透范式；而针对艺术类学科专业学生注重专业实践和感性思维能力强的特征，可推行"显性美育与隐性德育结合"的渗透范式。

三　微观设计：社会主义核心价值体系的课堂渗透

微观设计是宏观设计、中观设计的具体操作，重在设计过程与方法目标，实现知识与技能目标、情感与价值目标对接。因此，在教学课堂中渗透社会主义核心价值体系，首先考虑的问题是渗透的总体目标；其次是课堂教学的知识与技能目标、情感与价值目标二者的相互关系，即到底以何为重，这是由课程的属性决定的；最后是价值渗透贯穿于课堂教学全过程，因此，必须明确教学过程的具体开展和要求学生体认的具体科学方法。一方面，基于一般教学论视角的教学过程，探究教学、活动教学、发现教学等建构主义过程，现在受到普遍推崇。但另一方面，针对不同的课程，其教学过程不应完全相同。比如，专门课程侧重于价值观的培养，并不注重知识的体系性，因而专题教学法比较适合；而学科课程特别是理工类的学科课程注重知识的体系性，采用专题教学法则适得其反。又如，学科课程中社会主义核心价值体系的渗透，决定于学科专业知识与能力培养过程，而不能独立于在它之外，起到"画龙点睛"的作用，但不能"喧宾夺主"。对于培养学生科学方法来讲，专门课程可以直接培养学生通过运用马克思主义的立场、观点和方法来解决思想认识问题的能力，而学科课程则是培养学生运用具体学科方法解决专业实际问题的能力。总体来看，具体学科方法受到马克思主义的科学方法的指导，但不能否认具体学科方法的独立性。这说明，在精神相遇教学理念下，知识与技能、过程与方法、情感与价值三者相互统一，在具体的课堂教学中呈现出不同的特点和目标要求。

第三节　组织紧贴生活的教学内容

一　教学与生活的关系建构

对于教学与生活的关系问题，一直是教学研究领域的热点话题，不少著名教育家对这一问题有过重要论述。比如，教学的生活意义在于它能启迪人的精神世界，能建构人的生活方式以及能实现人的价值生命等。反之，生活也具有重要的教学意义。尤其是现在，在新课改教学理念（包括生活性、发展性和生命性）的深刻影响下，生活的教学价值已经得到空前重视，蕴含生动生活旨趣的教学内容的设计是其最为显著的标志。然而由于教学理论与实践界对"生活"这一概念的误解，容易导致教学的粗造化、庸俗化，甚至可能会使教学活动沦为满足学生们低端情趣的生活游戏、成为丧失理性光芒的生活殖民地。之所以出现这样的情形，其主要原因在于没有正确理解"教学"意义上的"生活"。因此，厘清"教学"与"生活"的关系，是紧贴生活教学内容组织的前提。不可否认，"组织紧贴生活的教学内容"中的"生活"，强调的是生活与教学的联系，如生活对教学的促进以及教学对生活的引领。

但更要注意"教学"与"生活"的不同：第一，活动的目的性不同。教学在于促进学生德智体美全面发展，从而成为身心健康的人；第二，活动的主体性不同。教学活动主体性表现为具备良好知识素养和良好道德修养的教师以及广大学生；第三，活动的环境不同。教学需要在特定时空内开展，它除了需要具备一定的物质条件以外，还需要精心营造一定的心理环境和文化氛围。对此，教学内在规定性以及规律性决定了，"组织紧贴生活的教学内容"中的"生活"，绝不是日常生活、感性生活的庸俗化。"组织紧贴生活的教学内容"中的"生活"是：教学尊重真实——一种真实生活，教学崇尚理性——一种理性生活，教学孕育德性——一种德性生活。

二　社会主义核心价值体系教学内容的生活化

"教育的根本意义是生活之变化。生活无时不变，即生活无时不含有教育的意义"，"到处是生活，即到处是教育"。① 因此，教学的内容应该随着生活的变化而相应变化，像社会主义核心价值体系逻辑

———————

① 陶行知：《陶行知全集》第 2 卷，四川教育出版社 1991 年版，第 69 页。

性、系统性、理论性、实践性如此强的知识更是如此，它来源于生活，同时又服务于生活。当前，大学生对社会主义核心价值体系的认同度之所以有待提升，其根本原因在于，社会主义核心价值体系的教学存在从概念到概念、从理论到理论的倾向，脱离了学生们的生活实际。社会主义核心价值体系教学内容生活化，应该包括每个层面教学内容的生活化。

（一）马克思主义科学信仰教学内容的生活化

所谓信仰，就是精神认同、理性认同。如前所述，马克思主义科学信仰的教学，贯穿于四门思想政治理论课之中。因而，强化马克思主义科学信仰的培养，必须进一步实现四门思想政治理论课教学内容的生活化。就马克思主义基本原理概论的教学而言，由于马克思主义的经典理论产生于19世纪，所以必须将其放之四海而皆准的普遍原理，用来解释当代社会生活的最新发展前沿，实现马克思主义理论的与时俱进。比如，在"世界的物质性及其发展规律"部分（第一章），探究"虚拟实在"（它是一个未来主义式的头盔，能把影像都投射到一个内置的护目镜上，并能回应戴着这套装置的人的眼睛、手或身体的运动。它的功效就是让你好像进入了一个电视世界）；在"认识的本质及其发展规律"部分（第二章），探究"计算机会思考吗？"（计算机有没有意识？它们能够感觉到你的疼痛吗？比我们更聪明？我们是谁？）在"人类社会及其发展规律"（第三章），探究全球变暖（全球变暖是真的吗？它仅仅是科学的事情，还是仅仅是政治议题，它是不是道德议题？）① 在"资本主义的形成及其本质"部分（第四章），探究比特币的产生、发展、特征、优缺点、交易；等等。思想道德修养与法律基础，应用辩证唯物主义阐释个人生活的重大问题，比如有的大学生不能就业，不能把恋爱问题处理好，往往是主观愿望与客观实际相脱离造成的，这实际上就是缺乏辩证唯物论的表现；应用剩余价值学说阐释人生价值问题，也就是说，根据世界百年

---

① ［美］伯特·保罗·沃尔夫：《哲学是什么》，黄小洲等译，重庆大学出版社2011年版，第104—187页。

来的历史巨变，将马克思的剩余价值学说扩展为广义的剩余价值论，鼓励大学生从事创造性劳动，使生产大于消费，贡献大于索取，从而实现人生剩余价值的最大化；应用科学社会主义阐释创造幸福人生的社会条件，因为马克思主义认为人是社会性动物，是一切社会关系的总和，因而大学生要创造幸福人生，除了个人的主观努力以外，就不能不对政治、经济、文化、生态等方面现实生活条件加以完善和改进。① 中国近现代史纲要在回答"为什么选择马克思主义"这一重大命题时，只有运用历史上的具体生活事实才更具证明力，因为孙中山的三民主义、胡适从美国引进的实用主义都不能为中国人提供解决危机的救国方案，而马克思主义之所以能够成为中国人和历史的选择，就在于它具有现代性，承认一切社会生活的物质基础，为代表现代生产力的无产阶级指明了革命方向；同时主张用革命方式推翻旧政权，这对解决当时的国家与社会问题是行之有效的。从马克思主义与中国传统文化的密切关系来看，其共产主义的社会理想，恰恰契合了中国的大同社会；其理论取向的实践特征，正好与中国人注重生活关怀的实用理性具有一致性。② 毛泽东思想、中国特色社会主义理论体系，是马克思主义中国化产生的两大理论成果。无论毛泽东思想的新民主主义革命理论、社会主义革命和社会主义建设理论、革命军队建设和军事战略的理论、政策和策略的理论、思想政治工作和文化工作的理论，还是中国特色社会主义理论体系的思想路线、总依据理论、总任务理论、改革开放理论、总布局理论、祖国完全统一的理论、外交和国际战略理论、国防和军队现代化建设理论、领导核心理论，都是针对我国现实问题做出的科学回答。这门课程的教学，也只有把理论体系还原到当时的生活场景，才能提升说服力和认同度。

（二）中国特色社会主义共同理想教学内容的生活化

中国特色社会主义共同理想，在中国近现代史纲要、毛泽东思想

---

① 朱妙宽：《马克思主义大众化视域下的"生活化"研究》，《江汉学术》2013 年第 1 期。

② 朱志敏：《中国历史和人民为什么选择马克思主义》，《教学与研究》2007 年第 12 期。

和中国特色社会主义理论体系概论、形势与政策、马克思主义基本原理概论中都有所涉及。中国近现代史纲要回答为什么选择社会主义制度，而毛泽东思想和中国特色社会主义理论体系教学着重研讨中国特色社会主义共同理想的理论与实践，形势与政策教学侧重于中国特色社会主义共同理想的具体现实，马克思主义基本原理概论在最后一章"共产主义是人类最崇高的社会理想"，则要讨论坚持中国特色社会主义共同理想的长期性。由于中国特色社会主义共同理想涉及我们每个人，它本身就具有极强的现实性，因此必须让"真正、广阔的生活冲进教室的门而来到课堂上"，[①] 引发学生对现实问题的关注，并且帮助大学生在这些问题上明辨是非。大型电视系列片"正道沧桑——社会主义 500 年" 对此做出了卓越的努力。

当前，我国正处于社会转型时期，住房、医疗、社保、教育、环境、城镇化、食品安全、法治等民生问题，制约了国家、社会的良性发展。这从每年"两会"老百姓最关注的热点排行榜就可以看出来，从网上随时刷新的海量信息同样可以看出来。由于学生获取信息的渠道畅通，如果课堂教学对这些疑难问题刻意回避和盲目乐观，势必影响大学生对中国特色社会主义共同理想的接受和认同。因此，毛泽东思想与中国特色社会主义理论体系概论、形势与政策课的教学，必须直面和正视我国在政治、经济、文化、社会等领域存在的具体问题，并运用中国特色社会主义理论引导学生做出正确的判断，才能使大学生坚定中国特色社会主义的道路自信、理论自信和制度自信。比如，在构建社会主义和谐社会的教学中，其中一个重点，就是要引导学生正确看待种种不和谐因素给国家发展、人民幸福带来的消极影响，进而认识到社会主义和谐社会建设的重要性、长期性、艰巨性。这种以回到生活本身的反思性教学，比单纯的概念化灌输教学，更容易拉近学生对社会主义和谐社会建设的距离。

（三）民族精神与时代精神教学内容的生活化

由于民族精神的核心是爱国主义，在此，以爱国主义教学内容的

① ［苏］赞科夫：《和教师的谈话》，教育科学出版社 1999 年版，第 4 页。

生活化为例进行阐释。对此，思想道德修养与法律基础、中国近现代史纲要等课程教学，应该理直气壮地批判不理性的爱国主义、违反规则的爱国主义、爱莫能助的爱国主义、口是心非的爱国主义。可以从国家发展的现状、国家安全的威胁等，渗透理性爱国主义；结合义和团运动，西安、上海等地的"保钓"活动，渗透法治爱国主义；结合晏子使楚等历史典故，渗透智慧爱国主义；结合科学家回国与中国富人移民现象，渗透行动爱国主义。

时代精神的核心为改革创新精神，因而这里只阐释改革创新精神。但是，如果课堂教学仅仅停留在一般性地介绍改革或者科学技术对社会发展的重大作用（马克思主义基本原理概论），以及"科学技术是第一生产力"的重要论断（毛泽东思想和中国特色社会主义理论体系概论），并不能有效地激发学生的改革创新精神。甚至运用著名科学家、诺贝尔奖获得者的故事，也不会有好的效果，因为大多数学生只能望洋兴叹。最佳的办法是，用身边的事，教育身边的人。即运用毕业校友甚至在校大学生创新创业的成功案例，往往会达到事半功倍的教学效果。笔者所在的重庆文理学院就编辑出版了杰出校友的创业故事集，让文理学子爱不释手，使他们深受创新精神教育。

（四）社会主义荣辱观教学内容的生活化

社会主义荣辱观，即"八荣八耻"。由于"八荣八耻"直接涉及公民日常生活的行为准则，所以相形之下，比较容易实现该部分教学内容的生活化。其中"以热爱祖国为荣，以危害祖国为耻"已经在前面论及，不再赘述。其余部分的教学内容生活化路径，可以选取正反两方面的例证对比展开，比如"以服务人民为荣，以背离人民为耻"，就可选取孔繁森与王宝森，这样往往能收到令人震撼的教学效果。

当然，也可以主要围绕学校生活，来展开"八荣八耻"的教学。笔者在思想道德修养与法律基础的课堂教学中，就如此操作，学生反映效果良好。比如，用个别学校干部对人民的犯罪忏悔，来阐释"以服务人民为荣，以背离人民为耻"；用学校举办的科普活动、学生课外科技活动、普法宣传活动等，来阐释"以崇尚科学为荣，以愚昧无知为耻";用学校的劳动模范、道德模范的生动事迹,来阐释"以辛勤劳动为荣,以好逸恶劳为耻";用个别学生盗窃同学钱财,来阐释"以团结互助为荣,以损人利己为耻";用学生拖欠信用贷款来阐释"以诚实守信为荣,以见利忘义为耻";用个别学生作弊,来阐释"以遵纪守法为荣,以违法乱纪为耻";用学校艰苦办学中的先进典型来阐释"以艰苦奋斗为荣,以骄奢淫逸为耻"。

第四节　选择尊重差异的教师教法

截至目前,理论界对教学方法一词还没有统一的定义。百度词条显示,教学方法指的是教师和学生为共同的教学目标和教学任务,在教学过程中所采用的方式与手段的总称。这里所指的教学方法包括教师的教法和学生的学法两大方面,而且这两大方面是有机统一的。《中国大百科全书》对教学方法的解释是:为了完成一定的教学任务,师生在共同活动中采用的手段。既包括教师教的方法,也包括学生学的方法。① 尽管学术界不少学者都试图对教学方法予以解读或界定,但是随着教学理论与实践的发展,总不时暴露出局限性。在此,我们亟须研究的问题是在社会主义核心价值体系教学中"灵活多样的教学方法运用"问题。因此,更为重要的是要对教学方法予以总结,从而明确到底有哪些教学方法、方法是按什么标准分类的等,由此来看,有必要把教学理论与实践中影响较大的教学方法分类问题作一梳理。

其实,国内外对教学方法分类研究的成果相当丰富,在国外具有代表性的主要有巴班斯基、拉斯卡、威斯顿和格兰顿等,他们把教学方法分为三类:第一类是学习认识活动的组织与自我组织方法;第二类是学习动机的激发与形成方法;第三类是教学效果的检测与自我检测的方法。其中拉斯卡则分为呈现、实践、发现和强化四种教学方

---

① 中国大百科全书总编辑委员会:《中国大百科全书·教育》,中国大百科全书出版社 1985 年版,第 151 页。

法；威斯顿和格兰顿则分为教师中心、相互作用、个体化、实践四类方法。在国内具有代表性的研究者主要有李秉德、黄甫全等。如李秉德在其代表著作《教学论》中，提出了基于外部形态、学生认识活动特征的五类教学方法。第一，以语言传递为主的讲授、讨论、谈话和读书指导等；第二，以直接感知为主的参观法、演示法等；第三，以实际训练为主的实验、练习、实习法等；第四，以欣赏活动为主的陶冶法等；第五，以引导探究为主的探究法、发现法等。黄甫全教授认为，从抽象到具体，教学方法是由原理性教学法（主要解决规律、思想观念类问题，可采用启发、发现式等方法）、技术性教学法（如演示、参观、实验、练习法等）、操作性教学法三个层次构成，操作性教学方法（如各学科牵涉到的分散识字法、听说法、写生法、视唱法、工序法等）。在此，本部分主要针对教学对象层次的不同，仅对社会主义核心价值体系教师教的方法予以探讨。

一　基于课程差异的教师教法选择

社会主义核心价值体系教学贯穿于学生大学学习的全过程，从课程性质的维度可将其分为社会主义核心价值体系专门课程教学、通识课程教学和学科课程教学。依据课程性质的不同可采取不同的教学方式，以提升社会主义核心价值体系教学的实效性。笔者认为在社会主义核心价值体系专门课程教学中侧重于选取专题教学法、案例分析法、探究教学法、实践教学法等的运用；在通识课程教学中侧重于选取范例教学法的运用；在其他学科课程教学中侧重于选取隐性教学法、活动教学法、实践教学法等的运用。

（一）社会主义核心价值体系专门课程的教师教法选择

在高等教育阶段，社会主义核心价值体系教学不仅仅是传授知识，更主要的是把学生培养成具有社会主义政治观、世界观和人生观的高级专门人才。针对大学生这一教学对象，在社会主义核心价值体系专门课程教学方法的选择上，可以将专题教学法、案例分析法、探究教学法、实践教学法等运用于社会主义核心价值体系专门课程的教学之中。

　　社会主义核心价值体系专门课程教学主要是指高校思想政治理论课四门课程再加上形势与政策课教学，它是由"马克思主义基本原理概论""毛泽东思想和中国特色社会主义理论体系概论""思想道德修养与法律基础""中国近现代史纲要""形势与政策"等课程构成的一套完整的课程体系。同时，它是大学生在大学学习过程中必须学习的课程，主要对学生开展马克思主义教育和思想政治教育。此类课程具有明确的针对性和清楚的指向性，它也是开展社会主义核心价值体系教学的专门课程。关于教学方法的选择，在社会主义核心价值体系专门课程的教学活动中是十分重要的，恰当的教学方法能够使社会主义核心价值体系的教学收到良好的效果，有助于推进社会主义核心价值体系的教学实现。

　　（1）专题教学法。这里的专题教学法，主要是指在开展社会主义核心价值体系专门课程的教学过程中将社会主义核心价值体系的教学内容凝练为多个专题，课堂教学时以这些专题为基本单元，综合运用多种教学手段、教学工具的教学方法。这种方法有利于将学生现实生活中的热点、焦点、疑点问题融入专题内容之中，以激发学生学习的积极性和主动性，提高社会主义核心价值体系教学的针对性和实效性。

　　在专题教学方法中，首先需要凝练教学专题，整合教学内容。以社会主义核心价值体系教学专门课程之一的"毛泽东思想和中国特色社会主义理论体系概论"为例。以马克思主义理论研究和建设工程重点教材"毛泽东思想和中国特色社会主义理论体系概论"为基础，对其中的内容进行重新整合。在整合过程中，重点处理好该课程与"中国近现代史纲要""马克思主义基本原理概论"等教材重复的部分，并突出本课程的教学重点。通过整合与凝练，可以形成16个左右专题，这样既能体现本课程的核心地位，又突出本课程的教学重难点。

　　其次，鼓励学生参与，增强学习动力。在社会主义核心价值体系专题教学内容中增加一些带有时代特征的、学生现实生活中的热点问题资料，充分地调动学生参与的积极性和主动性，特别是要善于在学生们关注的热点、焦点问题的论析中让学生积极参与教学过程，实现"让我学"为"我要学"，"让我听"为"我来讲"，提高学生学习的兴趣。

最后，发挥教师专长，提高教学效果。在社会主义核心价值体系专题教学中，每位教师不一定主讲某一门课的所有专题，而主要负责3—5个与自己研究方向特别契合的最拿手的专题即可，努力将教师的专长与教学专题结合起来。这样，不仅有利于教学内容的深化，使教学内容能够真正讲深讲透，更有利于增强理论对学生的说服力。

（2）案例分析法。社会主义核心价值体系教学中的案例教学法是指结合社会主义核心价值体系内容，选择（虚构、重组）生活中与社会主义核心价值体系相关的案例原型，通过案例分析来解决课程内容的教学方法。该教学方法的运用，顺应了社会主义核心价值体系生活化教学内容设计理路，让社会主义核心价值体系教学回归生活本真，以增强教学实效。值得注意的是，案例选择时需要把握好以下方面：一是必须确保相关案例的真实性，特别是需要符合社会和生活实际；二是选取的案例必须和社会主义核心价值体系内容密切相关，否则不利于调动学生的积极性；三是选取案例要具有一定的趣味性，让学生主动愿意去思考案例材料和问题设计；四是教师应当具有较强的课堂驾驭能力，能够有序地组织学生讨论，并引导学生朝着教师所指向的方向思考。譬如，在社会主义核心价值体系荣辱观的教学过程中，教师完全可以将感动中国十大人物的详细事迹予以植入。

（3）探究式教学法。探究式教学法主要指学生在学习概念或者原理时，教师仅给学生提供一些事例和问题，主要让学生通过阅读、观察、实验、讨论、思考、听讲等途径去进行独立探究，自行发现并掌握其中的原理和结论的一种方法。[①] 该教学方法对于社会主义核心价值体系的教学活动而言，它强调学生是具有能动性、可塑性和多重社会角色的人，从根本上坚持了以生为本的思想。换言之，此方法在社会主义核心价值体系教学中得以运用，能充分激发学生的能动作用，

---

① 百度词条：http://baike.baidu.com/view/2669704.htm。

促使学生多角度寻找解决相关问题的方法，以培养学生自主学习的能力和问题探究的能力。

（4）实践教学法。翻开宏大的教育发展历史可知，课堂仅为教学活动的一部分，往往成功的教学需要延伸于社会之中。因为，社会实践对于帮助广大学生熟悉社会、了解国情、培养品格、增长才干和奉献社会，以及增强大学生对社会主义核心价值体系的认同与内化有着不可替代的作用。对此，将社会主义核心价值体系的教学有机延伸到社会生活实践之中，是促进社会主义核心价值体系育人功能有效实现的重要举措。对于实践教学目的而言，重在引导学生在学习中实践和在实践中学习，以真正实现社会主义核心价值体系既入脑又入心。实践教学法也可以针对学生思想实际，就社会主义核心价值体系某个问题对学生进行专题调查，并有针对性地进行教学引导；或者依据教学内容，将社会主义核心价值体系紧密联系社会现实生活，提出一些热点、疑点问题供学生思考，以有效发挥社会实践在社会主义核心价值体系教学中的作用。

（二）通识课程的教师教法选择

通识课程是高等教育教学课程体系中的一个重要组成部分，这门课程的开设能够不同程度地满足学生不同兴趣需求，有效地促进学生的个性发展以及拓宽和延展不同学科专业学生知识面，进而培养大学生的创新精神。高校通识课程的开设强调增强大学生的人文素养和科学精神，使学生将所学知识有机串联起来，实现全面发展，以适应多元社会的需要。对高校来讲可以在知识、能力、修养等层面进行创新，打通专业、拓宽基础、提升人才培养质量。

大学期间的通识课程，几乎都能融入社会主义核心价值体系的教学，如"创造发明学""哲学与生活""道德与文化"等。在将社会主义核心价值体系融入高校通识课程教学中，达到实现社会主义核心价值体系育人功能，教学方法的选择也很重要，这里主要以范例教学法进行探讨。

范例教学法。范例通常指具有代表性的可以学习和仿效的例子，它包括人物、事件、史实、典故以及观点等。所谓范例教学方法，即从诸多事例中找出具有一定的范例，在教师的指导下由学生运用所学的知识对这些范例进行分析比较研究，弄清其前因后果和来龙去脉，然后归纳总结出基本的立场、观点和方法即基本原理，用以指导今后的行动，并通过这一办法来培养和锻炼学生独立思考和辩证思维的能力。① 该教学方法同样注重学生在教学活动中的主体地位和作用，需要学生们都参与到一系列的准备活动中来。具体而言，范例教学方法的实施一般可以分三个层次来展开：一是针对每位学生。即当每一堂课即将结束时，老师便布置下次将要讲解范例的议题（比如社会主义核心价值体系的时代精神部分）。二是针对学习小组。可以先由组长主持讨论，随后由组长负责归纳和总结本小组观点。三是针对教师。教师的发言做到少而精，把更多的问题留给学生自己去思考。因此，如果教师善于用事实说话并用材料说明问题，有利于引导学生思考并心存信服，就会使学生的心更加贴近社会主义核心价值体系的内在精神，从而进一步增强社会主义核心价值体系教学活动的吸引力与感染力。

（三）其他学科课程的教师教法选择

其他学科课程特别是理工科课程不同于社会主义核心价值体系教学的专门课程。它具有知识性强、可操作性强、立竿见影等特点。因此，在其他学科课程中融入社会主义核心价值体系教学采用隐性教学法和活动教学法更容易达到预期的效果。

隐性教学法，是站在学生体验和心理感受的视角，充分考虑学生是学习主体的自我需要，注重老师与学生之间的心灵感应、精神相遇与价值共识，让学生在身临其境中授受教学内容，以实现教学目标的一种教学方法。社会主义核心价值体系隐性教学方式是一种不露痕迹的思想政治教育，把社会主义核心价值体系的教学内容渗透到学生专业学科课程的各项活动中去，使学生潜移默化地受到社会主义核心价值体系的教育。它是行为主体在某种环境中，有意或无意地获取非预

---

① 石云霞：《高校思想政治理论课程建设史研究》，武汉大学出版社 2006 年版，第221 页。

期的某种经验的过程。因而，在大学生专业学科课程教学中融入社会主义核心价值体系教学，采用隐性教学方式必须与活动教学方法有机结合。

活动教学法。该方法主要指教师根据教学要求、学生身心发展的特点以及学生学习的水平来设计教学活动，尽力让学生运用自身能力参与到讨论、游戏或阅读等教学活动中并从中学习有关科学知识的课堂教学方法。在社会主义核心价值体系融入专业学科课程教学中采用活动教学方法，可以让学生积极发挥主动性和积极性，特别是通过听觉、视觉和肢体等因素的互动结合，有助于培养学生动脑动手的能力和团结协作的能力，切实培养和提高学生的创新精神。对此，在社会主义核心价值体系的教学活动中运用该教学方法十分必要，因为它对知识目标的达成或者能力目标的培养都具有重要的作用。

二　基于学生差异的教师教法选择

在高等教育阶段，社会主义核心价值体系教学应当是面向所有学生的教学，其目的是实现社会主义核心价值体系的有效育人。我们需要正视的是，社会主义核心价值体系教学活动中的学生始终存在一定的差异性，针对不同学科专业的学生、不同年级的学生应当选择不同的教师教法。

（一）针对不同学科专业学生的教师教法选择

在社会主义核心价值体系教学过程中，为了更加有效地实现其育人功能，面对不同学科专业的学生可以选择不同的教学方法。笔者认为，针对人文社科类学生侧重选择采用显性教学法，并融合案例教学法、讨论教学法及探究式教学法；针对理工、艺体类学生侧重选择隐性教学方式，辅以实践教学方法、典型教学方法、活动教学方法、情感教学方法等。

第一，人文社科类学生社会主义核心价值体系教师教法选择。对于人文社科类学生，他们对人文社会知识的了解比较多，相较于其他专业来讲理解更深刻，他们已具备基本的人文社科基础。所以，针对此类学生开展社会主义核心价值体系教学，可以直接采用显性教学方式，辅以案例教学方法、讨论教学法以及探究式教学法。就案例教学方法而言，我们在社会主义核心价值体系教学过程中，可以围绕某一案例引导学生针对几个具体问题进行探究、开展讨论启发学生思考，可以引发学生对社会主义核心价值体系的共鸣和认同。就讨论教学法而言，则要求在教师组织下，学生围绕某个问题进行探讨和争论以获得共同认识。其特点是以教师为主导，以学生为主体，改变教师单向传授知识的情况。讨论教学法的优点在于，能充分调动学生学习的积极性和主动性，能加深学生对所学内容的理解，进而培养和提高学生分析和认识社会问题的能力。而探究式教学法则需要让学生获得亲身参与到探索研究过程的体验，培养学生们发现和解决问题的能力以及收集、分析、利用各种信息的能力，真正让学生学会分享与合作，让学生善于质疑、乐于研究、勤于动手。如在教学实践中，针对民族精神这一主题，采取主题演讲的方式来进行，让学生去收集资料、分析具有民族精神的事例和一些社会上损害民族利益的不良现象，然后让学生进行主题演讲。

第二，理工、艺体类学生社会主义核心价值体系教师教法选择。理工类学生和艺体类学生对社会科学知识相对缺乏，关注不多、了解不够、认知不深，以及理工类学生擅动手、多实践，艺体学生思想活跃、好动、感情丰富等。针对这类学生所具有的典型特征，在开展社会主义核心价值体系教学过程中，应注重隐性教学方式，辅以实践教学方法、典型教学方法、活动教学方法、情感教学方法等。因为，直接用显性教学方式，这类学生不容易理解、认同和接受，如果采用实践教学方法将社会主义核心价值体系教学融入理工类学生的专业实践、专业实习、专业调研等过程中，通过隐性的方式，用他们亲身实践和体验过程中的事例来分析和说明爱国主义精神、民族精神、创新精神、八荣八耻等的重要性和必要性，从而达到社会主义核心价值体系教学目标，提升教学实效。同时，也可以通过中国现实生活中的一些理工类学生比较熟悉的理工类科学家典型事例，如钱学森历经千辛万苦回到祖国，用毕生的工作，殚精竭虑为中国航天事业的创建和发展，做出了巨大贡献等，通过这类事例的讲解与分析，培养学生的爱国主义情怀，并形成对社会主义核心价值体系的认同，从而实现社会主义核心价值体系在理工类学生中育人功能的教学实现。

同样，对于艺体类学生，针对其好动、不易静下来的特点，在开展社会主义核心价值体系教学过程中，可尽量多采用实践教学法、活动教学法等，通过隐性教育的方式实施社会主义核心价值体系的教学。如教师确定几个民族精神、时代精神、社会主义荣辱观等相关的主题，开展文艺会演，让学生自己收集材料，自编、自导、自演，老师进行过程监督与审核。通过这种方式让学生对社会主义核心价值体系产生深度认知，进而逐步认同和接受，以达到社会主义核心价值体系在艺体类学生中教学的实现。

（二）针对不同年级学生的教师教法选择

在教学中，所处不同年级的学生，由于他们在知识结构、人际判断、社会认知等存在一定差异，在社会主义核心价值体系教学过程中，为更有效地实现育人实效，应侧重选择不同的教学方法。笔者认为，针对大学一年级学生侧重选择典型范例教学、情感教学等；针对二、三年级学生侧重选择情境教学、体验教学；针对毕业年级学生侧重选择案例教学法、问题探究教学法。

（1）关于大学一年级新生社会主义核心价值体系的教师教法选择。一年级学生刚踏入大学校门，对一切都充满好奇和新鲜感。然而，他们对大学里应该做些什么、怎么做等问题感到迷茫和困惑。因此，这个阶段的社会主义核心价值体系教学方式可选取典型范例教学、情感教学等方式开展，以帮助学生适应新的环境，促使人生观、价值观的有效形成。

首先，典型范例教学法在社会主义核心价值体系教学中的运用。如前所述，大学一年级新生对学校不够熟悉，对学习不够明了，对今后的发展更是缺乏清晰的路数，因此在社会主义核心价值体系的教学中可选用本校知名校友为范例，讲解校友的先进事迹，培养学生爱校的精神。

其次，情感教学法在社会主义核心价值体系教学中的运用。这种教学方法是以真挚的情感、善意的言行，激发一年级大学生的情感共鸣，以使学生形成科学的世界观的方法。这种方法的运用更多的是依赖于教师的个人魅力、语言艺术等感染学生。使学生在认同教师的同时，认同社会主义核心价值体系的内容。在社会主义核心价值体系情感教学中，应当注意学生的情感是会随着社会环境、体验感受、修养状况等的变化而变化的，因此，在开展社会主义核心价值体系教学过程中，应该视教学对象的个体差异将信任感化、关怀感化、直接感化、间接感化等有机结合起来，进行综合运用。

最后，示范法在社会主义核心价值体系教学中的运用。对于一年级的学生来讲教师的一言一行都深刻地影响着学生的思想的成长。这就要求教师在社会主义核心价值体系教学中积极为学生提供榜样，指导他们去模仿与领会。其一，第一榜样应该是教师自身，教师无论是在人前还是在人后都必须积极践行社会主义核心价值体系的内在要求，坚定地做好学生学习的表率。其二，学校应当在学生中定期开展好先进集体和先进个人的工作，一是让评选的过程成为教育教学的重要一环，二是积极组织全体学生向评选出的诸如尊老爱幼标兵、科技小发明标兵、遵章守纪标兵、热爱学习标兵等学习和讨论，使学生们心有所向、行有所指，三是努力收集社会主义核心价值体系中涉及的伟人和日常生活中接触到的社会主义核心价值体系践行表率人物的资料信息，并有计划地开展学习与交流。

（2）关于大学二、三年级学生社会主义核心价值体系教师教法选择。对于大学二、三年级的学生来讲，已经适应了学校的学习环境，对社会有了一定的了解，有了一定的世界观、人生观和价值观基础。在开展社会主义核心价值体系教学过程中，侧重于情境教学、体验教学等方式。

首先，情境教学法在社会主义核心价值体系教学中的运用。Brown、Collin、Duguid 最早提出情境教学这一概念，他们在《情境认知与学习文化》著述中谈道："知识绝不能从它本身所处的环境中孤立出来，学习知识的最好方法就是在情境中进行。"[1] 情境教学法同

①　Brown. J. S. , Collin. A & Duguid. P（1989）. Situated Congnition and the Culture of Learning. Educational Research, 18（1）: 32 - 34.

样适合于社会主义核心价值体系的教学。对于大学二、三年级学生来讲，已具备一定的形象思维与逻辑思维的能力，以及知识迁移运用能力，这种方法较为得当。对于情境教学方法的实施，关键在于教学情境的创设，如果情境创设得好，可以使学生立即进入状态，身临其境。情境创设可以通过多种形式，如视频播放、实物、模型、图片呈现等，让学生在直观感受中建构知识并培育理想。特别是在丰富多彩的家庭和社会生活的影响下，对于社会主义核心价值体系教学，不能仅仅把学生看成教学灌输的对象，更重要的是能否在学生中间产生思想与情感的共鸣，其间运用音像或情景式的演示教学就显得十分重要。

其次，体验教学法在社会主义核心价值体系教学中的运用。所谓体验在《现代汉语词典》中解释为"通过实践来认识周围的事物；亲身经历。"① 这种方法要求学生具备一定的专业知识基础，对社会及人际关系基本的认知和判断能力。在社会主义核心价值体系教学过程中，既可以在专业实习过程中进行体验法教学，也可以通过社会调查等实施体验教学方法。就是要让学生进入社会、深入社会，在了解社会过程中体验社会主义核心价值体系的内在精神。如在教学中可以"关于中国特色社会主义共同理想的认同现状"、"关于市场经济条件下人们职业道德观变化"等为题，让学生进入社会开展相关调查，使学生在社会体验中带来对社会主义核心价值体系的新思考。

（3）关于大学毕业年级学生社会主义核心价值体系教师教法选择。对于毕业年级学生来讲，已经基本完成了专业知识的学习，对社会基本具备了自己的判断能力和独立见解，对自己的个人职业发展有了较为清晰的认识。在这个阶段开展社会主义核心价值体系教学，主要立足于创业、就业教育，并通过案例教学法、问题探究教学法等侧重于培养学生的时代精神和创新精神。

首先，案例教学法在社会主义核心价值体系教学中的运用。案例教学法的实施要求教师依据教学目的，组织学生对所选取的典型案例

---

① 《现代汉语词典》，商务印书馆 2005 年版，第 1118 页。

进行调查阅读、分析讨论。这种教学方法的使用侧重于启发学生对问题的思考能力，对知识的运用能力。在社会主义核心价值体系教学过程中，针对毕业年级学生，关键在于选取最具代表性的案例进行分析。如在教学中可以选取与时代精神以及创新精神相关的典型案例，组织学生加以分析。通过案例的分析培养学生的时代感和创新意识，从而增进对社会主义核心价值体系的认同。

其次，问题探究教学法在社会主义核心价值体系教学中的运用。问题探究教学法这一概念最早是由美国教育家杜威提出来的，这种教学方法其实质就是要真正发挥学生的自主性，激发学生积极思考，让学生自主地发现问题、探究问题、建构对策等过程。针对毕业年级学生，开展社会主义核心价值体系教学过程中，教师划定一定范围（主要是社会主义核心价值体系内容中所包含的范围），如市场经济过程中的道德操守等问题，让学生自主地去调查收集信息、自主探究问题、提出解决问题的有效对策。这一过程不仅能够培养学生的创新能力，也能加深对社会主义核心价值体系科学内涵的正确理解，有效实现社会主义核心价值体系育人的教学目标。

第五节　优化追求实效的学生学法

教与学是对立与统一的关系，教学活动是通过教师教，学生学实现的。教对于学来说，居主导地位。但教又是为了学生学，而且让学生学好。因此，教学过程中，教师的主导作用，不仅表现在教师的"教"，更应表现在指导学生的"学"上。因此在社会主义核心价值体系的教学中，不仅要研究"教"，更要研究"学"。但是，社会主义核心价值体系教学中的"学"作为一个既宽泛又复杂的概念，本研究仅从社会主义核心价值体系学习与学科课程知识学习关系辨析、社会主义核心价值体系学习中需要正视的问题、社会主义核心价值体系学习范式构建等方面做相应探讨。

一 社会主义核心价值体系学习与学科课程知识学习关系辨析

社会主义核心价值体系与学科课程知识既有联系又有区别，两者在属性上存在一定差异。学科课程知识强调知识的属性，按照一般的理解，它是人们在认识和改造社会的实践中形成、积淀和传承的知识结晶，各种门类的知识构成学科课程知识。社会主义核心价值体系更强调做的属性，它是对特定的人群进行一种世界观、人生观、价值观和道德观的塑造。由于概念和属性上的不同，社会主义核心价值体系与学科课程知识两者从教学来看，在目标定位、任务确定、内容设置、方法应用等方面均存在一定差异。

（一）社会主义核心价值体系学习有别于学科课程知识学习

厘清两者之间存在的差异，有助于我们认清社会主义核心价值体系与学科课程知识各自的功能定位，并根据不同的属性开展好各自的教学。割裂或混淆两者的关系，容易产生认识上的片面性和实践中的简单化。因此，清晰社会主义核心价值体系与学科课程知识学习的差异，是通过教学实现社会主义核心价值体系育人功能的基本前提。

（1）学习的目标取向不同。确立每一门学科知识的学习目标，需要以该类学科自身的特点为依据。概括地讲，学科课程知识的学习目标在于探究自然、社会和人的本来面目，增进对自然、社会与人所具有的客观性和合规律性认识，它反映着学科课程知识的真理性特性。关于学科课程知识里面所涉及的哲学社会学科课程知识，还关系着价值与价值评判这一问题，因为它既对人与社会的价值进行着预估、揭示和衡量，并且又独立地促进价值或参与价值的生成与实现。此特性表明，在学科课程知识中所包含的哲学社会学科课程知识明显具有价值性特征。在学科课程知识中，真理性和价值性有机统一。正因为如此，学科课程知识的学习目标需要同时关照真理性和价值性，并且始终围绕这一基本精神来展开。而社会主义核心价值体系学习的根本目标在于要在全党全社会形成统一指导思想、共同理想信念、强大精神力量、基本道德规范。所以，价值性就构成了矛盾的主要方面，真理性则构成了实现价值性的手段。不难设想，如果社会主义核心价值体系的学习不能对学生价值观产生实实在在的影响，当然不可能帮助学生科学树立世界观、人生观和价值观，也就更谈不上所谓的统一思想、坚定信念、振奋精神和规范行为了。因此，不论学生对社会主义核心价值体系相关知识学习和掌握了多少，不论背下了多少原理和规律，那都将毫无意义。对此，基于社会主义核心价值体系的学习目标之根本精神在于价值性，学生们在社会主义核心价值体系学习过程中，都需要围绕价值性开展学习目标的设计。而学科课程知识的学习目标设计，却有着较为明显的差异。学科课程知识的学习目标最为根本的就是掌握该门课程的基本知识和基本规律，因而其真理探究的特征必然要凸显。当然价值性也是需要考虑的一个因素，尽管对于部分学科如哲学社会科学课程等显得十分必要，但不是最根本的东西。如培根与叔本华，其人品曾遭唾骂，但依然是大哲学家；海德格尔与弗雷格的政治观曾遭诋毁，但没影响其成为著名的哲学家。综上所述，社会主义核心价值体系学习与学科课程知识学习在学习目标上的区别在于：社会主义核心价值体系主要学习目标是具有价值导向的，学科课程知识的学习目标则是具有探求真理导向的。

（2）学习的内容要求有别。学习目标不同，其学习内容及要求就有较大的差异。首先，就学习内容的针对性而言，社会主义核心价值体系的学习内容更具有较强的针对性。对于不同阶段的学生，其知识基础有较大的不同，其教学内容要求就不一样。其次，在学习内容的逻辑编排上，社会主义核心价值体系的学习内容倾向于学生的行为习惯、学习习惯、思维习惯，并从问题切入，遵从问题提出——问题分析——问题的解决方法——主要结论这样的逻辑。而学科课程知识的学习内容要求则有差异，由于学科课程知识学习的核心精神是真理性，即对某一领域或某一方面的客观认识，其知识体系主要围绕此课程领域展开，即更强调概念界定—概念解读—概念应用这样的逻辑顺序，更强调知识内容本身的逻辑性、科学性。综上所述，社会主义核心价值体系与学科课程内容在学习内容上的区别体现为：社会主义核心价值体系的学习内容以针对性、属人性及问题切入为基本要求，而学科课程知识的学习内容是更加注重知识本身的科学性与逻辑性。

（3）学习的方法存在较大差异。因为两者之间的学习目标和学习内容不同，其学习方法自然存在一定的差异。关于社会主义核心价值体系学习方法的把握，需要注意以下几个方面：一是注重学生的主动参与，可多采用讨论、辩论、反问等双向交流方式；二是注重引导、鼓励，尊重其独立性、积极性和创造性，不直接给出答案和结论，要让学生自己去寻求答案。总体来说，注意将此类学习方法与重讲解、辅导、理解学科课程知识的学习方法加以区别，多采用双向交流式的教与学方法，可以激发学生的主动参与，让学生的精神状况、思想观念和知识结构等内在因素都能参与到教学过程中，进而实现价值性的社会主义核心价值体系教学目标。

（4）学习的功效各有侧重。关于社会主义核心价值体系的学习，重在关注学生对社会的认知程度、社会情感的陶冶情况、行为习惯的养成情况。除此之外，还应关注学生对社会的判断力和敏感性。因此，通过对社会主义核心价值体系的学习，一方面，能使学生了解社会、认识社会、服务社会、了解自我和人生对于个人成长以及社会和谐发展的意义；另一方面，了解社会主义核心价值体系在规范社会生活秩序方面的作用，并自觉运用社会主义核心价值体系规范自身行为。同时，通过社会主义核心价值体系的学习，还能够帮助学生处理个人与他人、个人与集体的关系，从而帮助学生树立正确的价值观、世界观和人生观，引导其不断努力、健康成长。而学科课程知识的学习主要关注这样几个方面：学生是否掌握了系统的知识和技能；是否提高了科学素养以及科技文化水平；是否发展了智力；是否培育了创新能力。

（二）社会主义核心价值体系学习与学科课程知识学习有机联系

"得天下英才而教育者三乐也"，在中国"教育"这个词最早出自《孟子·尽心上》。东汉许慎《说文解字》又道："教，上所施、下所效也；育，养子做善也"。它告诉我们，教育本质上是以育人为善为目的的活动。从最广义上的角度讲，教育是指一切培养人和影响人的活动，教育活动中的学科课程知识学习则是教师帮助和指导学生积极主动地学习学科课程知识的双边活动。对此不难看出，学科课程知识学习又在"教育"这一上位概念的层面上与社会主义核心价值体系学习统整起来，并显示出两者之间的必然联系。

一是学习目标与学习内容的相辅相成。马克思主义关于人的全面发展学说认为，人的全面发展主要是指人的体力与智力、社会力与自然力、现实能力与各种潜能等关于人的综合素质提升。以马克思主义关于人的全面发展学说作为理论指南，我国确立了社会主义教育的根本方针，即培养德、智、体、美全面发展的社会主义建设者和接班人。社会主义核心价值体系的学习必须以马克思主义关于人的全面发展学说和党的教育方针为基本依据，积极树立坚定的政治信念、崇高的社会理想和高尚的道德情操，有力促进大学生的全面发展。结合学科课程知识的学习目标是让学生获得知识和技能可知，社会主义核心价值体系的学习与学科课程知识的学习就是"德"与"智"的关系，二者之间有着必然的联系且必然存在着明显的切点，该切点就是学生的全面发展。因此，社会主义核心价值体系的学习与学科课程知识的学习在目标上是相辅相成的。但同时，对于社会主义核心价值体系的学习和学科课程知识的学习在内容与形式上又是不完全一致的。在很多时候，社会主义核心价值体系的学习要在特殊的场合以特殊的教与学形式来完成，而学科课程知识的学习绝大多数都是在教室里完成的。对于社会主义核心价值体系的学习内容，包括马克思主义价值理论、中国特色社会主义共同理想、以爱国主义为核心的民族价值观、以改革创新为核心的时代价值观和社会主义荣辱观，很多东西是与学科课程知识学习的内容相互融合的，它既增长了学生的知识，又达到了育人的目的，堪曰两全其美。

二是学习过程不是简单叠加而是有机统一。马克思主义哲学告诉我们，两个事物之间往往存在着既对立又统一的关系。对于社会主义核心价值体系学习与学科课程知识学习而言，学习时间、学习途径与方法在现实中可能会有这样或那样的矛盾产生，但从整体来看两者应当是有机统一的。对于一个学生来说，从进入校园的那一刻起，开展社会主义核心价值体系学习与学科课程知识学习的双重学习是应该的且不可分割的；对于一个学校而言，社会主义核心价值体系学习与学科课程知识学习的脱离就意味着教育的失败，因为任何培养不出全面发展的人才的教育都是失败的教育。因此，教与学中不再只有学科课程知识，学生的学让社会主义核心价值体系的学习自然融入学科课程知识的学习中应当成为一种自觉；同时，除专门的社会主义核心价值体系教学课程以外，其他学科课程教学活动中教师不仅应传授专业知识，同时还应将社会主义核心价值体系的内在要求贯穿于教学过程之中，因为既教书又育人是所有教育工作者的天职，需要担负起社会主义核心价值体系教育和学科课程知识教学这两大使命。在实际工作中，社会主义核心价值体系教学与学科课程知识教学在较多学校一般都由两个组织机构分别管理，很多情况下二者如同两条轨道上奔跑的火车基本上没有相遇的机会。但随着教育事业的发展与成熟，人们越来越认识到二者是不能截然分开的，通过改革加强二者的统整势在必行。因为，任何学科课程知识的学习都可以在教学中融入社会主义核心价值体系教育内容，并根据某一学科课程知识的学习进度对社会主义核心价值体系的学习安排予以设计和开展。

三是学习的归属在于学生发展。学校也好，家庭、社会也罢，社会主义核心价值体系学习与学科课程知识学习难免会有顾此失彼的时候。对此，有的学校为了让学生学习更多的学科课程知识而很少顾及社会主义核心价值体系的学习，虽然不能就此草率做个判断或下个定论，但我们最终要看这些行为是否有利于学生的成长发展。如果有利，偶尔的谁给谁让个路都是可以理解的，在这个问题上不能教条化，因为协调不只有一种方式。在具体实践中，围绕二者关系产生的新问题还有很多，老问题难以解决的也还有不少。在新时期，作为学校以及每一位教育工作者，应当正视并深刻反思社会主义核心价值体系学习与学科课程知识学习的关系问题，一则两者之间的协调发展是办好学教好书育好人的关键，二则社会主义核心价值体系学习与学科课程知识学习的根本归属在于学生发展。展开而言，社会主义核心价值体系的学习与专业性学科知识的学习不同，它更强调解决观念问题与认识问题，这就更需要知识与能力的聚合，因此社会主义核心价值体系的学习对学生提出的要求会更高。从建构主义的观点出发，如果说专业性学科知识的学习为学生建构的是知识与技能，那么社会主义核心价值体系的学习则为学生建构的是情感、态度与价值观，这两者是学生全面发展必不可少且必不可分的重要内容。

二　社会主义核心价值体系学习中需要正视的问题

从心理学的视域审视，任何学习均会让学习者产生思想与行为上的不同特征，因为不同的学习内容、任务、目标与方法，学习者在学习活动中知、情、意、行的内化与外化过程是不一样的。对此，笔者在调查研究的基础上，对学生在社会主义核心价值体系学习中值得关注的倾向性问题作相应分析，其目的在于重新构建与社会主义核心价值体系相匹配的学习范式。

一是思想认识不够到位。从心理学上讲，所谓思想认识是指由获取、编码、存储、提取和使用信息等一系列操作所组成的，并按照一定程序加工信息的系统化过程。在这一过程中，人并非将外部世界在头脑中简单复原，而是依靠已有认识经验将外部世界之特性转换为具体的形象、命题或者语义等，随后存储于自己的意识之中。从目前来看，有不少学生没有对社会主义核心价值体系实现深入认知，内化问题自然是一个艰难的命题。如在大学生中，仅有34.6%的学生认为社会主义核心价值体系的学习与生活实际联系紧密；这表明，大学生对社会主义核心价值体系认知度还是偏低的。

二是情感认同趋于淡化。众所周知，人的情感无处不在，并对人自身的活动起着重要的支配作用。换言之，人对认知信息的接受程度和接受效率，不仅受到个体认知信息量的制约，还会受到来自情感因素的制约。情感本身主要以弥漫性的方式，存在于内化活动各个环节，作用于认知信息内化及内化程度，它尤其对注意、理解或者价值形成的各阶段都具有导向作用和动力功能。与认知相比，情感认同更具有全面性、深刻性。然而，就有关调查的情况来看，学生对社会主义核心价值体系的情感认同趋于淡化，如在大学生中，只有37.6%的学生会主动了解社会主义核心价值体系的相关内容，这说明学生在社会主义核心价值体系的认同方面一定程度上还存在情感缺位，学生们还未真正从自身情感出发去体验、感受和认同社会主义核心价值体系。

三是信念还不够坚定。如前所述，在学术场域的观念即人们通常说的看法或主张，一般通过"我（个人）认为……"等形式表达出来，如果个人（或群体）对某一观念坚信不疑，则称其为信念，信念是认知、情感和意志等的高度统一。对于人的认知、情感、意志这一心理活动过程，信念即为推动该过程之动力并贯穿始终。对于个人而言，信念是一种坚定不移的思想意识，而且该思想意识稳定性极强；同时又外在表现为坚定的评价与行为倾向，即无论他遇到多大的困难都不会轻易地改变既定评价与行为倾向。进一步讲，人的信念与信息的内化是相互联系、相互依存、相互促进的。通过教学的目的就是为了使社会主义核心价值体系内容信息内化为学生们坚定的信念，再通过坚定的信念来促使社会主义核心价值体系更好地实现内化。但通过调研发现，目前大学生的信念呈现出不够坚定、摇摆不定之趋势。

四是意志品质尚待提高。作为人们重要的心理活动，意志是一种恒常的、坚定不移的心理品质，是在人们的认知和情感活动的基础上产生的。意志通常具有如下特征：其一，做事持之以恒，能克服困难；其二，对从事的东西专注度高，能克服消极的情绪。对于学生而言，对于社会主义核心价值体系的学习离不开坚强的意志。然而通过调研发现，目前学生意志品质还不很高，依然有 10.4% 的大学生对学习社会主义核心价值体系持无所谓态度，觉得与其生活无关。可见，仍有一部分学生对社会主义核心价值体系的认同带有诸多感性的成分，还未能较好地理性认知和认同社会主义核心价值体系。

五是外化行为比较缺乏。社会主义核心价值体系学习的根本目的，重在形成社会主义核心价值观念，并在该观念指导下外化为自觉行为。然而现实考察发现，由于部分学校对社会主义核心价值体系的重视程度不够，以及教育教学偏重于说理，实践教学弄得可有可无，导致部分学生认识上有一定的偏差，仅把它当作一般性知识来学习和认识，在其行为活动中体现出"迟钝"的现象。比如在调研中发现，仅有 52.8% 的高校建立了相对稳定的校外实践教学基地，64.8% 的高校社会主义核心价值体系实践教学覆盖了全校大多数学生，……这在客观上显示社会主义核心价值体系的学习者在外化行为方面较为缺乏。

三　社会主义核心价值体系的学习方法

对于社会主义核心价值体系的学习而言，它具有明显的思想性、政治性、内化性、实践性等特点，学生对社会主义核心价值体系的学习应当是通过感知和实践去获得内涵并加以应用的能动过程。因此，社会主义核心价值体系的学习，是区别于学科课程知识学习的有着自身理路的学习活动，其学习范式必须尊重它自身特点以及学生学习成长的内在规律。

（一）体验学习方法

站在教育学的视角分析，体验"既是一种活动，也是活动的结果"[1]。美国著名学者 David Kolb 于 20 世纪 80 年代创立了体验式学习理论并建立了"体验式学习圈"的学习模型，该模型以皮亚杰的结构主义、勒温的完形主义和杜威的经验主义等学习理论为基础，按照开始体验——发表看法——进行反思——形成理论——实践应用的思路展开。体验学习范式（模式）有几大特点：一是强调共享和应用；二是强调做中学、知行合一；三是看重内在学习，注重学生内在主观感受；四是强调孩子的主动参与；五是注重营造真实的情境；六是注重体验的总结反思，做出正确的判断。苏霍姆林斯基曾经谈道，"道德，只有当它被学生自己去追求，获得亲身体验的时候，才能真正成为学生的精神财富。"[2] 对于社会主义核心价值体系的学习，要形成正确人生观、价值观和世界观，体验学习方法是一种比较理想的

---

① 肖海平、付波华：《体验式教学：素质教育的理想选择》，《教育实践与研究》2004 年第 1 期。

② 倪卫民：《让生活体验成为品德课的主旋律》，《中小学心理健康教育》2011 年第 11 期。

选择。

（二）自主学习方法

此类学习方法强调发挥学生的主观能动性，在学习过程中学生自主、主动、创新相互依存。自主学习的目标主要在于学生能自觉自愿学习、愉快学习、善于学习。自主学习方法与传统的接受式学习是相对的，一般具有自立性、自为性、自律性等特征。建构主义学者认为，一切的学习活动不应当是由教师向学生们去传递知识，而应当是学生根据外在的信息，借助自身背景知识，去主动建构自己知识的过程。① 在社会主义核心价值体系学习过程中，学生学习态度如何直接决定着社会主义核心价值体系学习的效果和质量。当然，自主学习方法由于对学生主动性、能动性与知识储备要求较高，因此它应当是大学生较为理想的学习方法选择。

（三）探究学习方法

该学习方法是指在教师的指导下，按照社会主义核心价值体系的学习重难点，联系现实社会的生活实际，通过学生的主动体验、主动探索和主动发现，学会对相关信息进行收集、分析和判断，以此提高自身观察、思考和创造能力的学习方式。探究学习方法主要有以下几方面特征：一是问题性比较凸显。问题作为学生探究的动力源，它既是思维的起点，更是创造的前提，它对促使学生积极思考有着十分重要的作用。在学习社会主义核心价值体系相关内容时，教师要有意识地创设一些问题情境，激发和引起学生兴趣，以促使学生主动积极地展开探究活动。二是实践性比较强。探究式学习方法强调学生四动：动脑筋，要不断思考，深入思考；动口，要说，要表达，要讨论；动手，要亲自实验和操作；动脚，有时要不辞辛劳，跋山涉水去调研，获取资源和信息。三是强调合作参与。要求学生建立学习探究小组，成员之间要善于合作攻坚，同时互相沟通、激励和尊重。对于学生积极参与的平台而言，小组合作学习是重要选项，通过小组合作学习使不同程度的学生可以在合作中取长补短，加深对问题的理解，促进学

---

① 顾明远、孟繁华：《国际教育新理念》，海南出版社 2001 年版，第 331 页。

习质量的提高。① 同时，小组合作学习对于动机、毅力和责任心相对较弱的学生将会产生积极的群体性压力，进而激发学习动力，提高学习的效果。② 对此，探究式学习方法特别强调激发全体学生积极性，不要让少数优秀学生成为学霸而其他学生处于从属或者被动的地位。探究学习方法由于要求学习者在学习之前主动做好较多探究准备，因此本方法比较适合大学生运用。

（四）新媒体学习方法

面对不断涌现的媒体，人们很难界定新媒体这一概念。不过有学者提出的某些观点对我们具有一定的启示，如清华大学新媒体传播研究中心主任熊澄宇教授认为，新媒体的新是相对于旧而言的，它是一个相对的概念。新媒体既是一个时间概念，即在一定时间内呈现出代表性的新媒体形态；同时又是一个发展的概念，即它永远不会终结在某一个固定的媒体形态上。根据以上观点，我们认为新媒体是在以多媒体技术、网络技术为代表的数字化进程中，通过利用智能手机、电脑、数字电视等终端，及时向用户提供服务的媒体形态。以新媒体为载体构建的学习范式相较于以传统媒体如书本、报刊等载体构建的学习方式而言，具有移动性、泛在性、个性化等鲜明特点。就移动性而言，可利用手机、iPad 等很便捷地获取学习资源。就泛在性而言，学习者可以随时随地获取各种学习资源。就个性化而言，新媒体学习方法可因个体的经验经历、知识基础等不同，选择与之相匹配的学习资源。大学生则可以通过新媒体聆听关于社会主义核心价值体系的理性报告。新媒体学习方法由于要求学习者懂得新媒体的使用与操作，同时还要求学习者对新媒体的依赖性具有一定的自控能力，因而具有一定知识基础与自控力的大学生对本方法较为适应。

第六节　强化提高效能的时间管理

马克思主义时间学说认为，任何事物的存在和发展，都经历了一

---

① 张秉福：《论道德教育的主体性原则与自我教育法》，《学科教育》2002 年第 6 期。

② 华国栋：《差异教学论》，教育科学出版社 2001 年版，第 217—218 页。

定的时间，以时间为自己的一种基本存在形式，无论是何种运动形式，事物无论在宏观领域还是在微观领域运动，都离不开时间。①"我们如果珍惜时间，就做了时间的主人；如果浪费时间，就做了时间的奴隶；如果我们不合理利用时间，时间就会把我们的青春耗尽。"② 任何一个人，只有充分利用和管理好时间，才能在有限的生命中创造出更丰富的社会价值和自我价值。随着社会进步而来的教育机会均等程度的提升，个人通过课堂教学形式获取知识与技能的机会大大增加。但如果课堂教学的主体不对其最宝贵的不可再生资源——时间予以科学管理，必然会影响主体的成长和发展。因此，对社会主义核心价值体系课堂教学时间管理问题进行深入探讨具有非常重要的价值和意义。

一　课堂教学时间管理与社会主义核心价值体系课堂教学效能

任何管理都是对人、财、物、时、空等资源的管理，社会主义核心价值体系课堂教学的管理也不例外。其中，对时间的管理，则是社会主义核心价值体系课堂教学管理的重要内容。课堂教学时间管理，从其本质而言，主要是指对课堂教学单位时间的管理，包括教学时间的分配和利用等。③ 具体来说，它是为实现某一课程的教学目标，教师在一定的教育观指导下，通过实施有效策略，对课堂教学活动的时间进行科学预测、系统计划、合理分配和适时调控的过程。课堂教学时间管理的目的在于充分利用课堂有限的时间资源，做最有意义的事情，以满足个体和社会发展的需求，一般具有层次性、情境性和不可回溯性等特征。④

---

① 金哲、陈燮君：《时间学》，浙江人民出版社1992年版，第106页。

② 子荷：《时间管理黄金法则》，金城出版社2010年版，第9—10页。

③ 陈列、靳玉乐：《初中课堂时间管理的问题与改进》，《中国教育学刊》2008年第4期。

④ 王清蕾、关艳：《课堂教学时间管理概念界定及其特性》，《兰州教育学院学报》2009年第3期。

　　亚里士多德认为，时间本身是不运动的，尽管时间离不开运动。①
康德指出，时间和空间是人类知识发生的两种基本结构。② 这从某种
意义上道出了时间管理的重要价值。在人类教育史上，没有一位教育
者不在自己的实践和理论中认真考虑教学时间问题。③ 夸美纽斯创立
的班级授课制就是以课堂教学时间限制为基础的，这种时间有限性的
制度形式得到了人们的广泛使用，并一直沿用至今。布鲁姆的"掌握
学习理论"认为，时间管理是学习中的核心问题，学生花在学习上的
时间多少决定了学生掌握知识和技能的程度。只要有足够的时间去学
习，绝大多数学生都能达到掌握水平。区别在于不同的能力倾向和教
学质量，影响了学生达到要求所需要的时间。为达到节约教学时间，
提高教学效率的目的，奥苏贝尔主张把学习过程中的发现阶段融入讲
授—接受之中，把教学的重点放在旧知识对新知识的同化和新知识的
内化方面，使学生的学习成为有意义的接受学习。巴班斯基强调态度
与动机和教学效率的关系，但同时强调教学本质上是教学时间的限制
问题。教学过程的最优化其基本判断标准之一就是节省了多少时间。
通过对夸美纽斯、布鲁姆、奥苏贝尔以及巴班斯基的教学和学习理论
的分析，进一步阐明了教学工作包括教学改革和其他社会工作一样，
必须首先考虑时间管理的问题。总体而言，社会主义核心价值体系课
堂教学时间的科学管理具有非常重要的意义：一方面可以保证社会主
义核心价值体系课堂教学的有序开展，提高课堂教学的效率，促进学
生健康发展；另一方面能促进相关课程专任教师的专业发展。教师的
课堂教学时间管理能力也是教师专业素养的一个重要方面，教师精心
设计、合理安排社会主义核心价值体系课堂教学活动各个环节所需的
时间，能够保证教学活动取得良好的效果，从而保证教学质量得以不
断提高。

---

① 康德：《纯粹理性批判》，人民出版社 2002 年版，第 25、39 页。

② 《亚里士多德全集》（第二卷），中国人民大学出版社 1992 年版，第 116 页。

③ 张海钟：《教学时间、教学效率和教学改革》，《高等师范教育研究》1999 年第
6 期。

二 社会主义核心价值体系课堂教学时间的分类

关于课堂教学时间管理的研究，国内外学者站在不同的视角进行了探讨，总体上经历了一个逐渐深化和完善的过程。20 世纪中期以来出现的卡罗尔时间管理模型（J. B. Carroll，1963）、布鲁姆模型（B. S. Bloom）、伯利纳（DC. Berliner，1978）和费希尔（C. Fisher，1980）研制的"初任教师评价研究模型"等，均对教学时间管理及其分类研究做出了贡献。国外学者普遍认为，教学时间的分类大体上分为名义时间（即学生在学校里度过的时间）、支配时间（即在校时间中用于课堂教学的时间）、教学实效时间（即课堂中用于教授学科知识、概念和技能所用的时间）、专注学习时间（即学生关注并努力去完成学习任务所用的时间）和学术学习时间（即专注学习时间的一部分，具体地说就是指学生用于完成一定难度的学习任务并且获得较高水平的成功体验的专注时间），教学时间的效率和质量主要取决于后三类时间的放大程度。

国内学者认为，若从纵向教学环节来看，课堂教学时间可以划分为复习旧知识时间、导入新课时间、讲授新课的时间、巩固教学的时间、作业练习的时间等；从教学时间性质来看，可以划分为边缘时间、中介时间与核心时间。从教学目标维度看，课堂教学时间又可以分为知识与技能获得、过程与方法实践以及价值观体验与情感态度这三类时间。[①] 从学生学习方式视角来看，课堂教学时间可以划分为自主学习的时间、探究学习的时间、合作学习的时间；等等。由此可见，由于视角的不同对课堂教学时间分类也有较大的差异。

以上分类为我们提供了重要的启示和借鉴，笔者从主体活动的视角将社会主义核心价值体系课堂教学时间划分为四类，即讲、读、练、议的时间。一般而言，在社会主义核心价值体系课堂教学中这四者不是截然分开的，而是相辅相成、交互使用的，它们的排列组合可

---

① 伍叶琴、郑志辉：《论课堂教学时间的理性存在与优化》，《教学与管理》2013 年第 4 期。

以依照不同课程的类型、课堂教学系统要素等实际情况的变化进行优化组合，从而形成多种多样的社会主义核心价值体系教学组织形式。如以"讲"为主的课堂，可分为"讲—读—练—议"、"讲—练—议—读"、"讲—议—读—练"、"讲—读—议—练"、"讲—练—读—议"、"讲—议—练—读"六种形式，以此类推，通过排列组合，共有 24 种课堂教学组合形式。然而，无论是哪种课堂教学组合形式，课堂"讲"、"读"、"练"、"议"四种活动时间归结起来其实就是三种活动时间，即教师教的独立活动时间、学生学的独立活动时间、课堂中教与学互动的时间。"讲"主要是教师讲授、讲解、讲析，主要归结为教师教的独立活动；"读"主要是学生阅读、质疑、思考、解疑，"练"主要是学生练习、训练，以上两方面可归结为学生学的独立活动；"议"主要是议论、讨论，包括师生互议、生生互议等，此活动其实就是教与学的互动。而这三类活动时间管理的优化策略便成为教师提高社会主义核心价值体系课堂教学效率和提升课堂教学质量的关键问题。

三　社会主义核心价值体系课堂教学中教师教的独立活动时间管理

教师教的时间管理即教师对讲授（或讲解、讲析）社会主义核心价值体系，进行包括维持课堂秩序等在内的教育以及板书（或多媒体运用）时间的策划、分配、调整和利用的活动过程。社会主义核心价值体系的讲授、讲解、讲析是这一活动时间的核心，教学的目标、要求、过程、评价等系列要素均围绕社会主义核心价值体系开展。无论过去的传统课堂还是当今的现代课堂，教师教的独立活动时间在课堂教学时间中始终占据着重要地位。

教师教的独立活动时间只有科学合理地安排和利用才能使社会主义核心价值体系课堂教学取得实效。然而，检视当前社会主义核心价值体系课堂中教师教的独立活动时间管理和运用现状，发现还存在以下不容忽视的倾向：一是教师讲的时间过多，独占课堂现象还在一定程度上存在。这样的课堂教学变成了教师的"独角戏"，而学生成了呆滞的附庸，完全被僵化的教学模式所控制。该倾向必然导致师生思维碰撞与自省的机会少，造成学生思维模式的固定，或者偏离正确的方向。同时，由于学生的个人经历不同，在某些事上的看法也就会产生不同的结果，造成学习者的迷惑，挫伤学习者的热情，降低教学效率。"这种教学时间分配不合理的现象背离了教学的本质，只会造成教学时间的大量投入而教学产出质量的低下"。① 二是教师讲的时间过少，该讲的东西没有讲到、没有讲透。特别是理论性、抽象性比较强的章节或知识点，学生自主学习比较困难，此时教师的讲解引导是非常必要的，但从现实来看，有的教师忽略或者不了解学生的实际认知水平，以为把时间留给了学生就实施了素质教育，就倡导了新课程的理念。从实际效果来看，学生搞得似懂非懂，如坠云里雾里。三是为知识而讲解知识花去几乎所有的时间，但深入地引导学生思考并提高学生解决问题的能力在时间上毫无体现。从现实情况来看，哪怕在社会主义核心价值体系教学的相关课堂，一些教师没有对学生进行教育引导的意识，以为这是班主任的事情，以为只需要完成课程教学的知识与技能、过程与方法等目标就行了，而对于情感、态度和价值观等教学目标漠然置之。

教师教的独立活动时间管理的优化是一门技术也是一门艺术，需要长时间的实践。在社会主义核心价值体系教学的具体实践中教师必须依据教学的本质、规律以及教学目标、内容和学生特点，对"讲"的时间进行科学的安排和分配，并适时对其进行调整和改变，以保证教学过程按预期目标顺利展开，从而完成教学任务。对此，笔者认为课堂教学中教师教的独立活动时间管理可以参考以下策略：

第一，程序性策略。管理大师彼得·德鲁克认为，做正确的事要比把事情做正确更重要。如果想把事情做正确，就不要盲目地去做事情，要分清事情的轻、重、缓、急，弄明白应该先做什么，后做什么，即做事情的程序性问题。著名的第四代时间管理理论提出者史蒂

① 张敏：《对课堂教学时间效益最大化的探析》，《现代中小学教育》2008 年第10 期。

芬·柯维认为日常的事务可以分为四类：A 类是重要又紧急的事务，B 类是重要不紧急的事务，C 类是不重要却紧急的事务，D 类是不重要也不紧急的事情。人们经常会把时间花在 C、D 类事务上，付出了不少时间和精力，却没有把最重要和最有价值的事做好。这对教学时间的管理有着深刻的启示，教师可以按照重要性和紧迫性对课堂中的各个环节予以分等，然后再按顺序和类别科学合理地安排时间权重，从而避免时间的低效投入。

第二，计划性策略。课堂教学的 45 分钟是极为有限的，要提高课堂教学时间的管理效率和水平，必须做到"工夫在诗外"。对教师而言，应该围绕"课堂教学的 45 分钟"制订明确、详细的短、中、长期计划，分类推进。表面看来，作计划和考虑问题可能占用了一些时间，但实际上，从总耗用时间量来计算，却节省了许多时间，充分利用了时间，提高了工作效率。"备课"是计划性策略的集中表现，主要在课外完成。当前学术界将"备课"归纳为"五备"，即备课标、备教材、备学生、备练习、备教法，"五备"虽然不在课堂教学中完成，但是对课堂教学时间的安排却起着至关重要的作用，"五备"是课堂教学时间管理优化的先决条件。关于教师教的时间合理分配问题，有学者通过黄金分割规律进行了深入的研究，认为教师的讲授活动时间占用黄金分割时间为 28 分钟左右比较适宜。① 这也应当纳入社会主义核心价值体系的课堂教学时间科学计划之列。

四　社会主义核心价值体系课堂教学中学生学的独立活动时间管理

马克思恩格斯曾预言未来"财富的尺度决不再是劳动时间，而是可以自由支配的时间"。对于社会主义核心价值体系课堂教学中的学生而言，可以自由支配的时间必然涉及课堂教学中学生"读"与"练"的时间管理，即学生学的独立活动时间管理。课堂中学生学的

---

① 郭道胜、袁致伟：《黄金分割规律与课堂教学时间的分配》，《教学与管理》1997年第 5 期。

独立活动时间管理就是指对课堂教学中学生独立阅读、质疑、思疑、解疑、练习、实践操作时间的计划、分配、协调和利用的活动过程。社会主义核心价值体系课堂教学中学生学的时间管理既涵盖了教师对学生学的时间安排和调控，同时也包含了学生自身学习的时间把握和利用。

学生学的独立活动时间是社会主义核心价值体系课堂教学中必不可少的，是培养学生独立思考并运用知识分析和解决问题能力的关键，同时它有益于教师对学生的反馈结果做出教学调整，这也是学生自主教育重要的组成部分。检视当前社会主义核心价值体系课堂教学中学生学的时间管理现状，发现还存在这样一些倾向：一是学生独立学习的时间很少，课堂上几乎没有自我消化、自主学习、探究学习的时间。社会主义核心价值体系课堂教学时间是一个固定的教学常量，通常可以细分为教的时间常量、学的时间常量、教与学互动的时间常量，教师常量的增加必然造成学生常量的减少。而知识和能力的掌握与提高需要一定的学的时间常量，使学生进行思维的自主活动，这样才能使学生有足够时间自我消化，牢固掌握知识和技能。二是学生独立学习的时间很多，但目标不明、方法欠缺、缺乏指导和引导。在缺乏科学的课堂教学设计的情况下，一味地增加学生学的时间常量，追求学生对于教学的思维自主性，却缺失了学生思维方向的引导，这样必然也达不到应有的学习成效。对此，社会主义核心价值体系课堂教学中学生学的独立活动时间管理策略的优化可以从教师和学生两大因素来加以思考。

就教师而言，一是不要独占课堂，要留更多的时间给学生自主学习、自主探索、自我消化。二是要加强指导和引导。教师应该更多地注重于教学的内在方法，提高教学时间的利用率。从教育经济学角度分析，有效的课堂教学需要教师的主导作用和学生自主思维的交互使用，二者相辅相成。如在社会主义核心价值体系相关内容的阅读活动中，教师应提前设计好阅读提纲，指导学生读要有序，同时还要教会学生关于粗读、细读、精读、深读的集中阅读方法，等等。三是必须综合考虑学生学习所花时间与所需时间的辩证关系。这就要求教师一方面充分了解学生的实际情况，包括学习的能力和水平、个性特征等；另一方面教师在教学设计过程中需贯彻"为不同的学习者设计教学"这一基本理念。① 要采取灵活多样的教学策略和方法，促使学生在有限的时间内获得最大的学习效益。

就学生而言，可以吸纳"效率"与"建账"两大策略。一是效率策略。效率的本意是指有用功率对驱动功率的比值，但在实际应用中引申出了多种含义。在课堂教学时间的管理上，课堂教学效率主要指教师和学生在规定的课堂教学时间以内，通过双边活动所消耗的劳动量与所获得的教学效果之间的比率。在单位课堂教学时间内课堂教学效率越高其效果就越好。因此学生要树立效率意识，在一定的单位时间里获得尽可能好的学习效果，或者获得一定的学习效果尽可能少花时间就是效率策略的典型表现。比如，关于社会主义核心价值体系相关内容快速阅读的问题，要获得好的读书效率，需在较短的时间或者规定的时间内带着问题读，读中有思，思中有读，边读边想，并能解决实际问题，这样的阅读才是高效率的阅读。二是建账策略。学生对时间管理的建账策略就是使学生认识到时间十分宝贵，并试探性地将自己课堂支配的时间做相应记录。如自己及时复习巩固知识的时间、完成随堂习题的时间、无故意浪费的时间等，通过建账不断强化时间意识，提高时间管理的质量。

五　社会主义核心价值体系课堂教学中教与学互动的时间管理

社会主义核心价值体系课堂教学中教与学互动的时间管理，主要指教师个体与学生个体、教师个体与学生群体、学生个体与学生个体、学生个体与学生群体之间进行交流、对话、讨论、辩论乃至共同实践的时间策划、分配、调控的活动过程。有效的课堂教学互动，一方面可以通过课堂教学中师生、生生互动使教学信息能够得到最大限

---

① 盛群力、吴文胜：《教学时间研究模式及其特点》，《课程·教材·教法》2002 年第 10 期。

度的交流，同时在交流过程中让学习者的思维能力得到锻炼；另一方面学生在与教师、同伴的思维碰撞过程中，不断地构建教学内容框架，提高自身的思维能力和开拓自身的思维视野，同时在语言表达过程中不断完善自身的语言组织能力。

检视当前社会主义核心价值体系课堂教学中教学互动的时间管理，发现还存在以下倾向：一是没有互动，要么教师独占课堂，要么"放羊式"让学生自学。二是有少量的互动。教师为了节约时间往往只与部分优秀活跃的学生进行交流互动，没有顾及其他大部分学生的体验和感受。三是互动过多，整堂课热热闹闹，但效果不佳。四是互动不当，往往是机械化的问答替代对话交流。

对此，我们可以考虑借鉴以下策略使之得以优化：

第一，氛围营造策略。为了有效促进课堂互动，营造良好的心理氛围是前提。只有让课堂教学之情境符合学生求知欲和学生心理发展特点，老师与学生之间、学生与学生之间关系正常和谐，学生们就能产生互谅、互助、愉快、满意、羡慕等积极的态度和体验[1]，进而提高时间管理和时间利用的效率。为此，一方面师生应相互尊重，这是互动和谐的前提；另一方面师生情感要达到共鸣，民主的，充满爱心的，有激情的教学氛围是师生产生情感共鸣的关键[2]；再有就是要鼓励学生积极参与，只有学生积极主动地参与教学活动才能促进产生有效的互动。

第二，时间分割策略。美国学者汉耐尔对中学物理课的课堂互动时间实验结果表明，在课堂中至少有 11 分钟的时间应该作为互动时间。[3] 这里的互动包括师生问答、师生辩论以及学生讨论等。也就是说，整个社会主义核心价值体系教学课堂互动时间应该超过课堂教学总时间的 1/4。当然，教学课堂三部分的时间到底该如何分割，还需在教学实践中逐步探讨，这也是社会主义核心价值体系课堂教学时间管理的难点。

---

① 张大均：《教育心理学》，人民教育出版社 1999 年版，第 465 页。

② 李森：《课堂教学创新策略研究》，西南师范大学出版社 2008 年版，第 160 页。

③ 张敏：《对课堂教学时间效益最大化的探析》，《现代中小学教育》2008 年第 10 期。

第五章 实现社会主义核心价值体系育人功能的教学质量可视化评价

社会主义核心价值体系教学是一个系统工程，其教学质量高低关乎"培养什么人"这一重要命题。为有效评价社会主义核心价值体系教学质量，本研究将"可视化"概念植入其中，在研讨社会主义核心价值体系教学质量评价的基本内涵及其价值取向的基础上，探索性构建具有一定科学性、导向性、可视性与普适性的社会主义核心价值体系教学质量可视化评价指标体系，进而立足现实构建对应于可视化评价指标体系的操作体系，使其蕴含方式简洁、程序简化、要求简要、注重常态等特性。

第一节 社会主义核心价值体系教学质量可视化评价价值取向

一 社会主义核心价值体系教学质量可视化评价的内涵解读

（一）可视化

可视化（Visualization）从字面上讲，就是通过视觉可观察、可测量的意思。在物理学上，可视化是指通过运用计算机图形学以及图像处理技术，将数据转换成为图形或者图像在屏幕上显示并进行相关处理的理论、方法和技术。这其中，可能涉及计算机图形学、图像处理、计算机视觉、计算机辅助设计等诸多领域，进而形成数据表示、数据处理和决策分析等自成体系的综合技术。在管理学上，可视化便是依靠 IT 系统，让管理者准确掌握企业信息，实现管理过程的透明化与可视化，其管理效果可以渗透到企业人力资源、供应链和客户管理等。可视化管理能够让企业的流程更为直观，使企业内部信息客观并容易得到有效传达，从而实现管理过程的透明化。从一般意义上看，可视化属于一种让复杂信息能够容易且快速被人理解和接受的手段，属于一种聚焦在信息关键性特征的信息压缩语言，同时也是可以放大人类感知的表示方法。因此，可视化是将数据、信息和知识转化为直观表现形式并对相关数据获得更深层次认识的过程。

可视化这一概念在当代已广泛应用于多个领域，其中医学、气象预报、油气勘探、地质学和地理学等是可视化的典型应用。可视化的重要性在于，通过提供对关注对象的可视化显示，使人们对其能够有深刻直观的理解。比如，音乐可视化是指在音乐表达过程中的非主观性解释和判断，它实际上是为理解、分析、比较音乐的表现力，以及展现内部结构所提供的一种呈现技术。又如，农业可视化则可以运用大量数据来实现植物在三维空间中的生长发育过程。再如，物流可视化则可以通过运用现代信息技术对产品生产、经营、承运的流通过程中所产生的，包括文本、图像、数据、声音、语音、视频等数字化信息，及时进行采集、分类、传递、汇总、识别、跟踪和查询等一系列技术处理，以实现对物资流动过程的有效控制。

（二）教学质量评价

关于教学质量评价，不少研究者站在不同的视角对其概念界定进行了大量的探讨，但都没有达成一致的意见。归纳起来有以下几种观点：第一种观点认为，课堂教学质量评价主要指运用一定的评价理论和评价技术，对课堂教学过程和教学结果是否已达到一定质量目标而做出相应的价值判断。课堂教学质量评价的目的主要是促进教学质量的不断提高以及对被评价对象做出相应的资格证明。教学质量评价也可简称为教学评价，它是教学工作的一个基本环节。[①] 第二种观点认

---

　　① 陈中永：《教学质量评价的基本理论问题》，《内蒙古师范大学学报》（哲学社会科学版）1997 年第 2 期。

为，课堂教学质量评价涵盖了质与量两个方面的评价，或者叫定性评价和定量评价。其中，定性评价主要是对评价对象的现实表现进行分析和价值判断，强调的是观察、分析、归纳和描述。定量评价往往是充分运用数学的方法，对数据进行收集、处理及价值判断，评价指标通常是可操作的、可测量的、数量化的、具体性的。[1] 第三种观点，王汉澜先生认为，教学质量评价是指，依据一定的教学目标，通过运用科学并且可行的评价方法和手段，以对教学内容、教学过程和教学效果给予价值上的判断，进而为改进教学方法、提升教学质量和促进教学管理，提供有价值的信息和决策参考。[2] 第四种观点认为，教学质量评价是一种中观和微观的教育质量评价。中观的教学质量评价（Instructional Evaluation）是以一所学校的办学水平和教学质量为对象，评价的内容集中在其办学思想和组织教学的效能、学校教学运作机制的效率、学校办学条件和办学设备的效用、学校人才培养模式的效果等。微观的教学质量评价（Evaluation Teaching 或 Teaching Evaluation）是以学校内部的学生、教师、班集体以及具体的课程为对象，对教师教学工作效果和质量的评价。[3] 第五种观点，也有学者认为，教学质量评价是指按一定的标准对教学活动中各要素、各要素发展变化和效果的价值判断。[4] 第六种观点，B. S. 布卢姆等研究者认为，教学质量评价是指在一定的价值观的指导下，运用一定的技术和方法去收集整个教学系统或者某个方面的信息，同时基于所获得的信息，依据教学目标对学生的各方面情况均做出客观衡量及价值判断，进而促进学生不断向前发展。[5]

综合以上观点，本研究认为，所谓教学质量评价即在一定的教育观和价值观的指导下，依据一定的教学目标，通过运用科学且可行的

---

①　刘莉：《教学质量评价体系的构建》，《湖北成人教育学院学报》2008 年第 1 期。

②　王汉澜：《教育评价学》，河南大学出版社 1995 年版，第 182 页。

③　李小融、魏龙渝：《教学评价》，四川教育出版社 1988 年版，第 4 页。

④　王景英：《教育评价》，中央广播电视大学出版社 2004 年版，第 335—336 页。

⑤　［美］B. S. 布卢姆：《教育评价》，邱渊等译，华东师范大学出版社 1987 年版，第 96 页。

评价方法或手段，对课堂教学输入的质量、教学过程的质量和教学输出的质量给予价值上的判断，为改进教学、提高教学质量以及促进教学管理提供信息和参考，从而促进学生健康成长及教师的专业发展。此概念总体上包含了几层意思：一是科学的课堂教学质量评价必须要有先进的教育观、价值观做指导；二是评价要以教学目标或者评价标准作为主要依据；三是评价需借助于一定的具有可操作性的方法和手段；四是评价的主要内容包括了教学输入的质量、过程的质量及输出的质量；五是评价的最终目的在于为改进教学、提高教学质量以及促进教学管理提供信息和参考，从而促进学生健康成长及教师的专业发展。

（三）社会主义核心价值体系教学质量可视化评价的基本内涵

将可视化理念应用于社会主义核心价值体系的教学领域，其目的就是要使社会主义核心价值体系教学全过程在可见的显性状态下进行，同时产出的结果应当可测量或可追溯。从教学的整个流程分析，其教学质量主要包含教学输入的质量、教学过程的质量以及教学输出的质量三大组成部分。基于此，社会主义核心价值体系教学质量可视化评价是指在社会主义核心价值体系教学中无论是教学的输入、教学的过程，还是教学的输出，其各环节所有观测点均应以数值化或事实化给予反映，要么可测可量，要么可事实追溯。社会主义核心价值体系教学输入质量的观测点，主要指向社会主义核心价值体系的相关课程设置、教材建设、体制机制、师资力量、教学设计等。社会主义核心价值体系教学过程的质量的主要观测点，包括教学组织、教学内容、教学方法、课堂教学时间管理、作业布置、教师基本功等要素。社会主义核心价值体系教学输出质量的观测点，主要指向相关方的满意度、学生对知识与技能的掌握情况、学生思想及行为的变化情况、教师的教改科研及专业发展情况等。社会主义核心价值体系教学质量可视化评价应当具有以下特征：一是可测性。即所开展的社会主义核心价值体系课题教学质量的观测点均能以数据、客观事实作为其重要依据和标准。二是系统性。社会主义核心价值体系教学质量可视化评价涵盖了教学的输入质量、教学的过程质量、教学的输出质量的评价。三是公开性。社会主义核心价值体系教学质量可视化评价既然是以数据、事实说话，因此无论是教学的输入质量、教学的过程质量还是教学的输出质量评价不是封闭性地而是开放性地进行。

二　社会主义核心价值体系教学质量可视化评价的价值取向

价值这个概念具有丰富的内涵。一般情况下，人们经常将价值理解为事物的意义或有用的功能。经济学上的价值主要是指凝聚在商品中的一般劳动，也就是商品的使用价值或价格。"然而在社会科学领域价值却是一个较为严格的哲学概念"①，在19世纪以后，价值论与之前形成的本体论和认识论，便成为哲学研究领域中的三大重点。此后，诸多哲学流派和哲学家便对价值问题展开了许多层面的深入研究。马克思主义哲学认为，价值作为一个普遍的概念，它的产生是基于人们对待满足他们所需要的外界物的关系，它"实际上表示物为人存在"。② 对此可知，马克思主义哲学对价值的理解，尤为突出了人的需要与物的属性两者之间的关系，这应当是探究社会主义核心价值体系教学质量可视化评价的重要理论基础。

在过去的教学质量评价中，主要存在以下三种价值取向：一是静态的评价取向。即对评价对象已达到的实际情况的评价。与动态评价相对应，现有评价主要是考察评价对象现实的教学设施、师资队伍、教学水平等，它是对评价对象在特定时间和空间的状态的评定。其优点是可以做出横向对比，看出评价对象的实际水平，但不便于考察评价对象的发展潜力和优良传统。二是重视结果的评价取向。结果性评价取向是在教学活动结束后进行的一次性评价，如期末的考核、考试等，目的是考查学生是否达到了相应的教学目标。在我国，传统的学习评价往往重视结果性评价，忽视过程性评价；重视学生学会了什么，不管学生是怎么学的。此类评价导致的结果是，学生思维没有得

---

① 荀振芳：《大学教学评价的价值反思》，博士学位论文，华中科技大学，2005年，第4页。

② 《马克思恩格斯全集》第二十六卷（第3册），人民出版社1974年版，第326页。

到良好的训练，没有掌握科学的学习方法，只知道花费大量的时间和精力对付考试以获得高分数。另外，相当一部分人认为结果性评价简便易行，容易操作，而过程性评价十分复杂，不便于操作，费时费力。三是知识本位的评价取向。这种教学质量评价的价值取向在有效地促进知识文化的传承方面有其积极作用。然而，对于实现学生全面发展的教育目标而言，它还存在一定的弊端和局限。因为，以知识为本位的教学质量评价更多关注客体性知识，而不是教学主体本身的东西，它是以掌握了多少知识作为考察教学成功与否的标准，这与社会主义核心价值体系教学的内在要求是不相符合的。总体上，以知识为本位作为价值取向的教学质量评价，在一定程度上强化了知识和文化的传承，但其单一的价值取向与学生们全面而和谐发展的教学目标并不匹配，且与时代精神相背离。[①]

本研究认为，从评价的科学性、合理性以及人的可持续发展维度考虑，社会主义核心价值体系教学质量评价的应然价值取向主要体现在以下几方面：

一是发展性评价价值取向。伴随社会的发展与进步，包括人的理念、成长的含义、生活的意味、教育的理想以及发展的内蕴等都发生着巨大变化。特别是随着社会生活环境的变革，越来越使人们重视人在经济和社会发展之中的地位和价值，进而更加要求教育应当围绕人的和谐发展而展开。对此，教学质量评价必须尊重以人为本这一基本原则，即需要建构有效促进学生的全面发展、差异发展和主体发展并使学生个体发展需要与社会发展需要和谐统一的教学评价体系。[②] 从该理念的分析可以看出，社会主义核心价值体系教学评价过程同时也是一个教育过程，并是思想政治教育教学过程中不可缺少的重要环节。"从生存实践的视界审视，思想是人们的航际、生命线、营养剂"。[③] 对个人来说，它是一个人过好现代公民生活和社会政治、经

① 李子华：《新课程背景下教学评价取向的反思与重构》，《中国教育学刊》2006 年第 12 期。

② 同上。

③ 朱小蔓：《情感德育论》，人民教育出版社 2005 年版，第 2 页。

济、文化生活，正确处理好各种社会关系、获得人生幸福的内在素质要求。因此，江泽民同志在第三次全国教育工作会议上指出"要说素质，思想政治素质是最重要的素质"。苏霍姆林斯基也认为，人的各个方面的和谐，都决定于某种主导的和首要的东西。这个起决定性作用的、主导的成分就是道德思想政治素质。[①] 还应当看到，随着社会政治、经济、文化的发展，对社会主义核心价值体系教学活动的要求也在不断地发展，对其价值判断的标准也会随之发生变化。特别是随着人们认识水平的提高与认识手段的进步，对社会主义核心价值体系教学的特征、层次及其可测性的认识也会不断发展变化。因此，作为教育价值判断基础的评价指标体系不是一成不变的，而是随着社会主义核心价值体系教学本身及社会对其的要求的发展而不断发展与深化，即评价指标体系应当具有动态发展性特征。

二是注重过程的评价取向。如前所述，评价就是评价主体对评价客体进行价值判断的过程，在评价中，对评价客体的认识至关重要。根据本研究对教学质量评价的界定，教学质量评价由教学输入质量、教学过程质量和教学输出质量评价三个部分所组成。教学输入的质量评价主要包含了条件设备、师资配备、学生基础等方面的评价。教学过程的质量评价，即对教师教学目标的把握、教学内容的安排、教学结构的设计、教学方法的运用、教学能力的高低以及学生的学习热情与课堂气氛等情况做出评价。而教学结果的质量评价，则是对教师教学各项工作预定目标的完成情况以及学生对所教内容的掌握水平等情况予以评价。这三者之间互为补充、互相渗透。其中，教学过程是整体教学活动的中心环节，历来都受到人们的充分重视。换句话说，所谓教学质量评价实际上就是对教学过程的效果开展评价。再者，从教学论视角看，教学过程是指学生在教师的指导下，获取知识、发展能力并形成思想品德的过程。在该过程中，教师依据相应的教育目标，通过策划制定、贯彻落实教学计划和指导学生学习，进而使学生逐步达到预期的教育目标。因此，社会主义核心价值体系教学质量需要充

---

① 谢树平：《思想政治教学评价研究》，黑龙江人民出版社 2008 年版，第 14 页。

分重视过程性评价，因为，学生思想政治素质的养成是一个长期需要不断积累和锤炼的过程，同时过程性评价能比较客观地反映学生发展的实际情况。

三是注重思维品质及能力的评价取向。在当今时代，知识更新的速度日益迅猛，知识的独尊地位也受到了前所未有的质疑，而思维品质及能力更加受到人们的重视。为此，和谐发展及能力本位逐步替代着知识本位，并成为教学评价新的价值取向。比如，泰勒模式、教学目标的分类理论等教学评价理论自然孕育而生。超越知识本位这一价值取向的教学评价，应该说更贴近于人的发展以及教育的本质属性，其方法和手段也有较大的创新。[①] 与此同时，社会主义核心价值体系教学与专业性学科知识教学存在一定差异，它更强调解决观念问题与认识问题，它更需要知识与能力的俱合。对此，是否注重思维品质锻炼及能力提升，应当属于社会主义核心价值体系教学质量评价的应然价值取向。

众所周知，教学最终的目的是改变学生的思想和行为，有力促进学生健康发展，同时也促进教师专业成长。做好教学质量评价工作，目的是使其教学工作更富有成效。[②] 我们在探讨社会主义核心价值体系教学质量可视化评价价值取向的同时，开展社会主义核心价值体系教学质量可视化评价还存在如下现实意义：

一方面，可以确保"三个有利于"。第一，有利于考察和改进学生的学习状况。开展社会主义核心价值体系教学质量可视化评价，可以了解、考查学生学习社会主义核心价值体系相关内容的方式方法、学习的效果，尤其是其思想和行为的变化情况，对于其进步以及优秀的表现予以激励，这样能充分地调动学生的积极性和主动性，从而促使其更上一层楼；另外，通过开展社会主义核心价值体系教学质量评价，还能提供相应的信息，使学生认识到学习中存在的问题、学习的

---

① 李子华：《新课程背景下教学评价取向的反思与重构》，《中国教育学刊》2006 年第 12 期。

② 杨怀中、张彦昌：《构建高校思想政治理论课教学评价体系的价值意蕴》，《思想理论教育》2008 年第 23 期。

难点所在，从而促使学生改进学习策略、方法，攻破难关，弥补自己的不足。第二，有利于诊断和改进教师的教学行为。教学要真正取得实效，除了具备教学目标和内容正确清晰这个前提之外，最为重要的是，教学行为的科学性、可行性和适宜性问题。教学行为是教育领域中耳熟能详的概念，但对其界定观点各异。施良方等研究认为，教学行为主要是指由教师引起、维持并促进学生学习的所有行为，它包括主要的教学行为、辅助教学行为和课堂管理行为。[①]同时，傅道春则认为，教学行为包括对各种教学要素的专业理解与教学运行中的设计、程序、手段、方式和方法。[②] 而徐继存等学者认为，教学行为即为教师教的行为，包括广义和狭义两个层面。广义的教学行为是指教师在一定教学观念指导下，为达成教学目标而采取的各种行为方式的综合，贯穿于教师为完成教学任务而采取的一切活动之中，包括备课、教学设计、课堂教学、辅导、作业布置与批改等环节中的行为。而狭义的教学行为，它专指教师课堂教学的行为。换句话说，就是教师基于自身教学理念、知识背景、教学能力、教学个性与教学智慧，在教学过程中所表现出的操作方式。教学行为具有目的性、自主性、社会性、规范性、稳定性、创造性、自觉性等特征。[③] 通过社会主义核心价值体系教学质量评价，我们则可以及时诊断教师的教学效果和水平，以及了解教师教学行为的科学性和适宜性，以不断改进教师教学行为。第三，有利于诊断和提升学校的教学管理水平。社会主义核心价值体系教学也是一项复杂的系统工程，需要方方面面的努力。其中，做好教学质量评价工作显得尤为重要。因为，通过社会主义核心价值体系教学质量可视化评价，可以及时了解教学的现状、存在的问题和内在的潜力，真正找到深化社会主义核心价值体系教学改革的突破口或切入点。学校教学工作目标的实现与教学质量管理水平的衡量

---

① 施良方、崔允漷：《教学理论：课堂教学的原理、策略与研究》，华东师范大学出版社 1999 年版，第 149 页。

② 傅道春：《教学行为的原理与技术》，教育科学出版社 2001 年版，第 1 页。

③ 徐继存、徐文彬：《课程与教学论》，高等教育出版社 2009 年版，第 170—171 页。

都必须借助教学质量评价这把"尺子"来进行度量和判断。① 这是因为教学质量评价可以帮助查找教学过程中存在的薄弱环节，并及时了解教师对教学目标和教学大纲等的实现程度，准确掌握教师教学态度、教学能力、教学改革与创新的情况等，能够为学校领导做出提高教学质量决策、改进教学质量的管理和有效控制教学质量的措施提供依据。比如，通过开展社会主义核心价值体系教学质量评价，可以对教师的教学水平进行排队，使领导及有关部门及时掌握教师的教学动态，从而合理地安排工作任务、进修方向，以提高教学质量和师资水平。又如，通过社会主义核心价值体系教学质量评价，能为学校调整、提职、晋级、评优奖励教师提供可靠性的、基础性的第一手材料。

另一方面，可以实现"三个突破"。社会主义核心价值体系教学评价既属于教学评价范畴，也属于思想政治教育评价范畴。然而在过去较长的时间中，思想政治教育评价多少存在"过空或过虚"的毛病，比如评价目的较为模糊，评价主体比较单一，评价内容抽象笼统，评价手段相对滞后，评价结果未予重视等。实施符合时代要求、尊重教育规律、体现国家意志、易于实际操作的社会主义核心价值体系教学质量可视化评价至少能实现以下三个方面的突破：一是对"社会主义核心价值体系教学看不见摸不着，可重可轻"传统认识的突破。通过调研发现，多数人认为社会主义核心价值体系教育教学就是要使学生知大事、明大理，学生一点一滴的进步往往存在于无形之中。也正基于此，他们认为对社会主义核心价值体系教学质量的评价，难以具体且不宜具体，其结果使评价指标体系的主要观测点含糊空泛。为此，开展社会主义核心价值体系教学质量的可视化评价，既能充分吸收已有的考核评价方法中的宝贵经验，又可以跳出对社会主义核心价值体系教学评价的认识误区。首先，我们需要坚持定量评价与定性评价相结合，同时强调数量化的或事实化的评价，使评价指标尽可能数值化、事实化并可测量化，进而依靠动态数据或者可追溯性

---

① 徐金寿：《教学督导和教学质量评》，甘肃文化出版社 2005 年版，第 75—76 页。

事实来支撑评价体系中的主要观测点；其次，尽可能将评价内容——对应到相应的单位或部门，以克服彼此之间的推诿现象，增强评价活动和评价结果的科学性和准确性，使社会主义核心价值体系教学真正由软变硬、由虚变实。二是对"上级对下级"单一测评主体的突破。过去，凡是与社会主义核心价值体系教育教学相关的思想政治教育评价活动，几乎均为学校内部或外部的"上级对下级"的单向评价，评价活动主体多为教育行政主管部门或者校内行政职能部门，这样势必导致评价信息难以闭合并立体交叉覆盖。而社会主义核心价值体系教学质量可视化评价，则充分发挥了教育行政部门、学校、学生、家长以及社会相关方不同主体间交互式评价的能动作用，其评价的结果是不同主体评价结果之综合，从而更好地避免单向评价主体带来的非均衡评价结果。三是对"靠大量文字描述，靠长时间现场测评"做法的突破。包括 2003 年秋季启动的五年一轮的我国普通本科高等院校第一轮本科教学工作水平评估在内，国内教育教学工作评估大多是靠大量文字材料来支撑，靠受评对象的冗长汇报和不厌其烦的反复解释来得出结论。这样的做法既给受评对象以较大的"笔下生花"的发挥空间，又会让评价主体方疲于在各种"真真假假"的支撑材料中搜索有用信息，这样既无法真实反映各受评对象工作的状态和水平，同时又使评价工作于无形中增加了难度、降低了信度。而社会主义核心价值体系教学质量可视化评价的方式，尽可能做到了常态化、信息化、数字化和透明化，突破了靠大量文字描述，靠长时间现场测评的做法。

第二节　社会主义核心价值体系教学质量可视化评价指标体系

　　基于对可视化的社会主义核心价值体系教学质量评价的理性分析，本研究认为，社会主义核心价值体系教学质量可视化评价指标体系的建构，需要遵循以下基本前提和思路。

一　构建社会主义核心价值体系教学质量可视化评价指标体系的基本前提：把准六大原则

一是导向性原则。任何一项具体的社会主义核心价值体系教学评价都是以一定的目标为依据和出发点的，而目标本身总要体现一定的方向，目标的正确与否要以引导的方向是否正确作为衡量的标准。因此，社会主义核心价值体系教学质量评价首先必须确保正确的方向，要考虑"指挥棒"向何处指、把社会主义核心价值体系教学向何处引的问题。在我国开展社会主义核心价值体系教学应当以社会和人作为两大服务方向。通过评价，既要保证社会主义核心价值体系更好地为社会政治经济服务，又要努力促使学生身心的健康发展。导向性原则不仅要体现在社会主义核心价值体系教学评价的各个环节和具体过程之中，如评价对象的选择、标准的确定、指标体系的设计、权重的分配、结果的处理等，还应当体现在以其权威性的结果客观地影响评价对象的努力方向并主动予以指导，帮助他们将评价结果上升到一定的理论高度加以认识，根据评价对象所具有的主客观条件提出可供选择的方案，帮助其掌握今后一段时间内的发展方向。

二是紧扣核心环节的原则。从教学的一般流程来看，社会主义核心价值体系教学的质量包括教学输入的质量、教学过程的质量和教学输出的质量，每一方面的质量均有其核心环节，其中教学输入质量的核心环节是师资配备，教学过程质量的核心环节应是教学内容安排、教学方法选择和学习方法的指导；教学输出质量的核心环节是学生认知、情感及能力水平的评价。对此，可视化的社会主义核心价值体系教学质量评价指标体系要重点关注这些关键要素和关键环节。

三是可操作性的原则。社会主义核心价值体系教学质量评价管不管用、服不服人，关键在于评价指标是否落实到具体环节，是否可视可测而不空泛。因此，我们需要将社会主义核心价值体系教学主体的行为、教学客体的变化、教学过程的要素、教学效果的反映以及社会主义核心价值体系教学质量评价本身所使用的方法与手段，采用定量和定性相结合的方式，重点把握好动态数据和可追溯性的事实，力争将每一观测点有机转换为显性的、可视的和可测的表达方式来开展客观公正的评价。

　　四是差异性原则，即社会主义核心价值体系教学质量评价要针对不同层次、不同专业及不同类型的高校，采取不同的评价标准进行评价。其一，不同层次的差异性。从专科、本科、硕士到博士阶段的教育，由于学生个体的差异，其社会主义核心价值体系教学的内容、方式方法必然存在较大的差异，因此教学质量的评价也存在较大的差异性。其二，不同专业的差异性。不同专业进行社会主义核心价值体系教学，其内容的广度和深度、方式和方法也存在较大的差异性，因此其教学质量的评价的指标权重也应当有所不同。其三，不同类型高校的差异性。依据不同的划分标准，高校可划分为多种类型，而不同类型的高校，其学校人才培养目标定位、教学主体对象各不相同，其教学质量评价同样存在较大差异。

　　五是系统性原则。社会主义核心价值体系教学质量评价体系即为一个评价系统，系统内部存在一定的结构，在该结构中，相应指标的组合需要层次分明、主次得当，从而形成一个紧密联系的有机整体。对此，系统性原则要求我们在设计评价指标体系之时，需要从评价目标整体性出发来选择具体指标，同时仔细斟酌每一指标在指标体系中的地位和作用，恰当地确定它应处的层级和位置。特别需要说明的是，评价目标一般是较为抽象的，它需要不断分解，也正因为多次分解，会导致具体化的环节增多，评价指标相应就越多，因此指标设计受到的干扰就可能越大，于是我们需要运用好系统性原则来对评价指标体系开展整体性审视。根据系统性原则的要求，指标体系必须全面反映社会主义核心价值体系教学系统，既要充分反映其数量要求，又要充分反映其质量要求，特别不能遗漏其中的任何一项重要指标。换句话说，我们需要全面把握指标体系，该纳入的不得遗漏，该强化的就得凸显，并对不同指标的重要程度给予恰如其分的判断，使之各得其所。

　　六是发展性原则。传统的教学质量评价往往是静态的、功利性的，它把完整的教学质量评价简化为一次性的终结性评价。然而，可视化的教学质量评价应该是动态的，不是将立足点放在鉴定选择、解聘、升降级、加减薪酬等奖惩性方面，不是将奖惩只作为促进教师和学校未来发展的手段，而是将立足点放在学校、教师、学生的可持续发展上，其主要目的是将促进学生发展的需要、教师发展的需要与学校发展的需要三者统一融合起来，并承认人与人之间的发展存在差异，并从这些差异的分析中发掘适合个人发展的途径和方法，从而促进学校、教师和学生的未来可持续发展。[①]

二　构建社会主义核心价值体系教学质量可视化评价指标体系的基本思路：把住三大要件

依据思想政治教育实践活动的内在要求，社会主义核心价值体系教学质量评价指标体系应当体现评价目标的一致性、评价指标的独立性、评价内容的完备性、评价过程的系统性、评价手段的可测性和可行性等特征。对此，我们在构建社会主义核心价值体系教学质量可视化评价指标体系之时，可以研究运用以下设计思路。

一是以职能职责为依据，准确把握评价对象和适用范围。中央 16号文件指出："要建立健全党委统一领导、党政群齐抓共管、有关部门各负其责、全社会大力支持的领导体制和工作机制。"为此，社会主义核心价值体系教育教学主体是多样化的，包括政府机构或者委托的监督机构、地方教育行政部门、学校管理干部、教师等，他们都承载着不同的职责与功能。社会主义核心价值体系教学质量评价的主体不同，则评价对象和适用范围就有所不同。若社会主义核心价值体系教学质量评价的主体是政府机构或者委托的监督机构，则评价客体主要是各级教育行政部门、各级学校、教师和学生；若社会主义核心价值体系教学质量评价的主体是地方教育行政部门，则评价客体主要是各级学校、教师和学生；若社会主义核心价值体系教学质量评价的主体是学校管理干部，则评价客体主要是教师和学生；若社会主义核心价值体系教学质量评价的主体是教师，评价客体则是学生。

---

① 胡中锋：《教育评价学》，中国人民大学出版社 2013 年版，第 138—139 页。

　　二是以目标导向为依据，科学设置指标选项和评分标准。评价目标即评价活动的航标，一则可以引导受评对象行为方向，二则可以激发受评对象的行动能力，三则可以帮助评价者和受评对象纠正偏离的目标。泰勒在目标模式的教学评价中提出，"教师要把所期望的学生的行为变化以目标的形式规定下来"。[①] 因此，在评价指标体系的设计过程中，应该根据评价目标来设置指标选项和评分标准。比如，针对各级教育行政部门对学校的评价而言，就应当以学生全面发展为目标，可以选择将体制机制、资源配置、教学过程、教学效果等，作为《指标体系》的一级指标。在此基础上，构建更细的二、三级指标，由此搭建科学而系统的社会主义核心价值体系教学质量可视化评价指标体系框架。

　　三是以评价功能为依据，合理确定指标层级和评分权重。概括来讲，社会主义核心价值体系教学质量评价蕴含着多种功能，比如诊断功能、导向功能、信息反馈功能和调节改进功能等。因此，坚持事实判断与价值判断相结合、定量分析与定性分析相结合、目标引领与激励纠偏相结合、问题甄别与持续改进相结合，是积极而充分地发挥评价功能的重要前提。对此，社会主义核心价值体系教学质量评价体系指标层级和评分权重的确定，一定要在遵循上述原则基础上，深度结合社会主义核心价值体系教学的实际状况，根据社会主义核心价值体系教学内容的多少、难易程度的大小以及工作效果的现实达成度等进行合理设置与分配。

三　社会主义核心价值体系教学质量可视化评价指标体系的框架设计

　　根据上述设计原则与思路，我们可以探索性地设计出一套具有国内高校普适性的社会主义核心价值体系专门课程课堂教学质量评价指标体系（样例）（详见附件 1）。也正因为该指标体系属于探索性设

---

　　① Danid L. Styfflebeam, George F. Madaus, Thomas Kellaghen. Models: Viewpoints on Educationaland Human Services Evaluation. Kluwer Academic Publishers, 2000, p. 9.

计，这里特别需要对其作几点说明：

一是社会主义核心价值体系教学质量评价可视化指标体系的层次结构。社会主义核心价值体系教学质量评价可视化指标体系由三级指标构成。一级指标主要考虑 3 个维度，即教学输入的质量、教学过程的质量、教学输出的质量。二级指标共 18 个，它是一级指标的细化，即教学输入的质量包括课程设置、体制机制、教材建设、师资力量、教学设计等；教学过程的质量涵盖教学内容、教学方法、组织教学、作业布置、时间管理以及教师的基本功等指标；而教学输出的质量则包括学生的认知程度、情感态度、能力水平、行为表现、教师教研教改、效果满意度、特色项目等指标。三级指标即主要的观测点，是二级指标的进一步细化，即可视化的评价点及其评价标准，它要求每一个评价点要么以具体的数据为标准，要么以明确的事实为基本要求。

就教学输入质量而言，其课程设置主要观测点包括社会主义核心价值体系教学是否纳入学校课程计划、社会主义核心价值体系教学在学校人才培养方案中是否有具体体现、是否编制了社会主义核心价值体系教学的课程标准（或教学大纲）；体制机制主要考察组织领导重视的程度、听课次数、教研活动次数、考核制度建设等方面；教材建设主要观测选择和使用的重点教材、校本教材开发情况；师资力量主要考察教师的选拔与配置、教师的培训等方面；教学设计主要考虑教学目标的设计、授课计划（周历）安排、教案设计撰写等方面。

就教学过程质量而言，其组织教学要考查学生出勤率、教学环节的安排等；其教学内容主要考察导入环节内容具有趣味性、启发性、思想性，讲授新课内容是否注重理论联系实际，贴近学生生活，注重社会经济、科技文化、生态与生命伦理等方面素材的挖掘，授课内容是否重难点突出，注重分析的深度和广度，针对不同层次、不同专业、不同年级的学生，是否适时调整社会主义核心价值体系教学内容，教学内容是否注重学生人生观、价值观和世界观的培养和引导，板书内容是否简洁、直观，逻辑清晰，突出整个课堂教学内容的关键词等；教学方法上主要观测点包括是否针对实际，灵活运用范例教学、讨论辩论、主题演讲、合作探究、角色扮演、新媒体学习等多种方法，是否注重互动，师生双边活动活跃融洽，学生是否敢于实践，敢于质疑和创新，学生主体性得到发挥等；时间管理主要考察教师教的独立活动时间控制情况（包括教师讲解讲析时间、板书或展示多媒体时间、维持课堂秩序时间等），课堂互动时间控制情况（包括师生、生生之间进行交流、对话、讨论、辩论乃至共同实践的时间等），学生学的独立活动时间控制情况（包含学生独立阅读、质疑、思疑、解疑、练习、实践操作时间等）；作业布置主要观察作业内容是否紧扣教学内容的重点、难点，难度适中，作业形式是否多样化，课内课外作业量是否适中，作业批改、反馈、评讲是否及时到位等；课堂教学教师基本功的考察主要包括语言是否清晰、富有启发性和感染力，普通话是否标准规范，仪表是否整洁、大方，庄重自然，上课是否精神饱满，板书是否快捷、准确、规范，对课堂偶发事件是否机智地处理等。

就教学输出质量而言，其学生认知程度主要考查学生能否正确回答社会主义核心价值体系相关知识，能否运用社会主义核心价值体系相关理论对现实问题进行判断；学生情感态度主要考查学生是否制定了自己的理想目标，学生是否能判断是非，学生是否经常参加集体活动，学生是否积极参与爱国爱校的有关活动；学生能力水平重在考查学生是否能运用社会主义核心价值体系的观点和方法解决一些现实问题，学生是否能承担有关社会主义核心价值体系社会实践任务等；学生行为表现，主要考查学生学习社会主义核心价值体系内容后，近三年的主要变化情况，包括是否发生造成不良社会影响的重大学生群体性事件、学生犯罪率情况、学生违纪处分率情况、近三年每年是否均有校级及以上媒体报道学生先进集体和先进个人典型事迹等；教师教研教改情况，主要涉及教师专业化发展情况，包括教研教改文章发表或者在校级以上进行经验交流情况、听课评课情况等；效果满意度主要测评学生、家长以及用人单位的满意度情况；特色项目主要考察是否开展了社会主义核心价值体系教学工作改革与创新，并取得显著成果，其经验在所在省市及以上有较大影响或得到推广等。

二是社会主义核心价值体系教学质量评价可视化指标体系的适用

范围。社会主义核心价值体系教学质量评价可视化指标体系，这里主要适用于学校自评、上级教育主管部门对各级各类学校测评或检验性抽查。不同类型的高等学校对于一、二级指标可以通用，而主要观测点即可视化测评标准则可以根据不同层次、不同类型的高校实际进行灵活调整。

三是社会主义核心价值体系教学质量评价可视化指标体系的考察方式。社会主义核心价值体系教学质量可视化评价指标体系中主要观测点的考察，可以采用材料审核（含电子材料）、实地考察、问卷调查和满意度测评等方式进行。其中，材料审核以近两年的相关事实和数据为主，实地考察包括实地观察（含课堂听课）、实地访谈、模拟验证等。社会主义核心价值体系教学质量的可视化评价结果采用"状态描述法"，以 A、B、C、D 描述测评指标的状态，测评最后结果分别以二级指标及其观测点获得 A、B、C、D 的数量予以反映。

第三节　社会主义核心价值体系教学质量可视化评价操作系统

社会主义核心价值体系教学质量评价体系是一个复杂的系统工程，它包括评价指标系统和评价操作系统两大组成部分。社会主义核心价值体系教学质量评价操作系统由"评价主体的选择、评价客体的确定、评价过程的设计、评价方法的运用"[1] 及评价结果的导引等要素构成。每一个构成要素不可或缺并且相互联系，其互动共生方使社会主义核心价值体系教学质量可视化评价体系彰显其应有的功能与价值。

一　评价主体的选择

主体是哲学中的重要概念，与客体紧密相连，主体与客体随着条

---

[1]　刘敏：《促进学生发展的教学评价体系》，硕士学位论文，上海师范大学，2003 年，第 5 页。

件的变化而交互变化。就主体与客体而言，它们是形成实践和认识关系的两个基本的实体元素。"评价主体是认识的生产者，评价客体则是消费者或者认识的对象"。[1] 若要划分和确定主体与客体只有在这种关系中才得以成立。"两者究竟在何种情况如何存在，需要根据它们在一定对象性关系中的地位来予以确定。"[2] 要区分社会主义核心价值体系教学评价的主体与客体，首先必须弄清楚这一点。那么，在社会主义核心价值体系教学质量评价中具有什么样的条件才能担当评价主体这一角色呢？通过研究，认为有以下六类情况：一是拥有行政监督权，能够代表政府对学校教育予以监督、检查、评价和指导，其工作具有一定的权威性。如同级人民政府授权，代表政府行使督导教育职能的督导机构。二是拥有社会主义核心价值体系教育教学的宏观决策权，能够代表政府为其创造相应的必要条件，并具有把客观条件变为现实的能力。如同级人民政府领导和管理教育事业的行政职能机构，即各级教育行政部门。三是拥有对社会主义核心价值体系教育教学的微观管理权，能组织有关评价工作并根据评价结果对受评对象提出改进意见。如以校长、中层干部、教师专家为代表的学校考核机构。四是拥有对接受者进行评价的权力，包括评价他们的品行和学业成绩，并能够对学生学习和发展承担直接责任。如广大德育教师。五是拥有社会主义核心价值体系教学计划或工作安排下的相关活动参与权，对教学目标是否达成及其亲身体验有直接的发言权。如社会主义核心价值体系的教学对象，即学生。六是第三方评价团体，即由家长组成的家长委员会或者具有认证资格的评价机构等。

二　评价客体的确定

社会主义核心价值体系教学质量的可视化评价客体，主要是指社会主义核心价值体系教学活动所指向的对象。"评价客体与评价主体

---

[1]　Nigel Norris. Understanding Educational Evaluation. London：Kogan Page Ltd.，1990，p. 103.

[2]　王茂胜、邵莉莉：《论高校思想政治理论课教育教学评价的主客体》，《高教发展与评估》2011 年第 7 期。

之间是一种相对存在关系"。① 社会主义核心价值体系教学质量的可视化评价客体则是在社会主义核心价值体系教学主体视野下的一种价值关系及其运动和结果，或者称为"价值事实"。社会主义核心价值体系教学质量评价客体可以从两个层面来理解：其一，它与社会主义核心价值体系教学质量的评价主体共同构成了社会主义核心价值体系教学评价活动系统；其二，它属于自成系统，是一个由社会主义核心价值体系教学质量评价的价值主体与价值客体共同构成的价值关系系统。就具体实践而言，社会主义核心价值体系教学质量评价客体是评价主体按照评价目的设定的。因此，社会主义核心价值体系教学质量评价客体一定是价值关系系统，但是并不是所有的价值关系都是评价客体。对于同一个价值关系系统，由于评价目的的差异，其被评价的角度和层面也各不相同。所以，只有将社会主义核心价值体系教学评价的主体按照评价之目的，纳入社会主义核心价值体系教学评价活动系统的价值关系之中，才属于社会主义核心价值体系的教学评价活动系统所指向的客体。而社会主义核心价值体系教学评价客体一旦被主体所设定，它就成为与主体相对应的一极。② 这一点在理论上必须厘清，否则难以指导具体的实践。③ 倘若政府机构或者委托的监督机构作为社会主义核心价值体系教学质量的评价主体，则评价客体主要是各级教育行政部门或者各级学校或者教师和学生；倘若社会主义核心价值体系的教学质量评价主体是地方教育行政部门，则评价客体主要是各级学校、教师和学生；若社会主义核心价值体系教学质量评价的主体是学校本身，则评价客体主要是教师和学生；若社会主义核心价值体系教学质量评价的主体是教师，评价客体则是学生。

三　评价过程的设计

　　评价步骤是由多要素构成的动态系统，它不是某一个或几个要素

---

　　① 王茂胜、邵莉莉：《论高校思想政治理论课教育教学评价的主客体》，《高教发展与评估》2011 年第 7 期。

　　② 同上。

　　③ 马千：《基于生态位理论的高校德育绩效评价研究》，博士学位论文，南京理工大学，2011 年，第 162—163 页。

的独立活动，而是评价操作实施程序的整体活动。具体而言，社会主义核心价值体系教学质量评价过程一般应包含三个基本环节，即准备环节、实施环节和结果分析环节。同时，每一个环节都是由诸多不同程序构成的，这些程序缺一不可。其中，实施环节属于社会主义核心价值体系教学质量评价的实质性操作阶段，它既是整个评价程序的中心环节，也是评价组织工作的重点。就这一环节而言，需要精心把握以下具体程序：

（一）评价的宣传动员

为了保证社会主义核心价值体系教学质量评价工作的顺利进行，做好细致的宣传和动员工作是前提。宣传和动员的形式可以是召开专题报告会、动员大会、讨论会等，也可以通过校报校刊、广播电视、幻灯通报等宣传媒介进行。其目的是使评价者和评价对象对社会主义核心价值体系教学质量评价目的和意义提高认识，并普及相关知识，以为评价工作的顺利实施打好前期基础。

（二）评价的初步运行

预评价是在正式评价之前，先选择试点单位进行试评，以便取得经验，并进一步完善评价方案，从而保证正式评价工作的顺利进行。预评价可以由评价组织开展，也可以把评价对象的自我评价作为预评，后者更有利于调动评价对象的积极性，促使其主动寻找自身存在的问题，改进社会主义核心价值体系教学工作。

（三）评价的正式运行

正式评价是实施环节中的一个核心步骤，也是对评价结果的产生最具决定性的一个程序。在正式评价的过程中，评价者与评价对象的相互配合是非常重要的。一方面，它要求评价对象实事求是地将各种资料全面提供给评价者；另一方面，评价对象还需要为评价者提供有利的工作条件。需要强调的是，在这一步骤中，评价者要加强监督和检查，谨防各种弄虚作假、报喜不报忧的不良行为发生。

（四）评价的信息收集

社会主义核心价值体系教学评价的基础和客观依据就是收集到的各种评价信息，它是整个评价工作最终做出科学结论的必要条件。如果评价者能够占有更多的评价相关信息，就会使评价的结果越发准确合理。不然，就容易犯以偏概全的错误，并致使评价工作存在主观随意性或片面性，甚至无法开展相关评价。信息收集的渠道尽管多种多样，但也存在诸多的阻碍和困难，因此在获取社会主义核心价值体系教学评价信息过程中需要注意以下问题：一是信息的全面性。它要求评价信息不能遗漏某一方面或某一环节，要尽可能全面反映评价对象的全貌和全过程。二是信息的真实性。社会主义核心价值体系教学评价涉及面宽且内容复杂，同时不同学校情况可能千差万别，随之带来的信息就可能存在较多的表象。因此，评价者在收集相关信息时，一定要按照评价指标体系的内在要求，注意把握最真实且最能反映德育活动实际情况的信息。三是信息的足量性。除了信息的全面真实准确外，要真实地反映评价对象的实际状况，还需要有足够的信息量。唯物辩证法告诉我们：质是以一定的量为必要条件，它决定于数量的界限；缺乏一定的量就不可能有相应的质。所以，我们应当有反映评价对象德育活动实际情况的足够的信息量。但同时，也并非信息量越多越好，只要可以满足对评价对象的质量做出客观公正的价值判断即可。

（五）评价的信息处理

由于收集到的评价信息是多种多样的，有的是零碎且杂乱无章的。因此，获取评价信息之后的一个重要程序就是对这些信息进行归类、审核、统计、建档等整理工作，然后评价者对整理后的评价信息依据评价指标和评价标准进行判断处理，包括运用数学或其他方法得出评价结果。

（六）评价的综合小结

它要求评价者将每一分项评定的结果，运用统计学、教育学、模糊数学等有关理论和方法，将其汇总为评价对象的综合评价，并对评价对象做出准确、客观的定量或定性评价结论，形成评价意见。[①]

---

① 马千：《基于生态位理论的高校德育绩效评价研究》，博士学位论文，南京理工大学，2011年，第162—163页。

四 评价方法的运用

社会主义核心价值体系教学质量评价的过程方法，除了充分运用季度或年度电子信息报表、社会性志愿者工作队常态下信息采集以外，实地考察、问卷调查和满意度测评等方式亦必不可少。其中，现场考察需要充分重视以下工作环节与方法。

（一）听——听汇报、听课

听取汇报，可以主要听取三个层面的汇报：一是学校的相关领导者；二是课程教研组长；三是任课教师。学校领导者层面，着重听取学校关于社会主义核心价值体系相关课程设置、师资配置、教学条件配置及相关激励措施等；课程教研组长层面，着重听取关于课程教材的开发、教学研究活动的开展、日常的管理等情况汇报；至于任课教师层面，着重听取关于社会主义核心价值体系教学目标、教学内容、教学方式方法和手段、对学生学习效果的评价、教学基本功等。听课环节可以重点关注两个方面：一是听教师说课；二是听教师上课。说课能反映出教师自身的教学理论水平及驾驭课程标准和教材的能力。听教师上课是评价社会主义核心价值体系教学质量的有效方式，可以从教学目标、教学内容、教学流程、教学方式方法、教学时间管理、教学基本功、教学个性和风格、教学机智、教学效果等方面，全面掌握所在学校社会主义核心价值体系教学的质量状况。

（二）看——材料审核、实地考察

查看材料是质量管理中常用的审核方法，关于社会主义核心价值体系教学相关的材料重点把握以下几个方面：一是学校关于社会主义核心价值体系教育教学的相关管理制度文件；二是师资配备情况的教师个人信息，包括学历学位、年龄职称、教学成果等；三是教研室开展教学研究活动的手册记录、日常教学工作检查的记录等；四是教师备课记录本（教学设计），含教学反思等。另外，还需要实地查看图书资料室、语音多媒体教室等。

（三）问——问卷调查、座谈会

精心设计问卷调查表及访谈提纲，是为了全面而准确地把握社会主义核心价值体系教育教学现况。调查问卷及访谈提纲需要围绕社会主义核心价值体系教学的领导组织、制度安排、课程设置、资源配置、教学效果等方面设计。问卷设置可分为教师卷和学生卷，从不同的视角系统考察社会主义核心价值体系教育教学质量。

（四）查——验证性查访、相关记录

验证性查访及查阅主要是针对学校领导、教师和学生提供的相关信息进行验证的一种审核方法。这里同样需要重点关注两种情况：一是已经实施的举措及成效；二是改进的举措及效果。

（五）议——评议特色项目等

评价组成员、学校相关教师、领导聚集一起进行集中评议，可以先由相关教师或领导汇报开展社会主义核心价值体系教育教学工作改革与创新情况，尤其是在当地或国内一定范围内有较大影响或得到推广的特色成果经验。接着开展集中评议，并给出相应的评议结果。

五　评价结果的应用

评价结果的确认与运用是评价活动的最后环节，它也是事关评价功能是否得以充分发挥的关键步骤。具体而言，该环节需要把握以下基本程序。

（一）验证评价结果

教学质量评价的准确性和可靠性直接反映了评价工作的质量，而且还对评价对象有相当直接的利害关系。为此，评价结果需要经过认真验证。具体而言，检验的过程可以从两个方面进行：一是切实检查评价程序中每一步骤的正确性、全面性及合理性，是否符合社会主义核心价值体系教学质量评价的基本原则及评价标准的要求；二是运用教育统计学的检验方法，对评价结果的统计量进行检验。

（二）形成综合判断

形成综合判断就是从总体上对评价对象做出关于评价工作定性或定量的综合意见。其中，定性的综合判断主要是通过自然描述法和等第评定法两种方式完成的。自然描述法是依据其自身实际情况的动态要求，对评价对象的价值或活动成效进行对照分析，对评价对象的表现和状况进行客观的自然描述。等第评定法是用等级语言来表达最终的判断结果，其优势在于评价结果的直观性和可比性。定量的综合判断主要是根据量表，对评价对象的各方面特性或其总体性进行评分赋值，以判断其价值。综合判断应当是定性判断与定量判断的有机结合。在形成综合判断的基础上，评价者还需要对评价过程所获取的信息进行深度类析，特别是找准现存的主要问题以及症结所在，为评价对象总结社会主义核心价值体系教学工作的经验教训提供资料，从而使评价对象能够有针对性地改进工作。

（三）及时反馈结果

评价活动的结果需要向有关方面及时反馈。因为，只有评价而没有结果的反馈，就会失去评价工作本身的价值。就评价信息的反馈对象而言，包括向领导部门汇报评价结果，为其进行决策提供依据；向评价对象进行反馈，对评价结论做出解释以及工作改进的建议；向评价同业人员公布评价结果，以期相互借鉴等。绩效反馈是评价者将绩效评定结果及其评定的依据与评价对象进行有效沟通的过程。通常情况下，绩效反馈可以运用状态描述法、等级表述法和绩效面谈法等方法来进行。通过绩效反馈，可以了解绩效评价的实际效果，以便改进绩效评价的计划和方法，提高绩效评价水平。同时，也可以帮助评价对象提高自身的能力和业绩水平。

（四）评价结果运用

只有充分运用社会主义核心价值体系教学质量评价结果，才能促使各级各类学校深入推进社会主义核心价值体系教育教学工作，才能更好地激励教师真信真懂，不断提高教学水平和教学质量。这里以各级各类学校为例，评价结果可实实在在地运用于以下方面：一是给予教师与其他学科教师平等的物质待遇。二是用于教师评优与职务晋升。要让广大的从事社会主义核心价值体系教学的教师们充分认识到教学改革与实践有想头、有盼头，评优晋级中要充分考虑教师们付出的努力。三是其他激励措施，如外出考察学习、媒体宣传等。

（五）实施再次评价

对评价活动的再评价就是对整个社会主义核心价值体系教学评价

工作本身进行总结，即按照一定标准，对评价方案、评价过程和评价结果进行分析，特别是对整个评价过程的科学性、有效性和可行性等问题进行的评价，即对评价工作予以价值判断。至于再评价工作的必要性，这是由社会主义核心价值体系教学的评价对象复杂性和服务对象的特殊性所决定的，它可以促进社会主义核心价值体系教学评价的规范化和完善化，不断提高评价工作的科学化水平。因此，再评价是完整评价过程中不可或缺的一个环节。

（六）及时立卷建档

评价档案是在评价工作完毕后，对评价的计划、总结、卡片、问卷、指标数据等文件材料进行选择、分类、编号并集中保存起来，作为日后可资借鉴的文件资料。这些资料真实地记录了评价的整个过程，对于将来评价的再次实施具有宝贵的参考价值。因此，在评价结束后，评价组织者需要及时整理所有资料，及时立卷建档，做到专人保管，以备查阅和研究之用。

结　　语

提笔至此，不禁回首审视。纵观自己历时两年多的本项目研究，确是一个比较艰难的学术历程。本研究始终围绕提高社会主义核心价值体系育人实效这一目标，立足教学论的视野，运用定量分析与定性分析相结合的研究方法，从社会主义核心价值体系科学内涵的再认识着手，对社会主义核心价值体系育人功能及其教学实现的理论依据、现实考量、基本路向、质量评价等一系列问题进行了系统探讨，并在此基础上展望其发展趋势，以期使社会主义核心价值体系育人功能在高等教育教学中得以实现并力争取得新突破和新成效。

第一节　研究结论

本研究认为，在社会主义核心价值体系所蕴含的诸多功能中，育人功能十分强大并充分体现在个体、群体和社会等多个维度之上。首先，社会主义核心价值体系在个体的成人、成才、成器过程中均发挥着不可低估的价值和作用。其次，社会主义核心价值体系育人功能贯通于社会各个群体，对于规范群体行为、凝聚群体力量、形成共同的价值追求都有着十分重要的现实价值，尤其对大学生群体而言意义更为重要。最后，充分发挥社会主义核心价值体系自身的育人功能，可以有效调和社会不同群体的利益关系，使广大民众形成共同的社会理想，进而维护社会的和谐稳定。

深刻把握社会主义核心价值体系育人功能的实现机理是有效实现其育人功能的前提和基础。社会主义核心价值体系育人功能的实现机理主要是指社会主义核心价值体系育人功能发挥过程中，参与这一过程的各要素内部及之间的交互作用及其基本过程。构成社会主义核心价值体系育人活动系统的诸多要素不是孤立存在、彼此分割的，而是实实在在相互联系、彼此影响、共同发生作用。辩证唯物主义强调人类社会的发展是合力作用的结果，作为构成社会的最小单位的个人的发展也是由多种要素合力作用的结果。社会主义核心价值体系育人功能的实现机理在于：明晰社会主义核心价值体系育人系统的要素条件，优化系统的每一要素，实现诸要素间的互动聚合。

开展社会主义核心价值体系教学是对"把社会主义核心价值体系融入国民教育全过程，事关国民教育培养什么人、怎样培养人的重大问题"的积极回应。马克思主义关于人的全面发展学说中"未来社会的最高原则和理想目标就是实现人的全面发展"、"教育是造就全面发展的人的唯一方法"以及建构主义学习理论关于"认知结构重建在于学习意义的主动建构"、"学习情境的创设有助于学生对所学内容的意义建构"等基本思想对社会主义核心价值体系教学提供了认识论依据；后现代教学理论关于"教学是师生平等对话的过程"以及多元智能教学理论关于"教学与学生现实以及未来生活真正相连"等基本主张为社会主义核心价值体系教学实践提供了方法论依据。

社会主义核心价值体系育人功能的教学实现路向，是基于现状把握的回应，其核心在于社会主义核心价值体系"教"与"学"两大系统实现策略的科学构建。本研究按照教学活动的基本逻辑，通过构建由精神相遇的教学理念、价值渗透的教学目标、紧贴生活的教学内容、尊重差异的教师教法、追求实效的学生学法与提高效能的时间管理等所形成的教学路向，以有效实现社会主义核心价值体系育人功能。

实现社会主义核心价值体系育人功能的教学质量可视化评价，主要运用科学而可行的评价方法和手段，对社会主义核心价值体系教学输入质量、过程质量和输出质量进行价值判断，以为改进教学策略、促进教学管理和提高教学质量提供信息和参考，从而促进学生健康成长以及教师的专业发展。将可视化理念引入该教学质量评价领域，它对社会主义核心价值体系教学活动中各要素及效果指标的可视性、可量性和可测性提出明确要求，即所有观测点均需以数量化或事实化予以反映，其目的是让社会主义核心价值体系教学的全过程在显性状态下展开。社会主义核心价值体系教学质量评价体系是一个复杂的系统工程，其操作体系包含评价客体的确定、评价主体的选择、评价过程的设计、评价方法的运用及评价结果的导引等，诸要素间相互联系、不可或缺。

诚然，由于自己学识水平和研究能力有限，本研究还存在诸多遗憾或不足。具体而言，本研究属于跨学科研究，涉及思想政治教育理论、课程与教学论、德育评价理论和高等教育学理论等多个领域，笔者更多注重了研究的综合性、全面性和系统性，但理论研究的深度还不够。再者，由于时间和场域受限，在实证研究部分仅调研了国内7个省（市）的部分学校，考察的范围不够广泛，问题审视还不够透彻，提出的一些观点还需要经过长时间检验。

第二节　研究展望

基于"社会主义核心价值体系育人功能的教学实现研究"这一主题，笔者在西南大学博士生导师李森教授的指导下，尽管做了一些有益的探索，但要真正达到理想的研究目标，还需要从以下方面做好进一步的后续研究。

一是研究的广度需进一步延伸。本研究重在立足教学论的视野，运用教学这一重要载体对实现社会主义核心价值体系育人功能进行了系统性探讨，但对社会主义核心价值体系教学与学生日常教育管理之间的关系、与学生课外交互学习之间的关系、与校园文化建设之间的关系、与学校所在社区文化建设之间的关系等探讨不透，这无形中制约着本主题的研究视域。后续研究中，需要充分重视教学与社会主义核心价值体系育人这一作用系统与它系统的内在关联开展深入探讨。

二是研究的深度需进一步增强。一方面，社会主义核心价值体系教学以生活为本的探讨还停留在较浅的层次上。调研发现，类似思想政治理论课程如果仅仅为考试服务，就会变得非常无趣而枯燥，就会让学生变得呆滞。21 世纪的思想政治理论课程改革，其深意是尝试由原来的"知识"教学转向"生活"教学，"生活"教学的思路是从生活开始，并以生活为终极，它需要引导学生感受生活中的一切存在。关于这一点，非常值得今后开展深入的研究。另一方面，在党的十八大报告中提出了包含三个层面内容的社会主义核心价值观，对于如何通过教学手段积极培育和践行社会主义核心价值观的问题，亦是后续深度研究的重要方向。

三是研究的视角需进一步拓宽。全国人大代表（原北京大学校长）周其凤在 2013 年 3 月 5 日北京代表团会议上谈道"我有一个梦想，让所有想做北大学生的人都成为北大的学生"。紧接着，业内人士强调"2013——中国 MOOC 元年"已经到来。不得不承认的是，MOOCs 课程教学以其移动化（移动互联网）、碎片化（基于知识点）、社交化（作业答疑网络）、云平台（多终端学习平台）、大数据（个性化学习）、理论体系化（在线教育）和以学习者为中心的新特性，来势极其迅猛，这必将对传统的教学方式产生历史性和革命性的冲击。对此，社会主义核心价值体系教学如何有效顺应或应对这一新情况、新变化，必将是今后研究的一个焦点命题。

四是学生学习效果考核值得进一步研究。前面谈到，教师对学生关于社会主义核心价值体系的学习效果考核，需要改变传统的智能评价下的单一标准，综合运用日常表现、学习过程、阶段考试、特长评价、自我评价与教师同学评价等多种评价方法，但这恰恰是教学现实中的薄弱点。对于学生学习社会主义核心价值体系效果考核的后续研究，则需要在理论和实践层面上解决好考试与考察、课堂内与课堂外、教师评定与学生评定等有机融合的问题。也只有这样，学习效果考核的对象才会真正还原为一个真实的完整的学生。

附　　录

附件1:

社会主义核心价值体系专门课程课堂教学质量评价指标体系（样例）

一级指标	二级指标	测评标准	测评方式	
1. 教学输入的质量	1.1 课程设置	1. 社会主义核心价值体系教学纳入学校课程计划	1、2、3 材料审核	
		2. 社会主义核心价值体系教学在学校人才培养方案中有具体体现		
		3. 编制了社会主义核心价值体系教学的课程标准		
		符合上述 3 项标准为 A；符合其中 2 项为 B；符合其中 1 项为 C；其余情形为 D		
	1.2 教材建设	1. 使用与社会主义核心价值体系相关的重点教材	1、2 材料审核	
		2. 有结合本地、本校实际的关于社会主义核心价值体系教育的校本教材		
		符合上述 2 项标准为 A；符合其中 1 项为 B；其余情形为 D		
	1.3 教学设计	1. 教学目标制定涵盖知识与技能、过程与方法、情感态度价值观 3 个层面	1、2、3 材料审核	
		2. 授课计划（教学周历）规范，符合大纲要求		
		3. 教案设计涵盖教学对象、教学内容、教学目标、教学重难点、教学方法、教具准备、教学过程内容及时间安排、板书设计、作业布置、教学反思等环节和内容		
		符合上述 3 项标准为 A；符合其中 2 项为 B；符合其中 1 项为 C；其余情形为 D		
	1.4 师资力量	1. 实行社会主义核心价值体系相关课程专任教师任职资格准入制①	1、2、3、4 材料审核	
		2. 社会主义核心价值体系课程专任教师中具有高级职称的比例达到40%		
		3. 每年选送相关课程专任教师参加全国和省市研修≥1 人次		
		4. 邀请相关领域的专家到校进行培训指导≥1 次		
		符合上述 4 项标准为 A；符合其中 3 项为 B；符合其中 2 项为 C；其余情形为 D		

① 任职资格准入制：指新进社会主义核心价值体系相关课程教师原则上同时具有相应的教师资格和思政学科背景，具有研究生学历。

续表

一级指标	二级指标	测评标准	测评方式
1. 教学输入的质量	1.5 体制机制	1. 建立由学校主要负责人担任组长的社会主义核心价值体系教育教学领导小组，每学期至少召开一次专门工作会	1、2、3、4、5 材料审核
		2. 学校有关部门和个人①有明确的社会主义核心价值体系教学工作职责并完成相应任务	
		3. 学校党政主要领导每年分别到堂听社会主义核心价值体系相关课程≥2 学时	
		4. 学校或者二级教学单位每年组织相关教研活动至少2 次	
		5. 有落实社会主义核心价值体系教学的考核评价制度和激励措施	
		符合上述 5 项标准为 A；符合其中 3—4 项为 B；符合其中 2 项为 C；其余情形为 D	
2. 教学过程的质量	2.1 组织教学	1. 学生出勤率≥95%	1、2 材料审核与课堂观察
		2. 课堂教学过程组织严密，教学环节有机相扣	
		符合上述 2 项标准为 A；符合其中 1 项为 B；其余情形为 D	
	2.2 教学内容	1. 导入环节内容具有趣味性、启发性、思想性	1、2、3、4、5、6 材料审核与课堂观察
		2. 讲授新课内容注重理论联系实际，贴近学生生活，注重社会经济、科技文化、生态与生命伦理等方面素材的挖掘	
		3. 授课内容熟练且重难点突出，注重分析的深度和广度	
		4. 针对不同层次、不同专业、不同年级的学生，调整社会主义核心价值体系教学内容	
		5. 教学内容注意思想性和教育性，注重学生人生观、价值观和世界观的培养和引导	
		6. 板书内容简洁、直观，逻辑清晰，突出整个课堂教学内容的关键词	
		符合上述 6 项标准为 A；符合其中 4—5 项为 B；符合其中 2—3 项为 C；其余情形为 D	
	2.3 教学方法	1. 针对实际，灵活运用范例教学、讨论辩论、主题演讲、合作探究、角色扮演、新媒体学习等多种方法	1、2、3 课堂观察
		2. 注重互动，师生双边活动活跃融洽	
		3. 学生敢于实践，敢于质疑和创新，学生主体性得到发挥	
		符合上述 3 项标准为 A；符合其中 2 项为 B；符合其中 1 项为 C；其余情形为 D	

---

　　① 有关部门和个人：高校主要指学工部（处）（含招生就业和心理健康教育）、党委组织部、宣传部、教务处、社科部（处）及校团委等。

一级指标	二级指标	测评标准	测评方式
2. 教学过程的质量	2.4 时间管理	1. 教师教的独立活动时间（包括教师讲解讲析时间，板书或展示多媒体时间，维持课堂秩序时间等）控制在 28 分钟以内	1、2、3 课堂观察与记录
		2. 课堂互动时间（包括师生、生生之间进行交流、对话、讨论、辩论乃至共同实践的时间等）安排在 11 分钟左右	
		3. 学生学的独立活动时间（包含学生独立阅读、质疑、思疑、解疑、练习、实践操作时间等）安排在 6 分钟左右	
		符合上述 3 项标准为 A；符合其中 2 项为 B；符合其中 1 项为 C；其余情形为 D	
	2.5 作业布置	1. 作业内容紧扣教学内容的重点、难点，难度适中	1、2、3、4 材料审核与课堂观察
		2. 作业形式多样化	
		3. 课内课外作业量适中	
		4. 作业批改、反馈、评讲及时到位	
		符合上述 4 项标准为 A；符合其中 3 项为 B；符合其中 2 项为 C；其余情形为 D	
	2.6 教师基本功	1. 语言清晰、富有启发性和感染力	1、2、3、4、5、6 课堂观察
		2. 普通话规范	
		3. 仪表整洁、教学大方、庄重自然	
		4. 上课精神饱满	
		5. 板书快捷、准确、规范	
		6. 课堂偶发事件处理机智	
		符合上述 6 项标准为 A；符合其中 4—5 项为 B；符合其中 2—3 项为 C；其余情形为 D	
3. 教学输出的质量	3.1 学生认知程度	1. ××% 以上学生能正确回答社会主义核心价值体系相关知识（设计相关问题，进行检测）	1、2 设计开放性试题进行检测
		2. ××% 以上学生能运用社会主义核心价值体系相关理论对现实问题进行判断（设计相关问题，进行检测）	
		符合上述 2 项标准为 A；符合其中 1 项为 B；其余情形为 D	
	3.2 学生情感态度	1. ××% 以上学生制定了自己的理想目标（设计相关问题，进行调查）	1—4 实地考察
		2. ××% 以上学生能判断是非（设计相关问题，进行调查）	
		3. ××% 以上学生经常参加集体活动（设计相关问题，进行调查）	
		4. ××% 以上学生积极参与爱国爱校有关活动（设计相关问题，进行调查）	
		符合上述 4 项标准为 A；符合其中 3 项为 B；符合其中 2 项为 C；其余情形为 D	

续表

一级指标	二级指标	测评标准	测评方式
3. 教学输出的质量	3.3 学生能力水平	1. ×× % 以上学生能运用社会主义核心价值体系的观点和方法解决一些现实问题（设计相关问题，进行检测）	1、2 实地考察
		2. ×× % 以上学生能承担有关社会主义核心价值体系社会实践任务（设计相关问题，进行检测）	
		符合上述 2 项标准为 A；符合其中 1 项为 B；其余情形为 D	
	3.4 学生行为表现	1. 近三年没有发生造成不良社会影响的重大学生群体性事件①	1、2、3 材料审核与实地考察，4 材料审核
		2. 近三年学生犯罪率低于万分之 ×	
		3. 近三年每年学生违纪处分率 ≤ ×× %	
		4. 近三年每年均有校级以上媒体报道学生先进集体和先进个人典型事迹	
		符合上述 4 项标准为 A；符合其中 3 项为 B；符合其中 2 项为 C；其余情形为 D	
	3.5 教师教研教改情况	1. 学校每年至少有 1 篇关于社会主义核心价值体系教研教改文章发表或者在校级以上进行经验交流 1 次	1、2 材料审核
		2. 相关课程教师每年听相关课程 ≥4 节	
		符合上述 2 项标准为 A；符合其中 1 项为 B；其余情形为 D	
	3.6 效果满意度	1. 学生满意度② ≥85 %（单独设计问卷，获取调查数据）	1、2、3 满意度测评
		2. 家长满意度 ≥85 %（单独设计问卷，获取调查数据）	
		3. 用人单位满意度 ≥85 %（单独设计问卷，获取调查数据）	
		符合上述 3 项标准为 A；符合其中 2 项为 B；符合其中 1 项为 C；其余情形为 D	
	3.7 特色项目	开展社会主义核心价值体系教学工作改革与创新，并取得显著成果，其经验在所在省市及以上有较大影响或得到推广	材料审核与实地考察
		根据集体评议的结果，有创新成果且有国家级奖项的为 A；有创新成果且有省部级奖项的为 B；有创新成果且在省市得到交流推广的为 C；其余情形为 D	

---

① 学生群体性事件：主要指学生聚众共同实施的，或者违反国家法律、法规和规章，或者扰乱社会秩序、危害公共安全，或者侵犯公民人身安全、公私财产安全的行为。

② "满意度"：指相关方对社会主义核心价值体系教学工作中的需求或期望得到满足的程度。

附件2：

社会主义核心价值体系教育教学现状调查问卷
（高校教师卷）

老师：您好！

为了准确了解当前社会主义核心价值体系融入教学的状况，我们组织了这次问卷调查。调查采取不记名的方式，调查结果仅作研究之用，我们将为您的答案严格保密。

请您在与您实际情况或想法最一致的选项后打"√"。谢谢您的合作！

一　您的基本情况

1. 所在学校：

A. 985 或 211 高校 （　　　） 　　　B. 一般本科院校 （　　　）

C. 高职高专 （　　　）

2. 学历：

A. 硕士研究生及以上 （　　　） 　B. 本科 （　　　）

C. 专科及以下 （　　　）

3. 毕业专业：

A. 人文社科 （　　　） 　　　B. 理工科 （　　　）

C. 艺体类 （　　　）

4. 性别：

A. 男 （　　　） 　　　B. 女 （　　　）

5. 政治面貌：

A. 中共党员 （　　　） 　　　B. 共青团员 （　　　）

C. 民主党派 （　　　） 　　　D. 群众 （　　　）

6. 宗教信仰：

A. 无神论者 （　　　） 　　　B. 基督教 （　　　）

C. 佛教 （　　　）　　　　　D. 伊斯兰教 （　　　）

E. 其他 （　　　）

7. 年龄：

A. 20—29 岁 （　　　）　　　B. 30—39 岁 （　　　）

C. 40—49 岁 （　　　）　　　D. 50 岁以上 （　　　）

二　社会主义核心价值体系融入教学的必要性

8. 您了解党中央提出的社会主义核心价值体系的基本内容吗？

A. 了解 （　　　）　　　　　B. 了解一些 （　　　）

C. 不了解 （　　　）

9. 您了解党的十八大报告提出的"三个倡导"吗？

A. 了解 （　　　）　　　　　B. 了解一些 （　　　）

C. 不了解 （　　　）

10. 您认为"中国梦"是：

A. 国家富强、民族振兴、人民幸福 （　　　）

B. 国家的梦，与个人关系不大 （　　　）

C. 个人想要实现的梦想 （　　　）　D. 其他 （　　　）

11. 您认为党的十六届六中全会决议提出建立社会主义核心价值体系：

A. 十分必要 （　　　）　　　B. 有一定必要 （　　　）

C. 没必要 （　　　）　　　　D. 无所谓 （　　　）

12. 您认为党的十八大报告提出的"三个倡导"是否明确了社会主义核心价值观培育和践行的基本要求和价值取向？

A. 十分明确 （　　　）　　　B. 基本上明确 （　　　）

C. 没有明确 （　　　）　　　D. 说不清楚 （　　　）

13. 您对实现"中国梦"：

A. 很有信心 （　　　）　　　B. 较有信心 （　　　）

C. 信心不足 （　　　）　　　D. 说不清楚 （　　　）

14. 您认为在高校教学中融入社会主义核心价值体系：

A. 十分必要 （　　　）　　　B. 有一定必要 （　　　）

C. 没必要（　　）　　　　　　　D. 无所谓（　　）

15. 您认为当前我国高校社会主义核心价值体系融入教学的状况：

A. 完善（　　）　　　　　　　　B. 比较完善（　　）

C. 不完善（　　）　　　　　　　D. 说不清楚（　　）

16. 您认为党的十八大报告提出的"三个倡导"是否有必要纳入社会主义核心价值体系教学？

A. 十分必要（　　）　　　　　　B. 有一定必要（　　）

C. 没必要（　　）　　　　　　　D. 无所谓（　　）

17. 高校将中国梦宣传教育融入思想政治理论课、形势政策教育等相关教育教学之中，融入大学生思想政治教育之中，扎实推进中国梦进教材进课堂进头脑，你的看法是：

A. 十分必要（　　）　　　　　　B. 有一定必要（　　）

C. 没必要（　　）　　　　　　　D. 无所谓（　　）

18. 您认为您所在学校目前是否贯彻了"以提高学生学习、践行社会主义核心价值体系的主动性、积极性和参与性"的"三性"准则？

A. 完全贯彻（　　）　　　　　　B. 部分贯彻（　　）

C. 未贯彻（　　）　　　　　　　D. 不清楚（　　）

19. 您认为您所在学校目前在社会主义核心价值体系教育上做到了哪几点？（多选）

A. 以"八荣八耻"为主要内容的社会主义荣辱观教育（　　）

B. 以爱国主义为核心的民族精神教育（　　）

C. 以改革创新为核心的时代精神教育（　　）

D. 中国特色社会主义共同理想信念教育（　　）

E. 马克思主义教育（　　）

20. 目前您所在学校在加强社会主义核心价值体系教育教学的宏观指导水平方面做得如何？

A. 完全满意（　　）　　　　　　B. 较为满意（　　）

C. 不尽如人意（　　）　　　　　D. 不清楚（　　）

三　社会主义核心价值体系融入教学的主要做法

21. 您所在学校是否将社会主义核心价值体系教育教学工作列入学校事业发展规划？

　　A. 已列入（　　　）　　　　　　B. 未列入（　　　）

　　C. 不清楚（　　　）

22. 您所在学校是否召开会议专题研究社会主义核心价值体系教育教学工作？

　　A. 经常召开（　　　）　　　　　B. 偶尔召开（　　　）

　　C. 从未召开（　　　）　　　　　D. 不清楚（　　　）

23. 您所在学校是否按照国家要求，根据学校培养人才层次，落实了社会主义核心价值体系教育教学的相关课程、学分及对应的课堂教学学时？

　　A. 完全落实（　　　）　　　　　B. 部分落实（　　　）

　　C. 未落实（　　　）　　　　　　D. 不清楚（　　　）

24. 您所在学校是否保证了社会主义核心价值体系教育教学课的足够教学时间？

　　A. 充分保证（　　　）　　　　　B. 基本保证（　　　）

　　C. 未保证（　　　）　　　　　　D. 不清楚（　　　）

25. 您所在学校哪些课程融入了社会主义核心价值体系教育教学？

　　A. 政治学（　　　）　　　　　　B. 历史学（　　　）

　　C. 哲学（　　　）　　　　　　　D. 社会学（　　　）

　　E. 法学（　　　）　　　　　　　F. 管理学（　　　）

　　G. 汉语言文学（　　　）　　　　H. 教育学（　　　）

　　I. 艺术（音乐、美术、戏剧等）（　　　）

　　J. 理工类课程（　　　）　　　　K. 选修课程（　　　）

　　L. 其他（　　　）

26. 您所在学校是否使用马克思主义理论研究和建设工程重点教材？

A. 全部使用（　　　）　　　　　　B. 部分使用（　　　）

C. 未使用（　　　）　　　　　　　D. 不清楚（　　　）

27. 您所在学校开设的形势与政策课是否按照教育部下发的教育教学要点来组织教学？

A. 完全执行（　　　）　　　　　　B. 部分执行（　　　）

C. 未执行（　　　）　　　　　　　D. 不清楚（　　　）

28. 您所在学校开设的形势与政策课是否选用中宣部和教育部组织制作的《时事报告》（大学生版）和《时事》DVD 作为学生学习辅导材料？

A. 全部选用（　　　）　　　　　　B. 部分选用（　　　）

C. 未选用（　　　）　　　　　　　D. 不清楚（　　　）

29. 您所在学校开设的社会主义核心价值体系相关课程，课堂学生规模一般在：

A. 30 人以下（　　　）　　　　　B. 30—59 人（　　　）

C. 60—99 人（　　　）　　　　　D. 100—200 人（　　　）

E. 200 人以上（　　　）

30. 您在开展社会主义核心价值体系教学中选择教学方式时主要是考虑：

A. 教学内容（　　　）　　　　　　B. 自身喜好（　　　）

C. 教学条件（　　　）　　　　　　D. 教学对象（　　　）

31. 您所在学校是否设立了社会主义核心价值体系教育教学方面的研究专项课题？

A. 已设立（　　　）　　　　　　　B. 未设立（　　　）

C. 不清楚（　　　）

32. 您所在学校配备的专任教师是否能够满足社会主义核心价值体系教育教学的需要？

A. 完全满足（　　　）　　　　　　B. 基本满足（　　　）

C. 不能满足（　　　）　　　　　　D. 不清楚（　　　）

33. 您所在学校是否开展了社会主义核心价值体系教育教学教师的岗前培训、社会实践、学习考察、脱产或半脱产进修等培训活动？

A. 经常开展（   ）   B. 偶尔开展（   ）

C. 未开展（   ）   D. 不清楚（   ）

34. 您所在学校是否将承担社会主义核心价值体系教育教学教师的岗位津贴和课时补助等纳入学校内部分配体系统筹考虑？

A. 已纳入（   ）   B. 未纳入（   ）

C. 不清楚（   ）

35. 您所在学校的社会主义核心价值体系教育教学教师的工作量、课酬计算标准是否与其他专业课教师一致？

A. 完全一致（   ）   B. 基本一致（   ）

C. 明显偏低（   ）   D. 不清楚（   ）

36. 您所在学校的社会主义核心价值体系教育教学教师的实际收入是否低于本校相关专业教师的平均水平？

A. 低于（   ）   B. 差不多（   ）

C. 高于（   ）   D. 不清楚（   ）

37. 您所在学校是否将实践教学纳入社会主义核心价值体系教育教学计划？

A. 已纳入（   ）   B. 未纳入（   ）

C. 不清楚（   ）

38. 您所在学校是否建立了相对稳定的校外实践教学基地？

A. 已建立（   ）   B. 未建立（   ）

C. 不清楚（   ）

39. 您认为哪些实践活动最有助于高校社会主义核心价值体系的教育教学？

A. 参观考察（   ）   B. 节目表演（   ）

C. 宣传咨询（   ）   D. 专家讲座（   ）

E. 先进人物与事迹访谈（   ）   F. 爱心公益活动（   ）

G. 其他（   ）

40. 您所在学校的社会主义核心价值体系实践教学对在校学生的覆盖面如何？

A. 全覆盖（   ）   B. 覆盖大多数（   ）

C. 覆盖一部分（　　）　　　　D. 未覆盖（　　）

E. 不清楚（　　）

41. 作为高校教师，您认为是否有必要将爱国主义教育基地、公益性文化设施、各类校外活动场所等，建设成为社会主义核心价值体系教育教学的实践基地？

A. 十分必要（　　）　　　　B. 有一定必要（　　）

C. 没必要（　　）　　　　D. 无所谓（　　）

42. 作为高校教师，您是否赞成社会主义核心价值体系融入高校教学应积极探索集体备课、师生互动的教学新模式？

A. 赞成（　　）　　　　B. 基本赞成（　　）

C. 不赞成（　　）　　　　D. 无所谓（　　）

43. 您觉得您所在的高校在改革考试评价方式，建立科学的学生学习评价体系方面做得如何？

A. 很好（　　）　　　　B. 一般（　　）

C. 不好（　　）　　　　D. 不清楚（　　）

44. 您认为您所在的高校在加强校园网络建设以促进社会主义核心价值体系教育教学方面做得如何？

A. 很好（　　）　　　　B. 一般（　　）

C. 不好（　　）　　　　D. 不清楚（　　）

45. 如果您对所在学校社会主义核心价值体系教育教学成效不满意，您觉得不满意之处在于（多选）：

A. 教学内容空洞，脱离现实生活（　　）

B. 教学形式单一，教学手段方法落后（　　）

C. 师资水平不高，对讲授内容的拿捏欠佳（　　）

D. 课堂管理松懈，教学秩序混乱（　　）

E. 其他（　　）

46. 作为新时代条件下的高校教师，您认为对社会主义核心价值体系研究应该是（多选）：

A. 当作指导思想进行研究（　　）

B. 当作学术理论研究（　　）

C. 当作一种文化形态（　　　）

D. 其他（　　　）

四　社会主义核心价值体系融入教学的基本条件与工作效果

47. 您所在学校是否已经成立了专门的工作机构，具体负责社会主义核心价值体系的教育教学？

　　A. 已成立（　　　）　　　　　　B. 未成立（　　　）

　　C. 不清楚（　　　）

48. 您所在学校的主要领导或分管领导是否深入课堂听课，了解社会主义核心价值体系教育教学工作情况，解决实际问题？

　　A. 经常（　　　）　　　　　　　B. 偶尔（　　　）

　　C. 从未（　　　）　　　　　　　D. 不清楚（　　　）

49. 您所在学校是否已经配备落实了社会主义核心价值体系教育教学工作所必需的教学设备、基本图书资料、办公用房、计算机等？

　　A. 完全落实（　　　）　　　　　B. 部分落实（　　　）

　　C. 未落实（　　　）　　　　　　D. 不清楚（　　　）

50. 您所在学校是否按照国家要求设立 3 专项经费，专款专用，保障社会主义核心价值体系教育教学？

　　A. 已设立（　　　）　　　　　　B. 未设立（　　　）

　　C. 不清楚（　　　）

51. 您所在学校是否建立健全了社会主义核心价值体系教育教学备课、听课、教学内容和教学质量监控等相关管理制度？

　　A. 已建立（　　　）　　　　　　B. 未建立（　　　）

　　C. 不清楚（　　　）

52. 社会主义核心价值体系融入高校教学应该建设一支让党放心、让学生满意的教师队伍，您认为这支队伍应是（多选）：

　　A. 立场坚定、始终与党中央保持高度一致的队伍（　　　）

　　B. 马克思主义理论素养高、人文社会科学基础知识扎实、学贯中西、功底深厚的队伍（　　　）

C. 善于运用现代教育教学手段、创新教学方法的队伍（　　）

D. 师德修养好、富有人格魅力和亲和力的队伍（　　）

E. 老中青结构合理、教学领军人才不断涌现的队伍（　　）

53. 您认为您所在学校在开展社会主义核心价值体系教育方面的成效如何？

A. 有成效（　　）　　　　　　B. 有点成效（　　）

C. 没有成效（　　）　　　　　D. 不清楚（　　）

54. 您认为您所在学校在践行社会主义核心价值体系中，哪方面做得最好？

A. 贯彻以马克思主义为指导思想（　　）

B. 树立中国特色社会主义共同理想（　　）

C. 弘扬以爱国主义为主要内容的民族精神（　　）

D. 弘扬以改革创新为主要内容的时代精神（　　）

E. 弘扬以"八荣八耻"为主要内容的核心价值体系（　　）

55. 如果您所在学校在开展社会主义核心价值体系教育方面成效不足，您觉得原因在于（多选）：

A. 领导不重视（　　）　　　　B. 物质条件不足（　　）

C. 教师能力有限（　　）　　　D. 学生思想多元化（　　）

E. 其他（　　）

56. 您认为目前何种社会消极因素对大学生社会主义核心价值体系教育带来最大的挑战？

A. 贪污腐败（　　）　　　　　B. 贫富分化（　　）

C. 徇私枉法（　　）　　　　　D. 诚信匮乏（　　）

E. 爱心缺失（　　）　　　　　F. 其他（　　）

57. 您认为目前何种西方思潮对社会主义核心价值体系教育带来最大的挑战？

A. 享乐主义（　　）　　　　　B. 极端个人主义（　　）

C. 拜金主义（　　）　　　　　D. 其他（　　）

58. 您认为哪些有利社会因素有助于高校的社会主义核心价值体系教育（多选）？

A. 党和国家正确的方针政策 （　　　）

B. 体制机制的逐步完善 （　　　）

C. 社会风气的有效整肃 （　　　）

D. 教育主管部门、学校、院系领导的重视 （　　　）

E. 先进人物、先进事迹的鼓舞 （　　　）

F. 其他 （　　　）

59. 您认为是否有必要开展优秀教学成果交流和展示活动，推广社会主义核心价值体系教育教学工作中的好经验好做法？

A. 十分必要 （　　　）　　　　　B. 有一定必要 （　　　）

C. 没必要 （　　　）　　　　　　D. 无所谓 （　　　）

60. 您所在学校是否将承担社会主义核心价值体系教育教学的教师纳入校级及以上各类教师表彰体系中进行统一表彰？

A. 已纳入 （　　　）　　　　　　B. 未纳入 （　　　）

C. 无所谓 （　　　）　　　　　　D. 不清楚 （　　　）

61. 您所在学校有无社会主义核心价值体系教育教学方面的成功经验在全省（市）或全国推广？

A. 有 （　　　）　　　　　　　　B. 没有 （　　　）

C. 不清楚 （　　　）

62. 您所在学校在新闻媒体上有无关于社会主义核心价值体系融入教育教学方面的报道？

A. 有 （　　　）　　　　　　　　B. 没有 （　　　）

C. 不清楚 （　　　）

63. 您所在学校的社会主义核心价值体系融入教学方面的研究是否获得过省级以上的社会科学奖？

A. 获得过 （　　　）　　　　　　B. 没有 （　　　）

C. 不清楚 （　　　）

附件3：

社会主义核心价值体系教育教学现状调查问卷
（高校学生卷）

同学：您好！

为了准确了解当前社会主义核心价值体系融入教学的状况，我们组织了这次问卷调查。调查采取不记名的方式，调查结果仅作研究之用，我们将为您的答案严格保密。

请您在与您实际情况或想法最一致的选项后打"√"。谢谢您的合作！

一　您的基本情况

1. 所在学校：

A. 985 或 211 高校（　　　）　　　B. 一般本科院校（　　　）

C. 高职高专（　　　）

2. 学历：

A. 硕士研究生及以上（　　　）　　B. 本科（　　　）

C. 专科及以下（　　　）

3. 所学专业：

A. 人文社科（　　　）　　　　　　B. 理工科（　　　）

C. 艺体类（　　　）

4. 性别：

A. 男（　　　）　　　　　　　　　B. 女（　　　）

5. 政治面貌：

A. 中共党员（　　　）　　　　　　B. 共青团员（　　　）

C. 民主党派（　　　）　　　　　　D. 群众（　　　）

6. 宗教信仰：

A. 无神论者（　　　）　　　　　　B. 基督教（　　　）

C. 佛教（　　）　　　　D. 伊斯兰教（　　）

E. 其他（　　）

7. 年龄：

A. 19 岁以下（　　）　　　　B. 20—29 岁（　　）

C. 30—39 岁（　　）　　　　D. 40—49 岁（　　）

E. 50 岁以上（　　）

二　社会主义核心价值体系融入教学的必要性

8. 您会主动了解社会主义核心价值体系的相关内容吗？

A. 会（　　）　　　　B. 不会（　　）

C. 无所谓（　　）

9. 您认为学习社会主义核心价值体系（多选）：

A. 有利于大学生明辨是非（　　）

B. 有利于促进全体大学生思想道德的共同进步（　　）

C. 有利于吸取中华民族优秀传统文化和世界优秀文化成果（　　）

D. 无所谓，与我的生活无关（　　）

10. 您认为大学生掌握社会主义核心价值体系最主要的渠道是：

A. 思想政治理论课（　　）

B. 自己利用网络、报纸等媒体学习（　　）

C. 学生活动或社会实践（　　）

D. 其他（　　）

11. 您认为社会主义核心价值体系教育是否应是大学生思想政治教育的重点任务？

A. 是（　　）　　　　B. 否（　　）

C. 无所谓（　　）

12. 您了解党的十八大报告提出的"三个倡导"吗？

A. 了解（　　）　　　　B. 了解一些（　　）

C. 不了解（　　）

13. 您认为党的十八大报告提出的"三个倡导"是否明确了社会

主义核心价值观培育和践行的基本要求和价值取向？

    A. 十分明确（　　）   B. 基本上明确（　　）

    C. 没有明确（　　）   D. 说不清楚（　　）

14. 您认为党的十八大报告提出的"三个倡导"是否有必要纳入社会主义核心价值体系教育教学？

    A. 十分必要（　　）   B. 有一定必要（　　）

    C. 没必要（　　）   D. 无所谓（　　）

15. 您认为"中国梦"是：

    A. 国家富强、民族振兴、人民幸福（　　）

    B. 国家的梦，与个人关系不大（　　）

    C. 个人想要实现的梦想（　　）

    D. 其他（　　）

16. 您对实现"中国梦"：

    A. 很有信心（　　）   B. 较有信心（　　）

    C. 信心不足（　　）   D. 说不清楚（　　）

17. 高校将中国梦宣传教育融入思想政治理论课、形势政策教育等相关教育教学之中，融入大学生思想政治教育之中，扎实推进中国梦进教材进课堂进头脑，您的看法是：

    A. 十分必要（　　）   B. 有一定必要（　　）

    C. 没必要（　　）   D. 无所谓（　　）

18. 作为大学生，您认为在专业教育教学中融入社会主义核心价值体系：

    A. 十分必要（　　）   B. 有一定必要（　　）

    C. 没必要（　　）   D. 无所谓（　　）

19. 您认为当前我国高校社会主义核心价值体系融入教育教学的状况：

    A. 完善（　　）   B. 比较完善（　　）

    C. 不完善（　　）   D. 说不清楚（　　）

20. 您认为影响大学生确立社会主义核心价值观的主要因素是（多选）：

A. 多元价值观的冲击（　　　）　　B. 社会风气的影响（　　　）

C. 网络文化的冲击（　　　）　　D. 西方社会思潮的影响（　　）

E. 大学生群体影响（　　　）　　F. 教师授课方式（　　　）

G. 个人因素（　　　）

21. 您认为社会主义核心价值体系贯穿于高校教学的主要内容有（多选）：

A. 以"八荣八耻"为主要内容的社会主义荣辱观教育（　　　）

B. 以爱国主义为核心的民族精神教育（　　　）

C. 以改革创新为核心的时代精神教育（　　　）

D. 中国特色社会主义共同理想信念教育（　　　）

E. 马克思主义教育（　　　）

三　社会主义核心价值体系融入教学的主要做法

22. 您所接受的社会主义核心价值体系教育教学是否紧密联系生活实际？

A. 联系密切（　　　）　　B. 有联系，但不多（　　　）

C. 没有联系（　　　）　　D. 不确定（　　　）

23. 您所接受的社会主义核心价值体系教育基本采用哪种教学方法？（多选）

A. 讲授法（　　　）　　B. 榜样示范法（　　　）

C. 情感陶冶法（　　　）　　D. 环境熏陶法（　　　）

24. 您所在的社会主义核心价值体系教育课堂是否创设良好的教育氛围？

A. 是（　　　）　　B. 否（　　　）

C. 没感觉（　　　）

25. 您所在学校经常举办与社会主义核心价值体系（"三个倡导"、"八荣八耻"、"中国梦"等）有关的学生社团活动吗？

A. 经常（　　　）　　B. 有时有（　　　）

C. 偶尔（　　　）　　D. 不知道（　　　）

26. 您认为您所在学校举办的与社会主义核心价值体系（"三个

倡导"、"八荣八耻"、"中国梦"等)有关的学生活动:

    A. 精彩而丰富 (　　　)　　　　　　B. 还可以 (　　　)

    C. 一般 (　　　)　　　　　　　　　D. 形式内容呆板 (　　　)

  27. 您是否经常参加学校举行的与社会主义核心价值体系 ("三个倡导"、"八荣八耻"、"中国梦"等)有关的学生活动?

    A. 经常 (　　　)　　　　　　　　　B. 偶尔 (　　　)

    C. 从不参加此类活动 (　　　)　　　D. 无所谓 (　　　)

  28. 在接受社会主义核心价值体系教育的过程中,您认为老师对社会主义核心价值体系的把握:

    A. 非常清晰 (　　　)　　　　　　　B. 比较清晰 (　　　)

    C. 不清晰 (　　　)　　　　　　　　D. 不知道 (　　　)

  29. 在接受社会主义核心价值体系教育的过程中,您对学校或老师结合实际为您提供的教育:

    A. 非常满意 (　　　)　　　　　　　B. 比较满意 (　　　)

    C. 不满意 (　　　)　　　　　　　　D. 无所谓 (　　　)

  30. 在接受社会主义核心价值体系教育的过程中,您对学校老师在学习社会主义核心价值体系理论方面的带头示范作用:

    A. 非常满意 (　　　)　　　　　　　B. 比较满意 (　　　)

    C. 不满意 (　　　)　　　　　　　　D. 无所谓 (　　　)

  31. 您认为要让大学生认同与践行社会主义核心价值观,哪些方面的教育引导更为重要?(多选)

    A. 理想信念 (　　　)　　　　　　　B. 价值取向 (　　　)

    C. 社会责任 (　　　)　　　　　　　D. 诚信意识 (　　　)

    E. 团结协作观念 (　　　)　　　　　F. 艰苦奋斗精神 (　　　)

    G. 心理素质 (　　　)

  32. 您所在学校有无挪用或减少社会主义核心价值体系教育教学课时的现象发生?

    A. 有 (　　　)　　　　　　　　　　B. 没有 (　　　)

    C. 不清楚 (　　　)

  33. 您所在学校是否使用马克思主义理论研究和建设工程重点

教材？

　　A. 已使用（　　　）　　　　　　B. 未使用（　　　　）

　　C. 不清楚（　　　）

　　34. 您所在学校是否开设了形势与政策课？

　　A. 已开设（　　　）　　　　　　B. 未开设（　　　　）

　　C. 不清楚（　　　）

　　35. 您所在学校开设的形势与政策课是否选用中宣部和教育部组织制作的《时事报告》（大学生版）和《时事》DVD 作为学生学习辅导材料？

　　A. 选用（　　　）　　　　　　　B. 未选用（　　　　）

　　C. 不清楚（　　　）

　　36. 您所在学校开设的社会主义核心价值体系相关课程，课堂学生规模一般在：

　　A. 30 人以下（　　　）　　　　B. 30—59 人（　　　）

　　C. 60—99 人（　　　）　　　　D. 100—200 人（　　　）

　　E. 200 人以上（　　　）

　　37. 您所在学校配备的专任教师是否能够满足社会主义核心价值体系教育教学（如思想政治理论课、形势政策课等）的需要？

　　A. 能满足（　　　）　　　　　　B. 基本满足（　　　）

　　C. 不能满足（　　　）　　　　　D. 不清楚（　　　）

　　38. 您所在学校的社会主义核心价值体系实践性教学是否覆盖了大多数学生？

　　A. 全覆盖（　　　）　　　　　　B. 覆盖大多数（　　　）

　　C. 覆盖一部分（　　　）　　　　D. 未覆盖（　　　）

　　E. 不清楚（　　　）

　　39. 您认为是否有必要将爱国主义教育基地、公益性文化设施、各类校外活动场所等，建设成为社会主义核心价值体系教育教学的实践基地？

　　A. 十分必要（　　　）　　　　　B. 有一定必要（　　　）

　　C. 没必要（　　　）　　　　　　D. 无所谓（　　　）

40. 您是否赞成社会主义核心价值体系融入高校教学应积极探索师生互动的教学新模式？

A. 赞成（　　　）　　　　　　B. 基本赞成（　　　）

C. 不赞成（　　　）　　　　　D. 无所谓（　　　）

41. 您认为是否有必要改革社会主义核心价值体系课程的考试方式，建立新的学生学习评价体系？

A. 十分必要（　　　）　　　　B. 有一定必要（　　　）

C. 没必要（　　　）　　　　　D. 无所谓（　　　）

42. 您认为加强校园网络建设能否有利于促进社会主义核心价值体系的教育教学？

A. 能（　　　）　　　　　　　B. 不能（　　　）

C. 无所谓（　　　）

四　社会主义核心价值体系融入教学的效果反映

43. 您认为社会主义核心价值体系教育教学对自己成长的实际作用大吗？

A. 作用很大（　　　）　　　　B. 作用有限（　　　）

C. 毫无作用（　　　）　　　　D. 不清楚（　　　）

44. 您认为社会主义核心价值体系包含下列哪些内容？（多选）

A. 马克思主义指导思想（　　　）

B. 中国特色社会主义共同理想（　　　）

C. 以爱国主义为核心的民族精神（　　　）

D. 以改革创新为核心的时代精神（　　　）

E. 社会主义荣辱观（　　　）

45. 您认为社会主义价值体系是：

A. 立足于社会主义经济基础（　　　）

B. 立足于社会主义文化理论（　　　）

C. 立足于社会主义意识形态（　　　）

D. 其他（　　　）

46. 您认为下列哪一门或哪几门课程对自己确立社会主义核心价

值观作用较大？（可多选）

　　A. 马克思主义基本原理概论（　　　）

　　B. 毛泽东思想和中国特色社会主义理论体系概论（　　　）

　　C. 中国近代史纲要（　　　）

　　D. 思想道德修养与法制基础（　　　）

　　E. 其他（　　　）

47. 您认为您所在院系的社会主义核心价值体系教育教学：

　　A. 效果很好（　　　）　　　　B. 效果一般（　　　）

　　C. 效果不好（　　　）　　　　D. 说不清楚（　　　）

48. 您对自己必修的思想政治理论课：

　　A. 很感兴趣（　　　）　　　　B. 较感兴趣（　　　）

　　C. 不感兴趣（　　　）　　　　D. 无所谓（　　　）

49. 您认为自己身边的大学生精神风貌怎样？

　　A. 很好（　　　）　　　　　　B. 主流是好的，但个别不协调（　　　）

　　C. 很差（　　　）　　　　　　D. 不知道（　　　）

50. 下列哪一项对您的思想形成影响最大？

　　A. 马列主义（中国特色社会主义）（　　　）

　　B. 中国传统文化（　　　）　　C. 西方价值观（　　　）

　　D. 宗教（　　　）　　　　　　E. 宿命论（　　　）

　　F. 其他（　　　）

51. 您认为目前社会大环境中人们实际的思想和行为与社会主义核心价值体系所倡导和要求的：

　　A. 完全一致（　　　）　　　　B. 基本一致（　　　）

　　C. 格格不入（　　　）　　　　D. 说不清楚（　　　）

参考文献

一 著作类（按出版时间先后排列）

［1］《斯大林选集》（上下卷），人民出版社 1979 年版。

［2］［美］詹姆士（W. James）：《实用主义》，陈羽纶、孙瑞禾译，商务印书馆 1979 年版。

［3］［德］斯卡特金：《现代教学论问题》，张天恩译，教育科学出版社 1982 年版。

［4］［美］怀特：《文化科学——人和文明的研究》，曹锦清等译，浙江人民出版社 1983 年版。

［5］［南］弗·鲍良克：《教学论》，叶澜译，福建人民出版社 1984 年版。

［6］黄济：《教育哲学》，北京师范大学出版社 1985 年版。

［7］王策三：《教学论稿》，人民教育出版社 1985 年版。

［8］［德］恩斯特·卡西尔：《人论》，甘阳译，上海译文出版社 1985 年版。

［9］［德］赞科夫：《教学与发展》，杜殿坤译，人民教育出版社 1986 年版。

［10］［德］马丁布伯：《我与你》，陈维纲译，三联书店 1986 年版。

［11］吴杰：《教学论——教学理论的历史发展》，吉林教育出版社 1986 年版。

［12］中国大百科全书出版社编辑部：《中国大百科全书》，中国大百科全书出版社 1988 年版。

［13］陈侠：《课程论》，人民教育出版社 1989 年版。

［14］瞿葆奎、施良方：《教育学文集·教学》，人民教育出版社 1989 年版。

［15］［美］杜威：《民主主义与教育》，王承绪译，人民教育出版社 1990 年版。

［16］胡森：《简明国际教育百科全书·教学》（上、下册），中央教育科学研究所比较教育研究室编译，教育科学出版社 1990 年版。

［17］李秉德：《教学论》，人民教育出版社 1991 年版。

［18］《毛泽东选集》（第 1—4 卷），人民出版社 1991 年版。

［19］张祖忻：《教学设计——基本原理与方法》，上海外语教育出版社 1992 年版。

［20］钟启泉：《现代学科教育学论析》，陕西人民教育出版社 1993 年版。

［21］瞿葆奎：《教育学文集·智育》，人民教育出版社 1993 年版。

［22］《毛泽东文集》（第 1—8 卷），人民出版社 1993—1999 年版。

［23］陆有铨：《现代西方教育哲学》，河南教育出版社 1993 年版。

［24］王天一等：《外国教育史》，北京师范大学出版社 1993 年版。

［25］《邓小平文选》（第 1—3 卷），人民出版社 1993—1994 年版。

［26］张武升：《教学论问题争鸣研究》，南开大学出版社 1994 年版。

［27］鲁洁、王逢贤：《德育新论》，江苏教育出版社 1994 年版。

［28］《列宁选集》（第 1—4 卷），人民出版社 1995 年版。

［29］杨启亮：《困惑与抉择——20 世纪的新教学论》，山东教育出版社 1995 年版。

［30］施良方：《课程理论——课程的基础、原理与问题》，教育

科学出版社 1996 年版。

[31] 石云霞：《当代中国价值观论纲》，武汉大学出版社 1996 年版。

[32] 郁建兴、朱旭红：《社会主义价值学导论》，浙江人民出版社 1997 年版。

[33] 陈章龙：《冲突与建构——社会转型时期的价值观研究》，南京师范大学出版社 1997 年版。

[34] 李森：《教学动力论》，西南师范大学出版社 1998 年版。

[35] ［美］R. M. 加涅：《学习的条件和教学论》，皮连生等译，华东师范大学出版社 1998 年版。

[36] 施良方、崔允漷：《教育理论：课堂教学的原理、策略与研究》，华东师范大学出版社 1999 年版。

[37] 吴康宁等：《课堂教学社会学》，南京师范大学出版社 1999 年版。

[38] 张传燧：《中国教学论史纲》，湖南教育出版社 1999 年版。

[39] 熊川武：《反思性教学》，华东师范大学出版社 1999 年版。

[40] ［捷］夸美纽斯：《大教学论》，傅任敢译，教育科学出版社 1999 年版。

[41] 李定仁、徐继存：《教学论研究二十年》，人民教育出版社 2001 年版。

[42] 蔡宝来：《现代教学论的发展反思和构建》，甘肃人民出版社 2001 年版。

[43] 陈时见：《课堂学习论》，广西师范大学出版社 2001 年版。

[44] 和学新：《主体性教学论》，甘肃教育出版社 2001 年版。

[45] 《马克思恩格斯全集》，人民出版社 2001 年版。

[46] 靳玉乐等：《中国新时期教学论的进展》，重庆出版社 2001 年版。

[47] 钟启泉、崔允漷、张华：《〈基础教育课程改革纲要（试行）〉解读》，华东师范大学出版社 2001 年版。

[48] ［德］赫尔巴特：《普通教育学、教育学讲授纲要》，李其

龙译，浙江教育出版社 2002 年版。

　　［49］［德］黑格尔：《逻辑学》，梁志学译，人民出版社 2002 年版。

　　［50］黄甫全：《课程与教学论》，高等教育出版社 2002 年版。

　　［51］李如密：《教学风格论》，人民教育出版社 2002 年版。

　　［52］金生鈜：《德性与教化——从苏格拉底到尼采：西方道德教育哲学思想研究》，湖南大学出版社 2003 年版。

　　［53］张楚廷：《课程与教学哲学》，人民教育出版社 2003 年版。

　　［54］钟启泉：《现代课程论》，上海教育出版社 2003 年版。

　　［55］［日］佐藤学：《课程与教师》，钟启泉译，教育科学出版社 2003 年版。

　　［56］［美］罗伯特·K. 殷：《案例研究：设计与方法》（第 3 版），周海涛、李永贤、张衡译，重庆大学出版社 2004 年版。

　　［57］［美］爱莉诺·达克沃斯：《"多多益善"——倾听学习者解释》，张华、仲建维、宋时春译，高等教育出版社 2004 年版。

　　［58］［美］杜威：《我们怎样思维·经验与教育》，姜文阁译，人民教育出版社 2004 年版。

　　［59］杨小微：《现代教学论》，山西教育出版社 2004 年版。

　　［60］李长吉：《教学价值观念论》，甘肃教育出版社 2004 年版。

　　［61］李定仁、徐继存：《课程论研究二十年》，人民教育出版社 2004 年版。

　　［62］王本陆：《课程与教学论》，高等教育出版社 2004 年版。

　　［63］吴贵生：《高等学校教学质量测评与教学体系建设》，冶金工业出版社 2004 年版。

　　［64］林华东：《过程与评价：新建地方性本科院校教学质量保证体系的建构》，厦门大学出版社 2004 年版。

　　［65］［德］克罗恩：《教学论基础》，李其龙等译，教育科学出版社 2005 年版。

　　［66］［美］J. 布罗菲：《激发学习动机》，陆怡如译，华东师范大学出版社 2005 年版。

［67］张义岭：《义务教育阶段学科教学评价研究》，内蒙古人民出版社 2005 年版。

［68］梁丽芬：《对教学评价的探索》，远方出版社 2005 年版。

［69］李森：《现代教学论纲要》，人民教育出版社 2005 年版。

［70］裴娣娜：《现代教学论》，人民教育出版社 2005 年版。

［71］《江泽民文选》（第 1—3 卷），人民出版社 2006 年版。

［72］王玉梁：《21 世纪价值哲学：从自发到自觉》，人民出版社 2006 年版。

［73］张书琛：《探索价值产生奥秘的理论——价值发生论》，广东人民出版社 2006 年版。

［74］吴向东：《重构现代性——当代社会主义价值观研究》，北京师范大学出版社 2006 年版。

［75］热罗姆·班德主编：《价值的未来》，周云帆译，社会科学文献出版社 2006 年版。

［76］袁贵仁：《价值观的理论与实践：价值观若干问题的思考》，北京师范大学出版社 2006 年版。

［77］靳玉乐：《多元文化课程的理论与实践》，重庆出版社 2006 年版。

［78］黄甫全、王本陆：《现代教学论学程》，教育科学出版社 2007 年版。

［79］陈亚杰：《建设社会主义核心价值体系》，人民出版社 2007 年版。

［80］李德顺：《价值论》，中国人民大学出版社 2007 年版。

［81］朱伟：《社会主义核心价值体系的建构》，线装书局 2007 年版。

［82］张未知：《社会主义核心价值体系教育研究：大学生思想政治教育的新思考》，吉林人民出版社 2007 年版。

［83］潘维、廉思：《中国社会价值观变迁 30 年》，中国社会科学出版社 2008 年版。

［84］韩震：《我们的"主心骨"：大力建设社会主义核心价值体

系》，人民出版社 2008 年版。

［85］张楚廷：《教学论纲》（第二版），高等教育出版社 2008 年版。

［86］李森：《课堂教学创新策略研究》，西南师范大学出版社 2008 年版。

［87］胡海波：《当代境遇下的社会主义核心价值体系研究》，东北林业大学出版社 2008 年版。

［88］谢树平：《思想政治教学评价研究》，黑龙江人民出版社 2008 年版。

［89］郭熙汉：《教学评价与测量》，武汉大学出版社 2008 年版。

［90］田海舰：《社会主义核心价值观研究》，河北大学出版社 2008 年版。

［91］王育民等：《思想政治教育：坚持社会主义核心价值体系》，中央文献出版社 2008 年版。

［92］吕振宇：《论社会主义核心价值体系》，山东人民出版社 2009 年版。

［93］中共中央宣传部：《社会主义核心价值体系学习读本》，学习出版社 2009 年版。

［94］吴新文：《社会主义核心价值观》，重庆出版社 2009 年版。

［95］张丹海：《应用型大学教学质量引论》，中国计量出版社 2009 年版。

［96］徐萍：《新时期大学生社会主义核心价值观教育读本》，上海人民出版社 2010 年版。

［97］［美］詹姆斯·波帕姆：《教师课堂教学评价指南》（第 5 版），王本陆、赵婧等译，重庆大学出版社 2010 年版。

［98］杨晓慧：《社会主义核心价值体系融入大学生思想政治教育全过程的基本问题研究》，人民出版社 2011 年版。

［99］傅志军：《构建提高教学质量长效机制的实践与探索》，西安电子科技大学出版社 2011 年版。

［100］徐继存：《现代教学论基础》，北京大学出版社 2011

年版。

［101］吴潜涛、徐艳国：《建党 90 年来高校德育发展的历史轨迹》，高等教育出版社 2012 年版。

二　期刊论文类（按发表时间先后排列）

［1］叶澜：《让课堂焕发生命的活力》，《教育研究》1997 年第 9 期。

［2］王本陆：《教学认识论：被取代还是发展》，《教育研究》1999 年第 1 期。

［3］孙俊三：《从经验的积累到生命的体验——论教学过程审美模式的构建》，《教育研究》2001 年第 2 期。

［4］王本陆：《教学认识论三题》，《教育研究》2001 年第 11 期。

［5］迟艳杰：《教学本体论的转换》，《教育研究》2001 年第 5 期。

［6］叶澜：《改革课堂教学与课堂教学评价改革》，《教育研究》2003 年第 8 期。

［7］靳玉乐：《多元文化背景中基础教育课题改革的基本思路》，《教育研究》2003 年第 3 期。

［8］辛继湘：《试论体验性教学模式的建构》，《高等教育研究》2005 年第 3 期。

［9］陆有铨：《关于学生人文精神的养育》，《教育学报》2005 年第 6 期。

［10］陈亮、朱德全：《学习体验的发生结构与教学策略》，《高等教育研究》2007 年第 11 期。

［11］徐继存：《教学乃"为己之学"——教学行为的道德评判》，《教育理论与实践》2007 年第 9 期。

［12］周治滨：《深刻认识社会主义核心价值　牢固树立社会主义理想信念》，《毛泽东思想研究》2007 年第 6 期。

［13］袁贵仁：《建设社会主义核心价值体系》，《中国社会科学》

2008 年第 1 期。

　　［14］王建国：《从哲学角度谈增强高校社会主义核心价值体系教育的实效性》，《中国高教研究》2008 年第 1 期。

　　［15］李智慧：《用社会主义核心价值体系引领高校思想政治教育》，《学校党建与思想教育》2009 年第 20 期。

　　［16］徐继存：《教学文化：一种体验教学总体问题的方式》，《教育研究》2008 年第 4 期。

　　［17］王本陆：《中国 30 年课程与教学改革的三大理论主题》，《中国教育学刊》2009 年第 2 期。

　　［18］尹彦：《大学生社会主义核心价值体系教育美育化探析》，《学校党建与思想教育》2009 年第 14 期。

　　［19］魏琳、朱文华：《大学生思想道德素质培育中突出社会主义核心价值体系教育研究》，《西南大学学报》（社会科学版）2009 年第 6 期。

　　［20］王中汝：《社会主义核心价值：公平正义抑或人的解放与全面自由发展》，《马克思主义研究》2010 年第 9 期。

　　［21］王青耀、周瑛：《增强大学生社会主义核心价值体系教育有效性研究》，《高等教育研究》2010 年第 7 期。

　　［22］徐继存：《教学论的本性与追求》，《教育研究》2010 年第 1 期。

　　［23］龚彬：《高校社会主义核心价值体系教育形式的操作性探析》，《学校党建与思想教育》2010 年第 11 期。

　　［24］路琴、叶飞霞：《论社会主义核心价值体系教育的实效性》，《思想理论教育导刊》2011 年第 7 期。

　　［25］廖萍：《论高校社会主义核心价值体系教育的基本途径》，《思想理论教育导刊》2011 年第 8 期。

　　［26］周平：《简论网络对大学生社会主义核心价值体系教育形成的挑战》，《中国报业》2011 年第 18 期。

　　［27］龚彬：《高校社会主义核心价值体系教育内容的整体性探析》，《教育理论与实践》2011 年第 3 期。

［28］刘莉、刘燕：《消费主义价值观影响下大学生社会主义核心价值体系教育》，《思想教育研究》2011 年第 2 期。

［29］张家明：《论新时期加强理工科大学生社会主义核心价值体系教育的重要意义》，《教育与职业》2011 年第 8 期。

［30］黄兴国：《论大学生社会主义核心价值体系教育》，《教育评论》2011 年第 2 期。

［31］廖萍：《高校社会主义核心价值体系教育的文化机制探析》，《现代教育科学》2011 年第 7 期。

［32］侯捷：《增强大学生社会主义核心价值体系教育实效的对策思考》，《学校党建与思想教育》2011 年第 29 期。

［33］于国丽：《思政课教学中社会主义核心价值体系教育的实效性研究》，《中国成人教育》2011 年第 24 期。

［34］杨玉春：《关于高职生社会主义核心价值体系教育环境的优化》，《职教论坛》2011 年第 23 期。

［35］龚彬：《高校开展社会主义核心价值体系教育的必然性探析》，《教育与职业》2011 年第 6 期。

［36］叶莉英：《大学生社会主义核心价值体系教育的价值认同探析》，《教育与职业》2011 年第 21 期。

［37］唐昆雄：《思想政治理论课中加强社会主义核心价值体系教育的思考》，《学校党建与思想教育》2011 年第 22 期。

［38］邓卓明、姜华：《社会实践在推进大学生社会主义核心价值体系教育中的作用》，《思想理论教育导刊》2011 年第 12 期。

［39］刘建中、李德才：《关于社会主义核心价值体系教育的若干思考》，《思想理论教育导刊》2011 年第 5 期。

［40］田淑霞、许慧英：《大学生社会主义核心价值体系教育的现实意义》，《中国成人教育》2011 年第 9 期。

［41］卞昭：《充分发挥高校档案在大学生社会主义核心价值体系教育中的作用》，《档案与建设》2011 年第 6 期。

［42］周红：《论基于协同理念的大学生社会主义核心价值体系教育》，《学术论坛》2011 年第 7 期。

［43］黎开谊：《时代语境下提高大学生思想政治教育时效性的路径选择——兼论大学生社会主义核心价值体系教育》，《中国青年研究》2011 年第 10 期。

［44］李玉华、罗能勤、张国献：《论社会主义核心价值体系教育教学科学化》，《思想教育研究》2011 年第 9 期。

［45］黎开谊：《推进大学生社会主义核心价值体系教育的多维路径探析》，《中国高等教育》2011 年第 17 期。

［46］邹国振：《新媒体对大学生社会主义核心价值体系教育的影响与应对》，《学术论坛》2012 年第 1 期。

［47］周平：《校园媒体对大学生社会主义核心价值体系教育的功能思考》，《前沿》2012 年第 2 期。

［48］李恒川：《论大学生社会主义核心价值体系教育接受优化》，《学校党建与思想教育》2012 年第 4 期。

［49］周志成、刘福军：《社会主义核心价值与人的自由全面发展》，《高校理论战线》2012 年第 8 期。

［50］李晓勤：《对高校开展大学生社会主义核心价值体系教育的思考》，《教育探索》2012 年第 11 期。

［51］张岩、王宏：《践行社会主义核心价值体系的三个原则》，《学校党建与思想教育》2012 年第 16 期。

［52］马万顺：《加强高职学生社会主义核心价值体系教育的思考》，《中国成人教育》2012 年第 18 期。

［53］朱惠娟：《大学生社会主义核心价值体系教育的必要性与路径探析》，《教育与职业》2012 年第 6 期。

［54］孔祥慧、邱玥：《加强大学生社会主义核心价值体系教育的研究》，《前沿》2012 年第 10 期。

［55］龙晓菲：《社会主义核心价值体系教育实效性研究》，《人民论坛》2012 年第 11 期。

［56］刘善琳：《对当代大学生进行社会主义核心价值体系教育的意义和途径》，《前沿》2012 年第 16 期。

［57］张晓燕、王晓荣：《谈把社会主义核心价值体系教育融入

"马克思主义基本原理概论"课的教学》，《教育探索》2012年第2期。

［58］陈章龙、戴玉琴：《中国大学社会主义核心价值体系教育的战略性路径论析——基于借鉴他国范式的视角》，《毛泽东邓小平理论研究》2012年第4期。

［59］郭婷：《大学生社会主义核心价值体系教育教学层次性简论》，《学校党建与思想教育》2012年第1期。

［60］舒本平：《构建高职社会主义核心价值体系教育机制》，《教育与职业》2012年第6期。

［61］许劲松、洪慧敏：《红色资源融入大学生社会主义核心价值体系教育的途径研究》，《学校党建与思想教育》2012年第21期。

［62］黄延敏：《"中国近现代史纲要"教学中凸显社会主义核心价值体系教育》，《思想教育研究》2012年第7期。

［63］崔华前、张琨：《大学生社会主义核心价值体系教育目标的确立依据》，《山西财经大学学报》2012年第S4期。

［64］石丽琴、张春红：《多元文化背景下大学生社会主义核心价值体系教育路径探析》，《学校党建与思想教育》2012年第34期。

［65］韩延明：《建立社会主义核心价值体系教育的有效运行机制》，《山东社会科学》2012年第10期。

［66］王秀章、余启全：《志愿服务：大学生社会主义核心价值体系教育的有效路径》，《学校党建与思想教育》2012年第30期。

［67］叶长安：《论高职院校社会主义核心价值体系教育机制的构建》，《中国成人教育》2012年第20期。

［68］覃安基、潘柳虹：《试析评价大学生社会主义核心价值体系教育实效性的依据》，《学校党建与思想教育》2013年第1期。

［69］张建学、刘晓鹏、孙志勇：《论雷锋精神融入大学生社会主义核心价值体系教育的方法》，《学校党建与思想教育》2013年第6期。

三　学位论文类（按毕业时间先后排列）

［1］胡斌武：《课堂教学伦理问题研究》，博士学位论文，西北

师范大学，2003 年。

[2] 辛继湘：《体验教学研究》，博士学位论文，西南师范大学，2003 年。

[3] 闫守轩：《论教学中的生命关怀》，博士学位论文，南京师范大学，2004 年。

[4] 何善亮：《有效教学批判》，博士学位论文，南京师范大学，2007 年。

[5] 王凯：《教学作为德性实践》，博士学位论文，华东师范大学，2008 年。

[6] 刘伟：《交往实践思想政治教育研究》，博士学位论文，华中师范大学，2008 年。

[7] 潘光文：《课堂文化的批判与建设》，博士学位论文，西南大学，2009 年。

[8] 赵士兵：《马克思主义意识形态理论视阈下的社会主义核心价值体系问题研究》，博士学位论文，哈尔滨师范大学，2010 年。

[9] 李德林：《教学个性研究》，博士学位论文，山东师范大学，2010 年。

[10] 高小枚：《社会主义核心价值体系教育的渗透性研究》，博士学位论文，湖南师范大学，2011 年。

[11] 李琳：《当代中国文化保守主义思潮及其对大学生的影响研究》，博士学位论文，武汉大学，2011 年。

[12] 韩国顺：《以社会主义核心价值体系引领大学生思想政治教育研究》，博士学位论文，吉林大学，2011 年。

[13] 张立忠：《课堂教学视域下的教师实践性知识研究》，博士学位论文，东北师范大学，2011 年。

[14] 孙玲：《差异教学评价》，博士学位论文，南京师范大学，2011 年。

[15] 孙树文：《思想政治教育与社会主义核心价值体系的社会认同研究》，博士学位论文，湖南师范大学，2012 年。

[16] 朱晨静：《日常生活视域中社会主义核心价值体系认同研

究》，博士学位论文，苏州大学，2012 年。

[17] 林仕尧：《社会主义核心价值体系建构的历史与逻辑》，博士学位论文，南京大学，2012 年。

[18] 贾凌昌：《文化软实力视野下的社会主义核心价值体系建设研究》，博士学位论文，南昌大学，2012 年。

[19] 程珍珍：《课堂教学的生命价值观研究》，博士学位论文，河南大学，2012 年。

[20] 周杰：《倾听教学研究》，博士学位论文，华东师范大学，2012 年。

[21] 齐军：《体悟教学研究》，博士学位论文，南京师范大学，2012 年。

四 英文类（按从 A 至 Z 字母顺序排列）

[1] Alasd MacIntyre, A Short History of Ethics Taylor and Francis, 2006.

[2] Creswell, J., *Educational Research: Planning, Conducting, and Evaluating Quantitative and Qualitative Research*, New Jersey: Pearson, 2005.

[3] Cooley, A., "Legislating Character: Moral Education in North Carolina's Public Schools", *Educational Studies*, 2008.

[4] Darling, L. F., "Moles, Porcupines, and Children's Moral Reasoning: Unexpected Responses", *Early Years*, 22 (2), 2002.

[5] Department of Education, Science and Training (DEST), Evaluation of the Discovering Democracy Programme. Canberra: Australian Government, 2003.

[6] Department of Education, Science and Training (DEST), Values Education Study Final Report. Canberra: Australian Government, 2003.

[7] Feucht, F. C., Epistemic Climate in Elementary Classrooms. In L. D. Bendixen, &F. C. Feucht (eds.), Personal Epistemology in the Classroom: Theory, Research, and Educational Implications, New York,

NY: Cambridge University Press, 2010, pp. 55 – 93.

[8] Feucht, F. C. , The Epistemic Underpinnings of Mrs. M's Reading Lesson on Drawing Conclusions: a Classroom-based Research Study. In J. Brownlee, G. Schraw, & D. Berthelsen (eds.), Personal; Epistemology and Teacher Education, 2011, pp. 227 – 245.

[9] Greenberg, M. , Weissberg, R. , O'Brien, M. , Zins, J. , Fredericks, L. , Resnik, H. , et al. , "Enhancing School-based Prevention and Youth Development Throughco-ordinated Social, Emotional and Academic Learning", *American Psychologist*, 2003.

[10] Hugh Socket, "Can Virtue Be Taught?", *The Educational Forum*, Volume 60, Winter, 1996.

[11] Halsread, J. Mark, Taylor, Monica J. , "Learning and Teaching aboat Values: A Review of Reeent Researeh", *Cambridge Journal of Edueation*, June 2000, Vol. 30, Issue 2.

[12] Hayes, B. Grant, Hagedorn, W. Bryee, "A Case for Charaeter Edueation", *Journal of Humanistie Counseling*, Education & Development, Sep. 2000, Vol. 39, Issue1.

[13] Heyneman, S. , Education and Social Cohesion. In J. Guthrie (ed.), Encyclopedia of Education, 2003, pp. 2242 – 2250.

[14] Hofer, B. , "Epistemological Understanding as a Metacognitive Process: Thinking Aloud during Online Searching", *Educational Psychologist*, 2004.

[15] Hofer, B. K. , "The Legacy and the Challenges: Paul Pintrich's Contributions to Personal Epistemology Research", *Educational Psychologist*, 2005.

[16] Halstead, J. M. , & Pike, M. A. , Citizenship and Moral Education: Values in Action. Great Britain, Cornwall: Routledge, 2006.

[17] Hofer, B. K. , "Domain Specificity of Personal Epistemology: Resolved Questions, Persistent Issues, New Models", *Journal of Educational Research*, 2006.

［18］ Hawkes, N. , *Inculcating Values: A Case of West Kidlington School*, Oxford: Association for Living Values Education International, 2008.

［19］ Hofer, B. , "Personal Epistemology in Asia: Burgeoning Research and Future directions", *The Asiae Pacific Education Researcher*, 2010.

［20］ John C. Ory, "Teaehing Evaluation: Past, Preset, and Future", *New Direetions for Teaehing and Learning*, Fall 2000, Vol. 2000, Issue 83.

［21］ Joan Poliner Shapiro, Robert E. Hassinger, "Using Case Studies of Ethical Dilemmas for the Development of Moral Literacy: Towards Educating for Social Justice", *Journal of Educational Administration*, Vol. 45, 2007, pp. 451 – 470.

［22］ Johansson, E. , Moral Discoveries and Learning in Preschool. In N. Pramling, I. Pramling Samuelsson (eds.), Educational Encounters: Nordic Studies in Early Childhood Didactics, 2011.

［23］ Johansson, E. J. , Brownlee, J. , Cobb-Moore, C. , Boulton-Lewis, G. , Walker, S. , & Ailwood, J. , "Practices for Teaching Moral Values in the Early Years: A Call for a Pedagogy of Participation", *Education, Citizenship & Social Justice*, 2011.

［24］ Killen, M. , Lee-Kim, J. , McGlothlin, H. , Stangor. , C. , "How Children and Adolescents Evaluate Gender and Racial Exclusion", *Monographs of the Society for Research in Child Development*, 2002.

［25］ Kuhn, D. , Weinstock, M. , What is Epistemological Thinking and why does it Matter? In B. Hofer, P. Pintrich, 2002.

［26］ Kitchener, R. , *Folk Epistemology: an Introduction*, New Ideas in Psychology, 2002, pp. 89 – 105.

［27］ Kang, N. , Wallace, C. S. , "Secondary Science Teachers' Use of Laboratory Activities: Linking Epistemological Beliefs, Goals, and Practices", *Science Education*, 2005, pp. 140 – 165.

［28］ Lisa D. Clark, "Technology and Ethical/moral Dilemmas of Higher Education in the Twenty-first Century", *Campus-Wide Information*

Systems, Vol. 29, 2012, pp. 358 – 367.

[29] Michael Wright, "Can Moral Judgement and Ethical Behaviour be Learned: A Review of the Literature", *Management Decision*, Vol. 33, 1995, pp. 17 – 28.

[30] Nancy Tuana, "Conceptualizing Moral Literacy", *Journal of Educational Administration*, Vol. 45, 2007, pp. 364 – 378.

[31] Ozay Mehmet, "Teaching Moral Values in the Global Village: Is There An Escape from Biased History?", *Humanomics*, Vol. 8, 1992, pp. 71 – 83.

[32] Paul T. Begley, "The Integration of Moral Literacy Content and Process in Teaching", *Journal of Educational Administration*, Vol. 45, 2007, p. 4.

[33] Suzy Jagger, John Strain, "Assessing Students Ethical Development in Computing with the Defining Issues Test: Challenges to be Addressed", *Journal of Information*, Communication and Ethics in Society, Vol. 5, 2007, pp. 33 – 42.